Florens Abent

ihre Heimkehr nach Paris.

Zweiter Band.

Julius von Voss

Alpha Editions

This edition published in 2022

ISBN : 9789356901223

Design and Setting By
Alpha Editions
www.alphaedis.com
Email - info@alphaedis.com

Contents

Fünftes Buch

Erstes Kapitel.
Blick nach dem Heere.

Wir wissen, daß Kuku und Tata geschlagen wurden, aber in einem Gebirge eine neue gute Stellung bezogen. Daran thaten sie besser als wären sie vorübergeflohen, und hätten dem Feinde eine große Landesstrecke zum beliebigen Nießbrauch überliefert. Nun wurde das Heer wieder ermuthigt, die Verstärkungen aus den Provinzen beeilt, und vor allen Dingen die Fechtart in Gigis Heer, und die Bewegungen, wodurch das diesseitige bei den schwachen Punkten angegriffen worden war, fleißig geübt. Kuku war die Thätigkeit selbst, er hielt sogar Reden. Darkullaner, hieß es unter andern darin, ihr seid ein Volk von Löwenkraft, von Tygergrimm, von Felsenhärte, am Feinde erblickt man nur die Stärke des Schakal, die Wuth der Zibethkatze, die Dauer der Cocosnuß. Dennoch erschlug er unsre Brüder, und zwang uns zur Flucht. Das macht, ein Geist stand ihm bei. Können wir den Geist auch beschwören, dann sind wir Ueberwinder. Und eine Zauberin hat mir schon den Kreis gezeigt, worin er zu bannen ist. Uebt nur recht fleissig die neue Kampfart, dadurch wird uns der Geist zugethan, und hört unser Rufen.

Die Darkullaner glaubten, es sei ein Gespenstergeist gemeint, Kuku verstand aber blos den im Kreise des Schädels. Flore war die Zauberin. Liebe hatte ihn gelehrig für ihre Winke gemacht, denn sie gebietet der rohesten Barbarei, und zwar in einer Regel mit wenigern Ausnahmen, wie bei der zartesten Verfeinerung. Nur noch ein Paar muthige fröhliche Schritte weiter, und dieser Sultan konnte der Manco Capac seines Volkes werden, und zum Erzieher einer wilden Menge eignete er sich darum schon, weil er von selbst darauf fiel, einigen moralischen Hokuspokus anzubringen, und dennoch nicht dabei Gefahr lief, von der Weisheit verlacht zu werden. So lernte Jetros Schäfer Gutes und Wahres in Egypten, wollte es einem Haufen verächtlicher Sklaven mittheilen, zündete bald einen Busch an, bald stieg er, ein majestätisch Ungewitter merkend, auf den Sinai. Manches Jahrtausend nachher hielten die Genies Rousseau und Schiller diesen edlen Betrügereien noch Lobreden. So wurde Romulus von einer heftigen Tendenz des Willens getrieben, ein großes Reich zu stiften, bei der Nachwelt vergöttert zu sein, und nur ein Häuflein Lumpengesindel konnte er um sich sammeln. Er log ihnen die Inspiration der Nymphe Egeria vor, (wobei, wenn man Lust fühlt, poetisch zu ahnen, sich immer eine begeisternde Geliebte denken läßt) und noch steht das Quiritenvolk als das Maaß des Größten da, wenn wir die Erscheinungen der Geschichte prüfen. So spürte ein morgenländischer Kameeltreiber dasjenige Krafttalent in seinem Innern, das das Große leicht fühlt, und die Zeit, die einen Völkerverein wollte, da anarchische Gräuel wütheten:

Die ungestüme Presserin, die Noth,
Der nicht mit hohlen Namen, Figuranten
Gedient ist, die die That will, nicht das Zeichen,
Den Größten immer aufsucht und den Besten,
Ihn an das Ruder stellt, und müßte sie ihn
Aufgreifen aus dem Pöbel selbst — die setzte ihn
In dieses Amt und schrieb ihm die Bestallung.

Er fütterte Tauben aus dem Ohr, und ließ den Brunnen zuwerfen, in welchem ein versteckter Sklave Gottes Stimme nachahmte. Gleichwohl wird, wenn einst die turcomannische Aufklärung hereinbricht, (unter Sultan Selim wollte ihr Morgen schon ein wenig dämmern) und Spötter lange genug den Witz eines voltairischen Stachels an dem Araber übten, doch späterhin ein Fichte im Turban auftreten, welcher beweist: nur in solcher Form hätte einst der Islamismus auftreten können, und daß besser wie alles Wissen sey, die Tauben auf Glauben für den heiligen Geist zu nehmen.

Doch unser Kuku sollte bald fallen.

Wenn aber bei aller Gelenkigkeit zum moralischen Fortschreiten, noch dann und wann ein Bleiklumpen seinen Fuß zurückhielt, darf uns das nicht befremden. So konnte er auch den Gedanken an Osmanns Kopf nicht tilgen. Gesetzt auch, er hätte es über sich vermogt, die trotzige Rache wider Gigi aufzugeben, so ging die Prophezeiung ihm zu nahe an, und daran noch nicht zu glauben, war für Kuku zu früh. Man kann also einen Strauß von Blumen, die der Geliebten Hand pflanzte, oder eine Locke ihres seidnen Haares, nicht sehnsüchtiger erwarten, wie Kuku das von der Sultanin erflehte Geschenk. Daß sie es ihm verweigern würde, glaubte er nicht.

Es muß hier nachgeholt werden, daß vor einiger Zeit Lolo, der die auswärtigen Angelegenheiten besorgende Minister, ins Lager gerufen ward. Er sollte wo möglich, mit Habesch (in unsern Geographien meistens Abyssinien genannt) einen Schirm- und Angriffsbund schließen. Er hatte in einer geheimen Unterredung aber dem Sultan gesagt, das Verfahren der Nene könnte viele Uebel über das Land bringen, selbst den Zunder innerer Kriege in Brand stecken. Viel reine Wahrheit lag darin wohl. Allein reine Wahrheit von geliebten Personen berichten, heißt bei den Liebenden sie anschwärzen. Kuku verstand, wo Nene im Spiele war, keinen Spas, und ließ seinen Minister entzungen. Daß er nun so leicht keinen Wahrheitsager wieder fand, versteht sich. Uebrigens sollte auch dabei an Lolo ein Exempel von Belang gelten, denn schon zuvor hatte sich eine Stimme gegen Nene vernehmen lassen, wenn die, welche sie erhoben, schon nicht so kühn waren, wie der Minister, und mehr zu errathen aufforderten, als sie selbst aussprachen.

Endlich wurde der langeersehnte Kürbis überbracht. Diese ausgehohlte Frucht vertrat nämlich in Darkulla die Stelle der Kisten.

Der Bote, welcher den Kürbis trug, hub an: Esel aller Esel, Sohn —

Weg mit dem Titel, unterbrach ihn Kuku, Nene liebt ihn nicht, er mag wegfallen. Nenne mich Sultan Kuku.

Wohlan, Sultan Kuku, ich bringe dir des Caffern Osmanns Kopf.

Kuku sprang so lustig umher, bei der Nachricht, wie einst der Feldherr Suwarow, wenn er ein Belobungsschreiben seiner Kaiserinn empfing. Dann riß (grelle Wildheit, die noch in dem Barbaren hauste) er den Kürbis auf, nahm den Kopf heraus, tanzte wieder und küßte ihn sogar. Woher die Hiebe auf dem Gesichte, fragte er den Mann. Der Caffer wollte sich nicht geben, setzte sich kräftig zur Wehr, und konnte nur von Wunden zerfleischt, niedergeworfen werden, hieß die Antwort.

Wenn schon, rief Kuku, ist der Kopf nun doch in meiner Gewalt. Und gleich will ich ihn auch der tückischen Feindinn hinübersenden. Ein Offizier wurde auch sogleich befehligt, ihn an die nächste Vorpost der Beduinen abzuliefern.

Als der Offizier bald seinen Weg vollendet hatte, sahe er die Königinn mit einem zahlreichen Gefolge daher reiten. Sie untersuchte die Ordnung der Wachenkette. Da für das gegenwärtige Geschenk eben keine goldene Dose, oder Diamantenaigrette zu erwarten stand, so eilte der Darkullaner um so mehr, den nächsten Soldaten zu erreichen, warf den Kopf in den Sand, und rief ihm blos zu: das deiner Königin vom Sultan Kuku. Sie darf der Geschenke mehrere hoffen. Nun wendete er sein Pferd, und trieb es schnell davon.

Gigi hatte aber den Offizier bemerkt, und da sie ohnehin an Kuku etwas sagen lassen wollte, so schickte sie einige Adjudanten ab, wie sie ihn umkehren sah, ihn wieder zu rufen. Jener spornte desto mehr, hatte aber den Unfall, mit dem Pferde über eine Vertiefung zu stürzen. Nun hielt man ihn an, sagte aber: er hätte nichts zu fürchten, solle nur eine Bothschaft an seinen Herrn mitnehmen.

Der Darkullaner fürchtete nur zu viel, denn in dem Augenblicke ging jener Soldat auch zu Gigi heran, den Kopf zu überbringen.

Gigi war so von Ahnung, Entsetzen und Abscheu durchdrungen, daß sie bei dem Anblick unvermögend war, im Sattel zu bleiben. Ohne Unterstützung wäre sie zu Boden gesunken. Sie winkte stumm gegen den

Soldaten hin, noch zurückzubleiben, sie wollte erst Fassung sammeln, denn ihren ganzen zerrissenen Zustand im Gemüthe, sollte das Gefolge nicht sehn.

Doch wenn der große Charakter im Kampf mit seinem Schmerz unterläge, wäre ihm ja der gewöhnliche ganz gleich. Wenigstens muß er die harte Kunst verstehn, den Schein zu verbergen. Nach einigen Sekunden schon, fragte Gigi: wessen Kopf brachtest du, Darkullaner? — Des Caffern Osmann, gab er bebend zur Antwort.

Ein Ausruf des Schreckens, ein neues Wanken, Gigi wandte das Auge hinweg — doch auch das wollte die Königin sich nur zwei Augenblicke gestatten. Dann rief sie: es ist geschehn! Edelstein an Edelstein fügt zu einem Becher. Darin setzt ihn in meinem neuen Marmortempel bei. Ich gebe dir den Tod nicht, Bote, aber melde deinem Herrn, noch könne er der Rache entfliehn, wenn mir wenigstens Mustapha lebend gesandt würde.

Der Darkullaner schwang sich eilig wieder auf sein Roß. Kaum glaubte er dem eignen Munde der Sultanin, Gnade.

Diese blickte hin auf das Haupt, schauderte, rief aber plötzlich wieder: holt den Darkullaner zurück!

Der arme Teufel spornte aus Leibeskraft, war aber dennoch bald eingehohlt, und mußte abermals vor Gigi. Aber statt er Widerruf der Milde, und unerhörte Foltern erwartete, hatte sich das Antlitz der Siegerin freundlich geröthet. Dein Sultan, rief sie, wollte mir nur einen Schrecken bereiten. Es ist Osmanns Haupt nicht. Wunden sollten es entstellen, daß ich getäuscht würde. Kuku ist nicht so grausam, seine Drohung zu vollziehen. Entbiete ihm tausend Dank. Entbiete ihm aufs Neue Friede, und Erstattung aller Uebel, die dieser Krieg über seine Länder brachte.

Mit diesem Bescheid mußte der Bote zurück, dem die Brust mächtig leicht wurde, als er das Lager der Beduinen nicht mehr sah.

Der Becher aus Juwelen wurde nicht verfertigt, und der Kopf fand ein einfaches Grab im Sande.

Wenn sich der ästhetische Sinn des Lesers, zu sehr daran stößt, daß hier so viel von einem Kopfe geredet wird, so hat der Verfasser zwei Entschuldigungen. Einmal ist die Szene Afrika, und der Verstoß gegen das Kostüm könnte vom Kunstrichter mit Fug gerügt werden, wenn nur Köpfe auf Rümpfen hier die Bühne zierten. Ferner ist man immer noch gegen das Wiener Theater der Kaiserstadt Deutschlands diskret. Denn dort wird gar eine Oper, Lisaura betitelt, dargestellt, worin ein Kopf Cavatinen singt.

Zweites Kapitel.
Kukus zorniger Eifer.

Ein Europäer ist gar keiner Vorstellung von der Freude fähig, welche Kuku empfand, nachdem ihm jener Kopf übergeben und dann an Gigi gefördert ward, selbst nicht einer aus den Geringeren, wo man sich noch in der Lust und im starken Getränk berauschen kann. Von vornehmen Männern aus diesem Welttheil ist nun gar nicht die Rede. Die wissen nur zu lächeln, zu versichern, sie waren enchantirt, bei frohen Ereignissen, und im Champagner trinken sie bloß sich krank. Kuku ließ nicht nur alle Vorräthe von dem berauschenden Thau ausspenden, unbekümmert, ob man hernach Mangel leiden würde, sondern auch Lustgefechte im Heere anstellen, wobei wohl tausend Mann blieben. Seine Klugheit rechtfertigte noch dazu diese Ergötzlichkeiten, wie eine bewährte Uebung der Tapferkeit. So hatte ein preußischer (alt-)Oberst ein Freibataillon geworben, und stand zum erstenmale damit gegen den Feind. Man hatte ihm hinter einer Anhöhe seinen Posten angewiesen, oben wurden nur beobachtende Wachen hinbefehligt, die hinter Sträuchern auf dem Bauche lagen, um zu sehn, ohne gesehen zu sein. Allein der Oberst änderte die Weisung des Feldherrn, und stellte seine Leute am Rande der Anhöhe frei auf. Der Feind, welcher Kanonen in der Nähe hatte, wußte gar nicht, warum er die gute Gelegenheit, seine Artilleristen zu üben, ungenützt lassen sollte? Sie zeigten auch gar bald, daß ihre Schulen gemacht wären, und das Freibataillon bekam manche Lücke. Nun schickte der General, der das seltsame Schauspiel von ferne gewahrte, im vollen Sprung einen Adjudanten ab, der anfragen mußte: was denn das bedeute? Nichts, gab der Oberst zur Antwort, ich gewöhne sie nur ein wenig ans Feuer. —

Genug, Kuku feierte Lustschlachten und Bankette, hatte sich selbst kaum wieder von einem der wildesten Jubelräusche, die jemals getrunken worden sind, ernüchtert, als sein Bote zurückkam.

Die Erzählung befremdete ihn, daß Jener die Sultanin selbst gesprochen habe, das Ende des Berichtes setzte ihn in eine desto heftigere Wuth, als erst seine Genugthuung ungemessen war.

Wie, Nene hätte mich betrogen? Soll ichs glauben? Könnte die liebliche Schlange — — und Gigi spricht: ich wäre zu gut, einen Caffernkopf abzuschneiden? O den Hohn soll sie mir bezahlen, diese Beschimpfung, dieses Vergessen, was sie dem Sultan von Darkulla schuldig ist. O meine Truppen mehren sich täglich, und lernen die neue Kriegerkunst. Habesch nährt meine Hoffnung auf einen Bund. Bald werde ich das Felsennest meiden, und im freien Gefilde den Kampf erneuen. Vielleicht tanz ich am Siegestage mit Gigis Kopf in der Hand, — — — —

Er vollendete nicht. Tata trat eben in sein Zelt. Schon hatte dieser des Boten Meldung gehört. Wirklich Bruder, hub er an, schien es mir Osmanns Kopf gleich nicht zu sein. Ich sah den Caffern zu oft, um die Gestalt nicht in der Erinnerung aufzubewahren. Heller ist die Farbe des Gesichtes und schwärzer der Bart. Dich nicht zu kränken, schwieg ich.

O Mahomed! O ihr goldnen Esel des Paradieses! Was soll ich beginnen? rief Kuku.

Tata erwiederte: Ritze dir vor allen Dingen mit deinem Dolche eine Ader auf, daß der Zorn dir ausströmt.

Kuku that es auf der Stelle, denn er fand den Rath gut, und er ist es auch wirklich bei Wilden, bei deren Constitution es ohnehin auf ein zwölf Unzen Blut mehr oder weniger nicht ankommt.

Während der Lebensquell im Fließen war, fuhr Tata fort: Nun glaub ich auch, du wirst einem Sultan anständig von der treulosen Cafferin reden können. Sonst müßte selbst dein Bruder für seine Zunge fürchten.

Wie, und du erfrechest dich, die Cafferin treulos zu nennen? rief Kuku noch sehr empört.

Tata zog sich etwas zurück, und erwiederte: Es floß noch zu wenig, nur noch einer Kokosnuß voll, du wirst einsehn, daß die treulos sein müsse, die den nicht enthaupten mag, von welchem geweissagt ist, er würde, wenn er lebte, deinen Thron besteigen.

Kuku rief weinend: Freilich, freilich, freilich scheint es so, aber ist es nicht, diese Sonne sendet nur reinen Strahl nieder. —

Tata sagte manches was zur Sache gehörte, wich dabei dem Sultan aus, und nahm den Dolch vom Boden, fürchtend, jener nähme ihn auf, ihn nach des Bruders Herzen zu werfen.

Der Fußteppich des Zeltes war schon ziemlich gefärbt, da rief Kuku: diesen Mond kann keine Finsterniß verdunkeln.

Tata schöpfte Hoffnungen, und raffte seine Beredsamkeit zusammen.

Schon waren alle Tygerhäute, woraus der Teppich verfertigt war, roth, da rief Kuku: dieser Stern kann sich nicht in die frostige Erde tauchen.

Tata war sehr froh und antwortete: Die Sonne sengt oft die Blüthen des Mandelbaums, wird bisweilen finster, wie es der Mond auch wird, in jeder Nacht fahren Gestirne zur Grube.

Ach das ist wahr, gab ihm Kuku zu.

Und jener erneute fest seinen Ausspruch: Die Cafferin ist eine Treulose.

Verbinde mir die Ader, ächzte der Sultan, ich werde schwach.

Tata riß ein Stück von der Eselshaut des Thrones, und wand es um Kukus Arm.

Der Sultan begehrte Wasser.

Reichlich tränkte ihn der Bruder und legte ihn auf ein erhöhtes Kissen nieder.

Was soll ich thun? fragte der Sultan.

Dreister antwortete der Bruder: Sultan von Darkulla, einst gebotest du, alle deine Weiber, selbst die geliebte Gigi zu morden, damit sie denen von Habesch nicht in die Hände geriethen. Jetzt gilt es mehr. Deinen Thron, dein Leben. Argwohnt deine Klugheit nicht, was im festen Lande geschehen soll? O ich hörte viel, fürchtete mehr, und nun erst reicht mein Verdacht bis in die Hölle. Dieser Osmann hat das Herz der Sultanin zu beschleichen gefrevelt.

„Das ist nicht wahr, Verläumder! Ein Sklave, ein Sklave! Kann er meinen, daß die Sultanin ein Weib ist?"

O diese Caffern meinen frech! Gutwilliger, unvorsichtiger König! Warum hat die Weisheit der Väter die Eunuchen bestellt, aus deren Mitte die Weiber der Gebieter nicht weichen sollten, in deren Mitte keinem andern Mann zu dringen vergönnt war? Du gabst Nene das oberste Regiment, und alle Schranken der Freiheit, nach der dem glühenden Herzen dürstete, konnte sie sich eröffnen. Warum würde sie einen elenden Kopf verweigern, wenn nicht — —

„Höre auf, höre auf! nur einen Dolch senkte ich in meine Ader, du bohrst Tausende in mein Leben."

Treue, Bruderliebe, Pflicht gebieten, dir alles zu sagen. Es ist darauf angesehn, dich beim Volke gehaßt zu machen, empören will sie sich mit gewaffneter Hand, dich vom Thron werfen, und den Caffern hinaufsetzen. Folgst du nicht Bruderrath, bist du verloren.

„Mahomed, Mahomed! zu welchem Leiden bin ich gespart! O der Thron ist nichts, Alles Nene! Meine Länder mag mir der Caffer rauben, nur nicht Nene."

O schon ist sie dir geraubt!

„Ist sie, ist sie? Klagt dein Mund sie auch nicht fälschlich an?"

Zeugen sollen beschwören, daß Osmann allein in ihrem Zimmer war. Wache, Frauen, alles mußte sich entfernen.

„In die Hölle, in die Hölle mit Nene.“ —

Endlich fühlst du, wie es dem Sultan ziemt. Gern schont ich deiner Liebe, und rieth, noch einmal Osmanns Kopf fordern zu lassen. Aber die schändlich dich betrog, wird neue Ausflüchte finden. Es ist zu spät. Eine Botschaft an den Senat ist nöthig, gemessener Befehl, Nene den Gehorsam aufzusagen, und Osmann zu ergreifen.

„O Nene — Nene!“

Immer noch?

„Aber wer wird den Befehl überbringen, wenn ich ihn erlasse? — Freilich muß ich ihn erlassen!“

Ich würde sagen, du selbst, wenn du nicht an Heeres Spitze ständest. So laß mich ziehn. Ich nehme einige Truppen auf den Nothfall mit.

„Du hast mich überredet. Aber was soll aus Nene werden?“

Giebt sie sich in Gutem, führe ich sie unversehrt in dein Lager; sonst muß der Sultan aber auch nicht zürnen, wenn ich ihren — — —

„Kopf bringe, willst du sagen!“

Das ist nicht des Sultans Stimme, der brausende Jüngling fuhr auf: Rufe den Stolz der Väter! Laß den Sultan reden.

„Bringe ihren Kopf, so bin ich all der Verwirrung frei!“

Es lebe der edle weise Sultan von Darkulla!

Drittes Kapitel.
Coutances und Nene.

Welch gehässig Unrecht der armen Sultanin in Tatas Anklage widerfuhr, liegt am Tage; aber die Anklagen übertreiben meistens, und wer hoch steht, folglich viel gesehen wird, muß auch herberen Tadel dulden; wie auf der anderen Seite, das süße erhabene Lob, was ihn trifft, sich vervielfältigt. Nicht auf die entfernteste Weise ließ sich an die Entspinnung eines Liebeshandels unter Coutances und Floren denken. Er, ob ihm schon ein Theil seiner alten Munterkeit zurückgekommen war, fühlte immer noch für Isabellen (und zwar seit einiger Zeit wieder mehr wie sonst,) und ihr war Rings Andenken heißer aufgeregt worden, seitdem sein Freund ihr Nachrichten von ihm überbracht hatte. Auch stellte sie manche, gar nicht unmoralische, Betrachtung über die Dankbarkeit an, welche dem Sultan von Darkulla für so viel Liebe, Güte und Vertrauen gebührte, und wenn sie Ring vergessen mußte, so hatte Kuku die allergegründeten Ansprüche auf Gegenliebe, er mogte schwarz sein oder nicht.

Zudem waren Beide von bedenklichen Umständen angefeindet, mußten gegen die Fremdheit, gegen das Vorurtheil und andere Hindernisse kämpfen, wobei man denn nicht leicht an Etwas denkt, woran man sich sonst allenfalls würde erinnert haben. —

Daß die Sultanin beim Volke eine Mehrheit für sich gewann, daß der Franzos und der Spanier werkthätig für die Landeskultur waren, berichtete das Ende des ersten Theils. Flore hoffte um so mehr Gutes, als Kuku zeither so viel Billigung geäußert so viel Empfänglichkeit für den Geist des Weiterstrebens in stummen Zeichen an den Tag gelegt hatte. Endlich dachte sie, erleuchte ich des Schwarzen innere Dunkelheit ganz, und dann muß das Licht nothwendig schon mit Edelsinn und Zartgefühl in Bund treten. Dann läßt mich Kuku ziehn, und giebt mir eine Bedeckung nach Egypten. Mein Name wird dann in Darkulla von Enkel zu Enkel gefeiert werden. Wäre aber Ring todt, dann blieb ich wohl, ob es schon meine Muhme in Paris[1] sehr bekümmern würde.

Vollkommen unschuldig standen die Sachen zwar, als schon jener Befehl, welcher am Ende des ersten Theils gemeldet wurde, eintraf; gleichwohl hatten der Antheil, den Flore schon früher an Coutances nahm, die Freundschaft desselben mit Ring, der Nutzen, welchen er ihr schon in Darkulla leistete, und fernerhin leisten konnte, ihn ihr theuer gemacht. Nun sollte sie, so lautete Kukus Flehen, (denn damals flehte er noch) sein Haupt einschicken. Fürchterlicher Auftrag!

Es nicht thun, Kukus Flehn verspotten, reizte den Zorn des Mächtigen, und an die Erfüllung seiner Bitte konnte sie gar nicht denken. Was ihr vollends die Möglichkeit einer solchen Einwilligung raubte, war der Umstand, daß Coutances, von allem unterrichtet, in ihr Zimmer trat, und sie beschwor, Folge zu leisten. Ihre Herrschaft, ihr Leben vielleicht stehn auf dem Spiel, das bin ich nicht werth, theure Landsmännin, rief er, mein Kopf mag ihre Sicherheit erkaufen. Schweigen sie, gab sie zur Antwort, und kommen sie nie wieder zu mir, wenn sie einer solchen Anmuthung fähig sind.

Coutances eilte zum Spanier. Diesem war eben angezeigt worden, einer der Caffern liege außerhalb der Stadt erschlagen. Dem Franzosen stieg ein verschlagener Gedanke auf. Er eilte hinaus, den Leichnam zu sehen. Haar und Bart waren den seinigen ähnlich. Starke Wunden entstellten das Gesicht. Es wurde aus der Noth eine Tugend gemacht, und des Erschlagenen Haupt ins Geheim dem Spanier überliefert. Coutances sagte ihm: Bringen sie es der Sultanin, geben sie vor, ich sei der Getödtete, so ist der Sultan zu befriedigen. Es muß etwas für die Sicherheit Florens geschehn. Ich verberge mich einstweilen.

Alonzo fand den Anschlag gut ersonnen, und richtete ihn ins Werk. Flore sank fast ohnmächtig nieder. Sie hatte eben ein Schreiben an Kuku angefangen, als der Spanier erschien, und nach einigen vorsichtigen Umschweifen berichtete, Coutances sei ein Opfer der öffentlichen Rache geworden. Kein Wunder, setzte er hinzu, im Volke wußte man Kukus Begehren, man konnte unsern Freund als geächtet ansehn. Wehmüthig traure ich um ihn, da das Schreckliche aber nun geschehen ist, so darf sie auch nichts abhalten, das Haupt zu übersenden. Schicken sie keinen Brief mit, so mag der Sultan einstweilen glauben, seine Bitte sei durch sie selbst erfüllt worden; was sie um so mehr in seiner Gunst befestigt, und den Verläumdungen ein Ziel setzt, wovon sein Brief meldete. Erfährt er ja auf anderm Wege, unser Freund sei durch den Pöbel umgebracht, so bleibt die Behauptung immer übrig, man sei ihnen zuvorgekommen. In andrer Zeit mögen sie allenfalls die Wahrheit offen bekennen, so stehn sie um so reiner von einer Uebelthat da.

Sie konnte sich nicht beruhigen, nicht entschließen, Alonzos Vorschlag einzugehn. Nein, ich will meine Getreuen aufrufen, ihre Zahl ist nicht mehr klein, die Thäter des Frevels ausmitteln, fürchterlich bestrafen, und dann Coutances mit dem Leichenpomp eines Sultans bestatten. Der grausame Kuku soll mindestens seinen Blick nicht am Gräßlichen weiden.

Es gab eine Menge Gründe wider alles das, und Alonzo bot sie auf. Erst gab es Vorwürfe, er habe den Freund nicht geliebt daß er so schauderhaft kalter Besonnenheit fähig sei, daß er die ehrwürdigen Reste entweihen wollte. Alonzo konnte sich leicht mit Geduld waffnen, schwieg endlich am ersten Tage, nachdem er wenigstens Floren das Versprechen abgefleht hatte, noch nichts weiter zu thun. Auch am folgenden blieb alles ein Geheimniß. Am dritten drang er so weit durch, daß Flore ihm überließ, nach seinem Gutdünken zu handeln. Nun empfing der Bote sogleich den mit Specereien verpackten Caffernkopf, und Alonzo sagte einem Kammerherrn leise: Die Sultanin habe in der Stille ihrer innern Kammern, Osmann tödten lassen. Zugleich bat er ihn, gegen Niemand davon zu reden. Allerdings erzählten es nun bald Stadt und Land. Coutances verbarg sich eine Zeitlang bei Alonzo, dann bräunte er sich das Gesicht, um den Egyptern ähnlich zu sein, von welchen viele unter den Künstlern und Werkleuten waren, und ging aufs Land. Es rührte ihn innig, wenn er hier durch Alonzos Briefe erfuhr, daß Flore ihn täglich beweinte. Dies ist die Lösung der Räthsel in den vorigen Kapiteln.

---

[1] Siehe Begebenheiten des Ignaz von Jalonsky. Berlin, bei Schmidt 1806, wo der Leser überhaupt Ring und Floren näher kennen lernen wird.

Viertes Kapitel.
Ein alter Bekannter tritt wieder auf.

Flore weinte also, aber denn doch mit Philosophie, das heißt, sie hörte nach einiger Zeit auf. Die Genugthuung behielt sie sich vor, einst dem Sultan zu erklären, sie habe keinen Theil an dem, was mit Osmann vorgegangen sei, und darauf zu bestehn, daß dem Unglücklichen ein stolzes Monument errichtet werde.

So vergingen mehrere Wochen, in deren Verlauf sich die Zeichen der Volksgunst abermals erweiterten. Von dem Ungewitter, das ihr vom Lager her drohte, fürchtete die arme Unwissende nichts.

Sie sollte zuvor aber noch mannichfach überrascht werden. Früher als sie es hatte erwarten können, wurde ihr ein schwarzer Sklavenhändler gemeldet. Sie ließ ihn vor, und es war der ehrliche Musa. Er hatte treulich Florens Auftrag vollzogen, und in Cairo Ring gesucht. Doch war dieser schon seit einiger Zeit von dort entfernt, denn er hatte nach seinem Beruf, den Truppen, die Syrien besuchten, folgen müssen. Und die Nachrichten, welche den Verlust bei dieser Gelegenheit aufzählten, waren noch bei Musas Anwesenheit in Cairo bekannt geworden — dort hatte er das Unglück gehabt, von den Türken gefangen zu werden. Durch einen Griechen, der im Umgang mit vielen Franzosen stand, war es dem Neger möglich geworden, über das alles Kundschaft einzuziehn.

Flore erschrack gar sehr, da die Gefangenschaft bei den Türken, wie man erfuhr, drückend genug sein sollte, indessen tröstete sie Musa, und sagte: Es findet sich doch auch mancher wackere Muselmann, und wenn man sich auf weitere Kundschaft legt, und Nachricht einzieht, wo er hingekommen ist, so wird er wohl loszukaufen sein. Ich verspreche meiner Bekannten Beistand, denn für mich selbst ist Syrien zu entlegen.

Jetzt zog der Neger noch einen Brief aus der Tasche. Diesen, sagte er, hat dein Frank in seiner Wohnung zurückgelassen. Er war für dich bestimmt, wenn du etwa nach Cairo zurückkämest, und weil ich davon hörte, mußte ihn mir der Grieche verschaffen.

Flore griff hastig zu, und ihr Herz erbebte, da sie die wohlbekannte Hand der Aufschrift sah. Mit frohem Zittern erbrach sie das Siegel. Ring schrieb:

Ich folge den Truppen, welche nach Syrien gehn, und theile ihre vielseitige Gefahr. Sollte das Glück wollen, daß du Verlorne während meiner Abwesenheit in Cairo einträfest, so wäre es dir lieb und nützlich, einen Brief von mir zu finden. Darum schreibe ich diese Zeilen nieder, so geringe auch die Hoffnung ist, daß sie in deine Hand gelangen. Den Schmerz dir zu malen, den ich empfand, da ich von den Pyramiden heimkehrte, und erfahren mußte, dich hätten Mamelukken geraubt, erlasse mir, ich würde nur meine Wunden aufreißen. Glaube auch, daß ich nichts unversucht ließ, deinen Aufenthalt zu erspähn. Doch Kosten, Briefe, da und dorthin, gefährliche Reisen, alles blieb unbelohnt. Kömmst du bei dem allen aber nach der Hauptstadt Egyptens, so erwarte mich aus Syrien. Hörst du von meinem Tode, so weine nach Gebühr, versage aber einem braven Franzosen, der um die Wittwe wirbt, deine Hand nicht, daß dir kein Beschützer mangle, dich ins Vaterland zu führen. Erfährst du etwa, ich sei gefangen, wird wohl nur Paris der Ort sein, wo wir uns wieder treffen. Sorge dann nicht um die Härte meines Schicksals, du weißt, ich habe den Kampf gegen das Leben bestehen gelernt, und es giebt keine Lage, in die ich mich nicht muthig und heiter zu fügen wüßte. Ich werde schon meine Masregeln treffen, daß es mir gelingt, Frankreich wieder zu erreichen. Schließe dich dann an meine Freunde, und suche mit dem ersten Schiffe, das nach Europa segelt, abzugehn. Hier hast du also Weisungen für mehr als einen Fall. Doch ist noch ein anderer übrig. Du könntest, niedlich, angenehm und verständig, Glück in eines vornehmen Muselmannes Harem finden, und dies Glück dir durch die Vorwürfe des Pflichtgefühls, die Erinnerungen der Treue gestört werden. Nein, dringt etwa dennoch dieser Brief zu dir, so glaube, daß ich dich um jeden Preis beruhigt wissen mögte. Der Nothwendigkeit muß man gehorchen. Bist du in einen Harem gesperrt, so verseufze das Leben nicht. Genieße, und denke nicht weiter an mich als an einen Freund, den man doch nie hoffen darf, wieder zu sehen. Ich dagegen liebe sicher keine andre, wenn ich dich nicht wieder finde. Das ist keine Tugend, kein Heroismus von Liebe und Treue, sondern beruht auf einer winzigen Kleinigkeit, mir gefällt keine wie du. Es ist weniger ein Wollen, wie ein Müssen, daß ich, sei es in Afrika, Asia oder Europa, ewig bin

der Deine.
Ring.

Groß-Cairo.

Flore war von diesem Briefe innig gerührt, noch stärker ward der Zug des Herzens nach ihm, noch lebendiger erwachte Rings Andenken in ihrer Brust. Weit entfernt, aus der einen Wendung des Briefes, eine Befugniß in Darkulla zu bleiben, für ihre Ueberzeugungen zu schmieden, sah sie in der Liebe, von welcher die Wendung ausging, nur ein heiliges Gebot, nach Befreiung zu streben. Wie wenig stand aber da in ihrer Macht? Sie herrschte in dem Inneren von Darkulla. Aber hätte sie es zu fliehen, zu verlassen gesucht, würde der erste Schritt aus dem engen Passe sie entdeckt haben, denn vor demselben lagerten Truppen, die auf alles was aus und einging, genaue Obacht führten. Zu einem solchen Vorhaben, hätten es auch die anderweitigen Schwierigkeiten und Gefahren ausführbar gemacht, konnte immer die gegenwärtige Zeit nicht gewählt werden.

Sie belohnte unterdessen Musa reichlich, und fragte gleich: in wie fern er würde ausmitteln können, wo Ring gefangen säße? Er antwortete: Schon dachte ich diesen Auftrag zu bekommen, und ließ meine Bekannten in Cairo nach Aleppo Damaskus und Smirna schreiben, denn die Sklaven werden bisweilen weit verführt. Ich denke, wenn ich mit der Caravane nach Fezzan komme, wohin ich bald abgehe, einen Brief dort vorzufinden, der mich benachrichtiget, was die Bekannten erfahren haben.

„Thue alles was du kannst, ihn loszukaufen, ich gebe dir das nöthige Gold gleich mit, und mehr wie du bedarfst, denn ich kann deiner Redlichkeit trauen."

Musa nahm wieder das Wort: Sultanin, auch meine Knechte waren in dieser Zeit nicht müßig, ja noch glücklicher wie ich! Sie haben Mehemeds Fährte so rastlos verfolgt, bis sie ihn selbst erreichten. Eben da er über den Niger kam, denn er ist auch jenseit dieses Stromes gewesen, fingen sie ihn, und trafen mich auf der Reise hieher, da sie ihn zu mir brachten. Noch alle deine Kostbarkeiten fand ich auf seinen Kameelen, diese aber, gehören mir, wie du wohl einsiehst. Nichts veruntreue ich, doch das meinige lasse ich auch nicht gern fahren.

Behalte alles, rief Flore, ich bedarf dessen jetzt nicht, und kann ich einst Darkulla meiden, gebührt mir für das seinem Volke erwiesene Gute, auch nicht mit leerer Hand zu ziehn. Aber wo ist der betrügerische Mehemed?

Musa rief nach außerhalb, und zwei Neger brachten Perotti geführt. Hier, redete ihn Musa an, ist die Sultanin, sie wird die Strafe über dich verhängen.

Perotti blickte auf Floren, ließ einen Ausruf der Verwunderung hören, faßte sich aber schnell, und stimmte Frohlocken an. So hab ichs gewünscht, vorausgesehn, den Plan legte ich an, schrie er, und warf sich vor der Sultanin nieder.

Sie war sehr befremdet über diese unverschämte Herzhaftigkeit, der Italiener ließ sich aber nicht irre machen, sondern fuhr fort: Bei deiner Liebenswürdigkeit mußte dir in Afrika hohes Glück lächeln, darum kauft ich dich nicht los. Dein Vermögen wollt' ich dir bewahren, da es ja doch der Sklavenhändler genommen hätte; sieh so ein redlicher Mann bin ich! Auch ist kein Rubin, kein Smaragd abhänden gekommen, was willst du mehr? Daß mich des Musa Knechte festhielten, dafür konnt ich nicht, aber ich wollte eben nach Darkulla kommen, dir deine Schätze auszuhändigen, denn so gebot es meine Gewissenhaftigkeit. Du darfst sie dem Neger nur abnehmen, und kömmst zu deinem Eigenthum. Hast du je eine bewährtere Treue gefunden?

Flore fiel ein: Buben fehlt es selten an Gegenwart des Verstandes. Du meinst doch nicht, ich soll deinen Worten glauben?

Perotti betheuerte von Neuem, und setzte noch hinzu: Wäre auch meine fürwahr engelreine Absicht, schwarz wie die Hölle gewesen, jetzt hättest du Grund, sie zu lieben, sie erhob dich auf den Thron von Darkulla.

„O dieser unglückliche Thron! Hättest du mich von Musa erstanden, vielleicht wäre es mir gelungen, nach Cairo zu kommen!“

Nimmer, nimmer, erhabene Sultanin! Zu keiner Zeit waren die Gegenden mehr mit Räubervolk überschwemmt!

„Mein Freund, dein Feind, fand hier schmähligen Tod. Das macht mir dies Negerland, so reizend es die Natur ausstattete, doppelt verhaßt.“

Dein Freund? mein Feind? Wer wäre das? Ich kenne Niemand, der mein Feind wäre. Ich zum wenigsten liebe die ganze Welt.

„Kennst du den Franzosen Coutances?“

Coutances, er war in Darkulla? Ohne Zweifel Isabellen zu suchen? Und den nennst du meinen Feind? Wir wetteiferten blos um den Besitz der Schönheit. Nie konnt ich ihn hassen. Mich freute vielmehr sein Witz, mich entzückte der verschlagene Sinn, und indem er ihn übte, erhöhte er auch mein Talent!

„Du bist ein Meister der Verstellung.“

Und dieser brave feurige Coutances wäre dahin? Verzeihe meiner Thräne! Sie muß ihm fließen.

Perotti weinte so natürlich, daß Flore beinahe getäuscht wurde. Wenigstens freuten sie die Thränen, welche Coutances geweiht waren. Der Augenblick ihrer Bewegung traf ein, und sie sprach: Sey ein Verräther, ein Heuchler, oder nicht, es ist dir verziehn! Was frommte mir deine Bestrafung? Geh frei aus!

Perotti warf sich von Neuem auf die Erde. Ich bin nicht strafwürdig, dabei blieb er, also kannst du mich auch nicht strafen. Aber was soll mir jetzt die Freiheit? Die Schwarzen raubten mir alles. Nimm mich in deinen Dienst, große Sultanin!

„Dich? ha ha ha!“

Keinen ergebneren, keinen treueren Knecht findest du.

„Ha ha ha!“

Fürwahr, ich kann dir brauchbar seyn. Auf meiner Reise habe ich die Sitten der Völker dieses Welttheils geprüft, und da ich tiefer in den Süden drang, wie noch nie ein Europäer, lernt ich auch klüger mich in den Menschen finden.

„O daran zweifelt bei Signor Perotti Niemand. Und wie fingst du es an, überall ungestört durchdringen zu können, da so mancher Andere früh umkehren mußte, oder seinen Tod fand?“

Auch ich machte den Arzt, wie es andre gethan haben, bediente mich aber lauter kräftiger flüchtiger Reize, die allenfalls im Stande waren, die Lebenskraft des Hinscheidenden noch für eine Stunde zurückzurufen. So machte meine Heilkunde oft Glück, so lange ich anwesend war, was nach meiner Abreise geschah, kümmerte mich nicht!

„O pfui!“

Was thut der Europäer nicht um die Weisheit! Nächstdem hatte ich einige chemische Apparate, einige Instrumente der Naturkundigen auf meinen Thieren. Ich hatte vorausgesehn, daß ich mir so den Ruf eines großen Zauberers und Furcht erwerben könne. Und es gelang mir damit.

Wirklich mögte man glauben, daß wenn ins Große getrieben würde, was Perotti wohl nur mit weniger Bedeutung that, die Naturwissenschaften einen unternehmenden Abentheurer gar wohl in Stand setzten, sich unter den Völkern in Afrika, vielleicht selbst in Asien, zum Religionsstifter zu erheben; das höchste was bis jetzt unter den Menschen erreicht worden ist, da die Namen Moses, Confutsee, Zoroaster, Fot, Mahomed u. s. w. die der großen Eroberer überdauern. Welche für solche Menschen unbegreifliche Erscheinungen könnte sie nicht hervorbringen, die ihnen unfehlbar Himmelswunder gölten, und göttliche Sendung urkundeten. Chemische Prozesse, Elektrizität, Luftschifferei, welche Hülfsmittel zu diesem Zweck. Vielleicht fällt noch ein ruhmsüchtiger Wagehals darauf. Noch interessanter ist aber der Gedanke an eine so hohe Stufe der Naturkunde, die selbst Völkern, wie die gegenwärtig gelehrtesten, Wunderglauben auferlegen könnte. Und doch wird sie gewiß einst erreicht, und muß wieder winzig dastehn, gegen das, was die von ihr weiter gehende Entwicklung offenbaren kann.

O, fuhr Perotti fort, wenn einige ruhige Stunden dazu günstig sind, dann werde ich erzählen, was ich alles unter diesen Völkern sah, und that. Aber am meisten werden meine Hörer staunen, wenn ich berichte, was mir jenseits der Gebürge zu Gesicht kam, die das Auge erst in blauer Ferne entdeckt, wenn der Pilger hundert Meilen über den Niger hinausdrang. Wisse, daß hier Nationen hausen, bei denen tiefe Wissenschaft und Künste mancher Art gar nicht fremde sind. Weiße wohlgebildete Nationen. Nachkommen der von den Römern vertriebenen Carthager, der vor Belisarius fliehenden Vandalen und Andere.

Darauf wäre ich wohl begierig, versetzte Flore.

Es wird sich Zeit dazu finden. Wohlan, bleibe in meinem Dienst, wenn du schon mein Vertrauen nimmer gewinnen kannst.

Jetzt trat auch Alonzo ins Zimmer, der sich nicht wenig über den Ankömmling verwunderte. Es erhub sich gleich ein Streit unter den Beiden. Des Spaniers alter Kummer erwachte, und er maaß dem Italiener Isabellens Verlust bei. Dieser erwiederte: Deine Schuld, daß du mich dem Franzosen nachsetztest. Flore sagte: Dem sei wie ihm wolle, jetzt müßt ihr euch versöhnen. Und wie steht es denn um die Nachrichten von Isabellen, Perotti?

Auf meinem Wege fand ich keine weitere Spur.

Ach sie ist längst hinüber, seufzte Alonzo.

Wir hörten, nahm Flore wieder das Wort, sie sei umgekommen.

Das glaube ich demungeachtet nicht, erwiederte Perotti.

Auch ich nicht, war Florens Bemerkung.

Fünftes Kapitel.
Die schlimme Gefahr naht.

Eben wollte man weiter reden, als ein Darkullaner athemlos hereingestürzt kam. Sultanin, rief er, ich bin dir treu, und will, wie Tausend andere, mein Leben in deiner Vertheidigung opfern. — Du sollst deiner Macht entsetzt, getödtet werden. So will es der Sultan.

Alles rief bestürzt: der Sultan?

Ja, fuhr der Darkullaner fort, und schon ist sein Bruder Tata zum Felsenweg herein. Allen die in den Dörfern wohnen, verkündigt er Kukus Befehl. Hoher Lohn erwartet den, der dich lebend oder todt liefert. Viele Mächtigen jubeln, aber die Knechte weinen, und berathen, ob sie sich dir zur Seite stellen sollen? Denn du warst ihnen mild, und sahen sie es nicht gleich ein, daß sie in dir ihre Beschützerin lieben mußten, so sind sie nun von ihrem Irrthum zurückgekommen. Viele haben sich im großen Dattelwald gesammelt. Schicke ihnen einen Anführer, und ihr Entschluß wird genommen sein. Noch weiß Niemand in der Stadt davon, denn ich ritt das schnellfüßigste Dromedar todt, um dir noch zu guter Zeit die Kunde zu bringen.

Mir ziemt Ergebung, sprach Flore gefaßt, der Sultan gab mir diese Macht, er nehme sie wieder hin, er ist Herr über mein Leben, mir bleibt nichts, als mit Ruhe zu sterben. Schändliche Verläumdung hat seinen Zorn entflammt, vielleicht werde ich gehört, kann meine Unschuld darthun.

Hören wird man dich nicht, rief der Darkullaner.

Dies fordert das Recht, versetzte die Sultanin, und ich kenne Kuku. Aufbrausen kann er, aber leicht erwacht neue Großmuth in seinem Busen.

Perotti wimmerte: Gewiß läßt der Sultan erst deinen Kopf holen, der verwünschte Gebrauch in Afrika, dann wird man einen Prozeß anstellen. Sinne auf List, auf Trug, auf Ränke, hintergehe die Gegner.

Greife zum Schwerdt mit deinen Getreuen, rief Alonzo.

Wie, ich sollte das Schwerdt gegen meinen Wohlthäter erheben?

„Ist er es denn auch noch, wenn er elender Afterrede Gehör giebt, und dich, die Unschuldige, zu verderben denkt. Unter den Waffen laß die Gründe gegen deine Anklage hören, sonst bist du verloren.“

Flore war tief erschüttert. Wohl bin ichs mir schuldig, sprach sie, auf meine Rettung zu sinnen, aber wie viele werden mir beistehn, wenn sie des Sultans Gebot hören?

Durch Gaukelkünste muß das Volk an dich gekettet werden, fiel Perotti ein.

„Freilich ist alles hier recht, was die Klugheit empfiehlt, doch wollen wir edle Mittel gebrauchen. Der Sultanin Schönheit, die Anmuth ihrer Rede, werden, müssen ihr die Herzen gewinnen, wenn sie sich öffentlich zeigt."

Perotti billigte diesen Ausspruch, doch setzte er hinzu, ich werde dann sorgen, daß ihr Eindruck alle Gegenpartheien zermalmet.

Musa wurde gefragt, was er meinte, daß jetzt anzufangen sei? Er gab zur Antwort: Ich trete nicht auf eine, noch auf die andere Seite, und entfernte sich.

Flore rief den Obersten der Leibwache. Einen Eid, sprach sie, fordre ich von dir und deinen Leuten, daß ihr in einer nahen Gefahr, die mich bedrohen wird, mir beisteht, ohne zu fragen von wannen sie naht.

Was ist da ein Eid nöthig, sagte der Offizier. Das müssen wir ja so, da wir schon schwuren, dich mit unserm Leben zu vertheidigen.

Wohlan, versetzte Flore, befiehl, daß alles Volk der Stadt sich vor dem Pallaste sammle. — Der Eunuche ging ab.

Alonzo entfernte sich einige Minuten. Während dessen trug Perotti einen Plan nach dem andern vor. Die Soldaten werden dir nicht ergeben bleiben, sprach er unter andern, wenn des Sultans Gebot ihnen zu Ohren kömmt; wäre ich wie du, ich ließ ihre Gehörwerkzeuge mit erhitzten Eisen zerstören, so vernähmen sie nicht, was ausgerufen oder vorgelesen wird.

Die Kammerherrn erschienen. Sie hatten erfahren, daß Nene Sorge umschwebe. Welche? wußten sie aber nicht, und waren doch unsäglich neugierig. Zugleich versicherten sie, wie sie außer sich vor Verdruß wären, nicht jeder Zehntausend Leben und Zwanzigtausend Arme zu besitzen, um sie in Nenes Vertheidigung lächelnd hinzuopfern. Gleich aber folgte die Frage wieder: welche Gefahr doch die Sultanin umschwebe?

Da sie mit der Antwort zauderte, fiel Perotti darauf, ihnen gleichsam im Vertrauen zu eröffnen, daß Sultan Kuku mit der Ergebung, welche das Volk der Sultanin bezeigte, nicht zufrieden genug sei. Er wolle durchaus, ihr solle unterwürfiger wie ihm selbst gehorcht werden, sogar gegen sein Gebot solle man ihr treu bleiben. Um zu prüfen, ob auch dieser strenge Wille befolgt sei, würde Tata mit Kriegern erscheinen, und das Volk aufrufen, der Sultanin nicht mehr gehorsam zu sein, ja sie gefangen auszuliefern; wer nun gehorchte, dessen Kopf würde in Kukus Lager gebracht.

Die Kammerherren eilten was sie konnten, das auszustreuen, und von Mund zu Mund lief die Warnung, ja nicht nach Tata zu hören.

Alonzo kam zurück. Heitrer wie zuvor suchte er Nene Muth einzusprechen, und setzte hinzu: Es wird jemand, von dem du es gar nicht hoffest, zu deiner Hülfe eilen.

Das Volk fing jetzt an, sich in dem Pallasthofe zu sammeln. Man hörte sein dumpfes Murmeln, sahe die Bewegungen, welche den lebendigsten Antheil, und verschiedne Partheinahme ausdrückten. Der treue Schwarze mußte hinunter, und die Gespräche näher hören. Er kam bald zurück, und berichtete: wie das listige Vorgeben wenig Glauben gewinne, vielmehr sagte man sich: wenn Kuku seinen Bruder schicke, die Sultanin abzusetzen, geschehe es, weil sie so manche ehrwürdige Einrichtung über den Haufen geworfen habe.

So weiß ich noch eine andere List, rief Perotti, und diese wird gelingen. Er rannte bei diesen Worten hinaus.

Welche List steht uns zu Gebote? sprach Alonzo. Ja, hätten wir mancherlei Gegenstände aus Europa, so sollte sich Nene wie eine Wunderthäterin, wie eine Gottgesandte zeigen. Eine große Elektrisirmaschiene im Pallast verborgen, einen Draht unbemerkt hinausgeführt, und so dem ganzen zusammengedrängten Volke einen Schlag versetzt, während auch noch ein künstlicher Donner ertönte; eine Engelgestalt aus Wachstaffent mit ärostatischem Gas gefüllt, in der Nacht an einem dünnen Faden zur Höhe gelassen, und dann vor dem Angesichte des Volks majestätisch in den Pallast herabgezogen, daß jeder wähnte, ein Himmelsbote brächte der Sultanin Gottes Befehl, das könnte mächtig wirken. Aber woher nähmen wir das alles?

Man sieht, daß ihr ein Spanier seid, versetzte Flore, auch eure List trägt den poetischen Stempel. Mag es seyn wie es wolle, ich muß versuchen, was mein Anblick, meine Rede auf den rohen Haufen wirken.

Sie trat nach diesen Worten auf eine Art Balkon hinaus, machte eine grüßende Bewegung, und hub dann an mit Würde zu sprechen.

Doch ein geringer Theil empfing sie nur mit Freudengeschrei, ein anderer mißbilligte das Stille gebietend, so entstand ein unordentliches doppeltes Geräusch, das Florens Rede ungehört machte. Die unzufriedene Parthei unterhielt den Lärmen absichtlich, und verletzte die Ehrerbietung mit Frechheit. Flore eilte endlich zurück in den Saal, rief erzürnt ihre Wache, und befahl ihr, muthig die Unverschämtheit zu strafen.

Indem hörte man die Ankunft eines Herolds, der sich auf einem darkullanischen Instrumente hören ließ. Vielleicht kömmt er zu mir, dachte Flore, allein er hielt im Hofe, gebot Aufmerksamkeit, und rief das Volk auf.

Die eben hinausgestürzten Eunuchen hörten auch auf den Herold, der nun in Tatas Namen verkündigte: das Volk solle der Cafferin Nene Kopf, die nicht mehr Eselin der Eselinnen sey, an Tata liefern. Weigerte man sich, so würde er, schon nach zwei Tagen hier, die Stadt in Brand setzen, und alles ermorden lassen.

Unentschlossen zauderte das Volk, doch einige Glieder des Divan, die sonst immer noch treulich auf Nenes Seite gestanden hatten, riefen furchtbar: Wir müssen gehorsamen!

Sogleich wälzte sich der rebellische Haufe dem Pallaste zu, selbst die Eunuchen widerstanden nicht.

Jetzt war Perotti wieder ins Zimmer der Sultanin gekommen, die in der That an ihrer Sache verzweifelte. Hinaus, rief er, noch einmal hinaus, in diesem Augenblicke wird es gelten. Dabei änderte er einiges an ihrem Haarschmuck, was sie kaum bemerkte.

Sie trat wieder auf den Balkon, und mußte den letzten Rest ihres Muthes aufrufen, um nicht vor Schrecken über die unbändige auf ihr Leben herandringende Masse niederzusinken.

Aber o Wunder! Plötzlich stand die Menge, das Wuthgeheul schwieg, die mordlustigen Blicke waren erheitert. Ein kurzer Freudenruf, dann allgemeines Verstummen.

Flore begriff diese schnelle Veränderung durchaus nicht, nützte sie aber mit voller Geistesgegenwart, und hielt eine Rede voll Hoheit und Rührung. Jedes Wort drang ein, alles rief: wir haben unsere Eselin wieder! Heil der Eselin aller Eselinnen!

Der Divan rief am lautesten, die Eunuchen der Wache drohten niederzubohren, was noch einen Schritt gegen den Pallast wagte.

Schwört mir, rief Flore, bei dem Propheten, neue Treue! — Sie schwuren alle. So nur könnt ihr eurem Sultan gefallen, setzte sie hinzu. Ich weiß besser wie ich mit ihm stehe, wie selbst sein Bruder. Und nun auseinander, zu euren Wohnungen!

Alles zerstreute sich sogleich, und Flore kehrte zurück.

Seht ihr, rief Perotti aus, indem er den Angstschweis von der Stirn tilgte, seht ihr, es war wohlgethan, mich in euren Dienst zu nehmen. Euer Leben rettete ich. Er faßte hierauf wieder nach ihrem Haupte, und nahm die zwei Ohren der Leibeselin herunter, die er vorhin ihr unbemerkt aufgesteckt hatte.

Nicht wahr, ein gescheuter Einfall, daß ich vorhin in den Marstall schlich, und die Ohren holte? Sie haben das ganze Wunderwerk vollbracht.

Floren mischte sich Verdruß in die Freude, doch hatte sie einmal mit den Eselsohren dagestanden.

Ich rathe, sprach nun Alonzo, die Stadt in Vertheidigungsstand zu setzen. Tata und seine Krieger dürften nicht so bald zu umwandeln seyn.

Flore war das zufrieden. Das Volk mußte einen Wall und einen Graben aufwerfen, spitze Pfähle erschwerten den Zugang. Alonzo leitete diese Arbeiten, und als Tata erschien, war man schon zu einer Belagerung vorbereitet.

Der treue Schwarze war auch thätig, und versicherte Floren, nun die Städter ihr bei Mahomeds Namen Treue geschworen hätten, könne sie auch darauf bauen, daß sie ihr Leben für sie wagten, und nichts sie erschüttere.

Wohin soll das aber führen? rief Flore. Ich will keinen inneren Krieg, Blut soll um mich nicht strömen. Alonzo entgegnete: und doch wird es nicht mehr zu vermeiden seyn, es wäre denn, Tata ließe mit sich unterhandeln, und berichtete an den Sultan zurück. Unter den Waffen aber unterhandelt es sich am nachdrücklichsten.

Flore erließ Proklamationen an das Volk, die Alonzo aufgesetzt hatte, und prächtig klangen. Neben aller Würde, vergaß man doch nicht, der Menge darin zu schmeicheln. So gering auch die Portion ist, die bei solcher Gelegenheit auf den Einzelnen fällt, so wachsen doch die kleinen Theile von Erkenntlichkeit wieder zu einem namhaften Ganzen an.

Tata dagegen, wie er mit seinen Kriegern, und dem an sich gezogenen Landvolk die Verschanzung umzingelt hatte, sprach in wüthenden Manifesten, die bei furchtsamen Nationen vortrefflich seyn mögen, bei andern aber, wohin hier unsre Darkullaner gezählt werden können, ganz an der unrechten Stelle sind.

Doch nahm beinahe ein gewisser Umstand eine günstige Wendung für Kukus Bruder. Die Eselin nämlich, welche durch Perotti um ihre wohlgeformte Ohren gekommen war, die Leibeselin in den Hofmarställen, hatte in Darkulla eine gewisse Weihe, einen Mysticismus aus den Zeiten der Abgötterei her, und noch hatte der Islamismus, wie wir schon oben bemerkten, diese Spuren nicht verdrängen können. Ueberhaupt ist die Ideenmengung bei den Religionen so gar ungewöhnlich nicht, und es dürfte keine einzige geben, die nicht mehrere Grundzüge einer anderen in sich aufnähme. Darüber ließe sich hier der Schein tiefer Gelehrsamkeit annehmen, wenn man berühmte aber dennoch nicht sehr gekannte Schriftsteller ausschreiben wollte. Ohne aber mit einem Bailli oder Volnei zu untersuchen: ob der Esel von Darkulla, mit einem äthiopischen Mythos zusammenhängen mögte, sei es genug, zu melden, daß sein Stall eine Art Tempel war, und daß dieser nach Ahnen, Tugend und Anmuth gewählte

Erzesel, sogar Priester zu seinem Cultus hatte. Nur an hohen Festen durfte ihn der Sultan besteigen. Krankheit und Tod dieses Thieres galten unglückliche Zeichen dem Lande; sein Wohlsein, muntrer Appetit, sein muthiges Hintenausschlagen frohe Verkündigung.

Wenn nun unser Italiener im Augenblicke der Noth auf den Einfall kam, der Sultanin des Landes edles Simbol in das Haar zu pflanzen, so enthielt er die Genialität glücklicher Erfindung, denn der Gradsinn sah reuiges Hinwenden zu dem Ehrwürdigen, der Aberglaube vielleicht gar den Arm des Himmels in dieser Erscheinung. Allein Florens Unstern führte den Italiener grade zu dem heiligen Thiere, ein unerhört schrecklicher Umstand. Der Stall war eben ledig, und so wurden die Ohren schnell genug und unbemerkt abgelöst. Nach einer Stunde etwa sprach Perotti mit dem Spanier über die vollbrachte List, und dieser fragte: wie er doch so geschwind zu den Ohren gekommen sei? Jener zeigte auf den Stall.

Alonzo schlug die Hände über dem Haupte zusammen. Wir sind alle verloren, wenn das kein Geheimniß bleibt, rief er aus, und erklärte dem Italiener, was er, bei längerem Aufenthalt in Darkulla, genauer, wie dieser kannte.

Dieser lief in der Angst mit den Ohren wieder hinunter, bediente sich eines Baumharzes aus dem Pallastgarten, und klebte sie so gut wieder an, als es sich im ersten Augenblicke thun ließ. Zum Glück waren die Priester und Knechte, des Auflaufs wegen, nicht in der Nähe.

Unentdeckt konnte aber die Sache nicht bleiben, und es war höchst gefährlich, irgend jemand in die Mitwissenschaft zu ziehn. Es wurden daher die gewöhnlichen Knechte des Esels entfernt und Perotti fütterte und putzte ihn an ihrer Stelle, wodurch man der Entdeckung auswich. Auch mußte Flore vorgeben, ein besonderes Gefühl der Verehrung des heiligen Esels sei über sie gekommen, und sie wollte ihn huldigend mit einer köstlichen Krone schmücken. Diese wurde in Eile aus Gefieder und Juweelen gemacht, und sie bedeckte den Oberkopf so, daß weder ein Organ daran vermißt wurde, noch sein defekter Zustand in die Augen fiel.

Perotti ließ sich sogar die priesterliche Würde geben, um bei Aufzügen das Thier zu führen. So wurde jedermann davon entfernt.

Das alles aber reizte die Neugier eines andern Priesters, der gleich vermuthete, es müsse hier eine Heimlichkeit verborgen sein, die man zu offenbaren fürchtete. Er versteckte sich also eine Nacht hindurch in dem Tempel, untersuchte das Thier, und fand die Verstümmlung auf.

Er war außer sich vor Freude, und das aus folgenden Gründen: Die Eselspriester hatten ewige Controversen mit den Mahomedspriestern zu bestehn, denn diese wollten jene, wie die ganze Eselsverehrung, als unrein und unerlaubt austilgen. Bei den Controversen übt sich der Verstand und nimmt einen ungewöhnlichen Flug, während die Vorurtheile sinken. Der Mann, von welchem wir gegenwärtig reden, war jung, feurig, der Priesterschaft gram, und hatte sich in Floren, die er oft sah, heftig verliebt. Augenblicklich durchschaute er den Plan mit jenen Ohren, und baute darauf einen Plan für das Glück seiner Liebe, oder noch wohl höherer Wünsche. Er ließ sich kurz nach seinem Auffund bei Floren melden.

Sie nahm ihn, umringt von einigen Staatsbeamten, an. Er bat um Gehör unter vier Augen. Dem Priester versagte sich das nicht wohl. Nun warf er sich nieder, und bekannte unverschämt und ohne Hehl seine Leidenschaft.

Flore fühlte sich heftig entrüstet. Schon der Akt an und für sich mußte sie empören, und ihr war auch bekannt, daß die Eselspriester zum ehelosen Stand, zur strengsten Enthaltsamkeit der Liebe verbunden waren.

Und du erfrechst dich — hub sie mit strafendem Eifer an, aber der Neger ließ sie nicht weiter reden, sondern fiel ein:

Erhabne weise Sultanin, oder vielmehr schönste der Weiber im Menschengeschlecht, du herrschest hier durch die Kraft der Gesetze, auch meine Macht ist nicht geringe, sie ward auf die Gewalt des Wahnes gegründet, und diese überbietet oft sogar jene.

„Und du erdreistest dich, die Religion Wahn zu nennen?"

Schöne Königin, du glaubst an die Göttlichkeit der Esel nicht, nur das Volk sichrer zu lenken, erzeigst du ihnen Verehrung. Noch mehr wie du, lache ich, der Priester, über die Gaukelei. Aber wenn wir uns im Zutrauen begegneten, welche Ketten, dauernd, und fest, würde unser Verein den vornehmen und niederen Sklaven schmieden können. Die, woran du das Volk lenkest, droht zu brechen, weil du die meinige zertrümmern willst. Ich kann dir ersprießlicher als irgend ein Darkullaner oder Caffer sein. Ich will die Herzen gewinnen, die Ueberzeugung fesseln. Nicht nur gemeinschaftlicher Vortheil, auch Liebe, die heißeste, die je im heißen Afrika einen Busen durchglühte, Liebe, Liebe betet dich an. Verwirf sie nicht, und ich lehre dir, dem Zorn des Sultans Trotz zu bieten.

Verruchter, rief Flore, ich höre auf, deinen Stand zu achten, und strafe nur den Frevel.

Stolz erwiederte jener: Das würdest du vor dem Volke verantworten müssen.

„Für niemand wird es sich einlegen, der seine hohe Würde entheiligte. Ich rede schon zuviel mit dir. Wache!"

Noch Eins! Ich kann dich verderben. Das Geheimniß ist mir bekannt, wie neulich die wüthende Menge beruhigt wurde.

Flore erschrack.

Der Priester bemerkte es schadenfroh, und setzte hinzu: Verwirfst du mich, schreie ich der mich verhaftenden Wache zu: die heilige Eselin ist der Ohren beraubt, geschändet, Weh über Darkulla, wenn sie nicht gerächt wird! Preise dein Geschick, daß ich über die Eselin lache, daß Liebe mir höher gilt, wie Possen, sonst wärst du schon verloren.

Flore sah den Abgrund, der vor ihr gähnte, sie dachte: Besonnenheit allein kann mich retten, zog einen unter dem Kleide verborgenen Dolch hervor, und stieß ihn dem Priester in die Brust. Eine That, welche die grausam dringende Nothwendigkeit, und das nichtswürdige Betragen des Bonzen ihr erleichterten.

Er sank hin, sagte aber sterbend: Es wird dich reuen, schöne Tyrannin.

Kein Eingeborner durfte ins Zimmer. Alonzo und Perotti wurden schnell gerufen. Verbergt den Leichnam, schnell, schnell!

Die Beiden erschracken heftig.

„Es mußte sein, das Weitere ein Andermal."

Sechstes Kapitel.
Fortsetzung.

Wo man den Meister spielt, läßt sich viel ins Werk setzen, darum wurde die heimliche Beerdigung des Priesters bald zu Stande gebracht. Alonzo sagte aber: Wir müssen mehr als je mit dem Volke auf unsrer Hut sein. Perottis Einfall rettete für den Augenblick, aber späterhin kann er uns verderben.

Ei, rief Perotti, ich machte schon ein ander Thier ausfindig, das dem vorigen ähnlich ist. Bei Nacht schaff ich es in den Tempel, und das verstümmelte wird in einen Teich versenkt.

Wie gefährlich aber ist das alles, versetzte der Spanier. Laßt uns auf Mittel sinnen, dem Volke ein Blendwerk im höheren Styl zu bereiten. Selbsterhaltung legt es uns auf. Wir sind Europäer. Unsre Naturwissenschaft muß uns dazu in Stand setzen. Laßt uns einige der geschicktesten Caffern gebrauchen. Auch über sie schwebt die Gefahr. Feuergewehr ist selten in diesem Reiche, wenn es schon nicht den Schrecken verbreitet, wie bei ganz wilden neuentdeckten Völkern. Wir wollen aber dennoch Salpeter suchen und Pulver in so großer Menge verfertigen, als es immer möglich ist.

Gut, gut, rief Perotti, fehlt es uns an Flinten oder Stücken, so machen wir Feuerwerke, hier ein ungesehen Schauspiel, mit dem manches auszurichten ist. Das Volk muß uns schon der Kurzweil halber lieben.

„Auch denke ich Minen unter den Wall zu legen, oder — noch etwas anders fällt mir bei, wovon ich nachher reden werde.“

Mir auch, warlich in dem nämlichen Augenblick, sprach der Italiener, und ich wette, wir fielen auf einen Gedanken.

„Sollte es uns nicht möglich werden, eine elektrische Vorrichtung zu erbauen. Es fehlt uns zwar manches dazu, aber Noth ist erfinderisch.“

Wohl! Die Theorie davon ist mir wenigstens bekannt. Doch vor allen Dingen mögte ich leichtes Gas und einen Wachstaffent bereiten können. Ich glaube, einer unserer geschickten Zeugmacher hat einen feinen dichten seidenen Stoff fertig.

„Mit Wachs überzieh ich ihn.“

Vitriol, Eisen, besitzen wir. Warum sollte sich nicht ein leichtes Gas bereiten lassen.

„Unter dem Pallast sind tiefe Kellergewölbe. Da leg ich eine Werkstatt an. Die Caffern, welche mir helfen, kommen nicht mehr ans Tageslicht, bis das Volk von Darkulla uns unbedingt huldigt.“

Flore rief: Ihr Herren denkt auf alles. Beim Ausführen des Wunderbaren will ich schon an meiner Stelle stehn. Warlich, nichts Geringes lastet auf uns. Eigentlich müssen wir ja gegen das innere Volk der Stadt, und wider das Belagerungsheer zugleich kämpfen. Fast ist unser Sieg nicht abzusehn. Doch fallen wir, kann es die Feinde nicht ehren.

Doch unser Triumph wird unerhört sein. Und die hohe Stufe europäischer Kultur muß gebieten! schwärmte der Spanier, der viel Elastizität hatte, welche nur des äußern Drucks bedurfte, um wirksam zu sein. Daneben fehlte es ihm gar nicht an dem poetischen Schwung, der ja nach Isabellens Zeiten, wie neuere deutsche Autoren behaupten, ein Grundzug des hispanischen Charakters geworden sein soll.

Genug, sechs Arbeiter wurden im Geheim angestellt, Perotti leitete die Technik, die Ideen gab Alonzo, Flore übte die Rollen des Ausführens ein. Weiter unten wird das Warum, Wie und Wo, näher berichtet.

Wenden wir den Blick zu Tata hin. Er stand vor der Stadt, und besichtigte die Vertheidigungslinie. Anfangs glaubte er, seine Befehle würden ohne Weiteres Unterwürfigkeit erzielen, da er aber die Hauptstadt Nene anhängen, und sich zur Wehre stellen sah, wurde er heftig erbittert. Zwar meinte er gleich, das Volk sei durch Verführungskünste geblendet worden, und zauderte deshalb, um nicht Blut von Darkulla durch Darkullaner zu vergießen, allein fest stand auch der Beschluß: wenn man nicht bald sich gäbe, die ausgesprochenen Schreckensdrohungen nach ihrem ganzen Umfange zu erfüllen.

Während er nun auf Aenderung des Sinnes hoffte, und die schwächste Stelle der Verschanzung ausgesucht ward, um sie, wenn es sein müsse, zu erstürmen, langte ein Knabe bei ihm an, der in der Nacht über den Wall gestiegen war, und den Graben durchschwommen hatte. Er brachte ein Palmblatt, auf welchem diese Worte standen:

Ruchlose Gaukelei hat das Volk der Stadt betrogen. Kein Zeichen vom Himmel war es, daß die Sultanin der Menge mit den Ohren der heiligen Eselin erschien, tempelräuberisch haben ihre Caffern das Thier verstümmelt, und frech hat Nene die Ohren entweiht. Daß nicht Tausend Donner den Frevel straften, ist des Himmels Langmuth, und seine Gnade gegen dich, o Tata, weil er dir die Rache übergiebt. Ich sterbe für meine Aussage, und bin nicht mehr, wenn der Bote deinem Lager naht.

Der Großpriester der heiligen Eselin.

Diesem im Tempel dienenden Knaben, der des Lesens unkundig war, hatte der Verräther das Blatt überliefert, ehe er zu Nene ging. Niemand, bei

Strafe des Feuertodes, lautete seine Weisung, zeige das Blatt. Warte drei Tage auf mich, bin ich dann nicht wieder bei dir, so lebe ich nicht mehr, und die Esel des Paradieses wollen, daß du in Tatas Lager schleichest, ihm das Blatt in seine Hände zu liefern.

Der Knabe hatte am Altar schwören müssen. Allein nicht gleich war es ihm möglich geworden, das Gebot zu erfüllen. Zu genau wachten die Krieger auf dem Walle. So waren acht Tage vergangen, endlich aber doch die Aufsicht betrogen worden.

Tata schauderte, da ihm doch noch einige Landesvorurtheile anhingen, schäumte vor Wuth gegen die Sultanin, war aber bei dem allen auch froh, nun ein Mittel gefunden zu haben, wodurch die Feindin unfehlbar zu verderben sei.

Das Blatt wurde sogleich vervielfältigt, und rund um die Stadt durch angestellte Getreuen laut abgelesen. Die Darkullaner auf dem Walle vernahmen jedes Wort, Fanatismus, Jähzorn und Rachsucht loderten furchtbar in allen Busen auf.

Ein Strom von Empörern brauste in zügelloser Erbitterung auf den Pallast los. Schon sind sie an seiner Eisenpforte, wollen sie aufreissen, das Haupt, das Herz der Sultanin holen, um das beleidigte Göttliche zu sühnen — da trifft den vordersten Mann, der das Thor berührt hat, ein Schlag von unsichtbarer Hand, und diesen nämlichen Schlag fühlt die ganze gedrängt nachstürzende Menge. Alle Nerven wurden den Männern durch den entsetzlichen Schlag erschüttert. Kaum konnten sie über das Ereigniß nachsinnen, als die Sultanin auf dem Balkon erschien, und ausrief: Unverletzlich ist das Thor der Sultanin. Der Himmel beschützt sie, und wer das geringe Zeichen seines Unwillens noch nicht achtet, dem wird es sich wiederholen, bis er todt zu Boden stürzt, und die Seele der Verdammniß sendet. Fort auf den Wall, die Stadt zu vertheidigen!

Starr weilte die Menge. Niemand wagte sich mehr vorwärts, Niemand wagte auch den Befehl zu erfüllen. Plötzlich fühlte jeder einen neuen Schlag, viel stärker als der vorige. Alles stürzte zu Boden.

Erfüllt das Gebot, oder des Himmels neues Zeichen stürzt euch alle ins Grab.

Behend sprang hier Jeder auf, nach seinem Platze auf der Verschanzung zu eilen. Tata hatte doppelt sicher gehen wollen, und während der Zeit, wo der Wall von seinen Vertheidigern leer war, einen Sturm anbefohlen. An vielen Stellen hatte man den Graben bereits durchschwommen, und beträchtliche Haufen kletterten schon an dem Walle hinauf, doch nun stürzte die erschrockene, durch eine höhere Furcht, als die vor dem feindlichen Angriff, entflamme Menge hinzu, ein wüthend Gemetzel entstand, die

Stürmer wurden in den Graben zurückgeworfen, und die Felsstücke, welche Alonzo an seinem Rande hinreihen ließ, auf sie niedergerollt, daß fast keiner zurück ins Lager kam.

Nach dem vorhin Angedeuteten begreift der Leser wohl, wie elektrische Vorrichtungen das hervorgebracht hatten, was Unkunde und Empfänglichkeit für Aberglauben, Wunder nennen mußten. Den ersten Schlag empfingen die Aufrührer durch das eiserne Thor selbst, den andern durch einen aus dem Keller emporgeleiteten Draht, womit Perotti einen in der Menge berührte.

Bald sahe Flore Abgesendete aus dem Volke, welche im Staube flehten, den tapferen Kampf gegen Tatas Sturm, der Unbesonnenheit des verführten Volkes, zur Entschuldigung gelten zu lassen. Sie verzieh auf die Bedingung künftiger Unerschütterlichkeit.

Sie zeigte sich oft den Kriegern, sorgte reichlich für sie, munterte durch Belohnungen auf und gewann sich die Herzen aufs Neue.

Dem Tata schickte sie eine Botschaft hinaus, welche ihm sagen sollte: Ihr sey es nicht zu verargen, wenn sie sich gegen Schande und schmachvollen Tod zur Wehr setzte. Er mögte abziehn, damit kein Blut mehr flösse, und Kuku melden, was er gesehn hätte. Wenn Kuku aber selbst käme, dann wolle sie unbewaffnet ihm entgegen gehn, sein Herz würde sie dann hören.

Tata ließ aber den Darkullaner, welcher die Botschaft brachte, sogleich aufknüpfen, und erfuhr sogar nicht, was die Sultanin ihm wollte. Zu ergrimmt war er ohnehin über den Verlust beim Sturm und sein Mißlingen, und willigte auch bei andern Versuchen in keine Unterhandlung. Dagegen ließ er immer wieder des Großpriesters Bericht ablesen, und immer wurde hinzugesetzt: Darkullaner, eine höllische Gaukelei betrog euch, laßt euch die heilige Eselin zeigen, und ihr werdet sehn, welche Missethat die Cafferin verübte.

Das verfehlte denn doch nicht allen Eindruck, nachdem der erste Schrecken über die Elektrizität gewichen war. Wo ist der Großpriester? diese Frage wurde öfters gehört, man wünschte allgemeine Gebete um Waffenglück, wo die heilige Eselin in Prozession umhergeführt, und in die Mitte gestellt wurde.

Es erschien dieserhalb eine Bittschrift bei der Sultanin. Sie erwiederte: Wie schon Tag und Nacht im Tempel gebetet würde, und deshalb auch kein Priester ihn verlassen dürfe, (sie waren aber in Gewahrsam, denn sie hatten nun doch den Zustand des Thieres gesehn, und konnten dem Volke schlimme Dinge ins Ohr sagen) da aber die öffentliche Andacht gewünscht werde, so könnte sie in einigen Tagen statt haben.

Bald darauf mußten die Herolde ankündigen: Die Hälfte der Bewaffneten sollte sich einfinden, die andere auf dem Walle bleiben. Flore hatte rund um den Eselstempel die nahen Gebäude wegreissen, und in der Entfernung von einigen hundert Schritten einen Verschlag anbringen lassen. Gegen Abend sammelte sich die Hälfte der Krieger, strömten alle Weiber und Kinder aus der Stadt zu. Ein langes stummes Gebet machte den Anfang der Feierlichkeit, dann trat Flore auf und hielt eine noch längere Rede, indem sie bald nach dieser, bald nach jener Seite der Schranken ging, überall ihre Worte zu wiederholen. Hauptsächlich trug sie vor: Darkullaner, die Würde der Religion Mahomeds hat eure Herzen gerührt, doch noch ruht des Propheten Zorn auf euch, da ihr das Joch alter Abgötterei noch nicht abzuwerfen vermögt. Zweierlei Andacht ist frevelhaft. Eine tadelt die Andere. Manche Noth, die seit kurzem dies reizende Land heimsuchte, mag eine Strafe der Untreue seyn, die immer einer Gottheit widerfahren muß. Weit entfernt sey es von mir, entscheiden zu wollen, welche die allein wahre ist, die ältere oder die neuere? Aber die Zeit ist gekommen, wo sich die allein wahre, durch ein Wunder der Allmacht offenbaren will. Das sagte mir ein heiliger Traum. Wohlan, so vereint denn eure Gebete brünstig mit dem meinigen. Wie eure Sultanin, sinkt aufs Knie, und fleht, daß dies Wunder heute vor euren staunenden Blicken erscheinen möge. Seht, hier steht der Tempel der heiligen Eselin! Aus seinem Fenster glänzt der Opferlampe Schein durch die Nacht. Dort auf der andern Seite prangt die Moschee, stattlich aufgeführt, durch die Gefühle der Gläubigen geweiht, um dort den Gottesdienst zu feiern, den des Propheten Coran auferlegt. Fleht, daß an den Tempeln noch in dieser Nacht kund werde, welcher von ihnen dem Himmel der gefälligste ist!

Alles warf sich nieder. Die feierliche Erwartung, der Fanatismus aufs höchste gespannt. Leises Beten der Einzelnen, halblautes Seufzen, aber in der Vielheit in der nächtlichen andächtigen Stille, schon ein wesentliches Geräusch. Einige Zeit vergeht, dumpfe Pause folgt der auf den Lippen und von den Busen hörbaren Inbrunst, dann tönt Florens Stimme wieder, und die andern fallen neuerdings ein. Dicke Nacht umgiebt die Knieenden und der Himmel ist umwölkt. Selbst die Opferflamme im Tempel glimmt düster.

Plötzlich wird ein dumpfer unterirdischer Donner vernommen, und die Erde, worauf die Andacht sich niederschmiegte, bebt. Dieser Donner löst sich in ein hohles Knarren, ein gellendes Krachen, zuletzt in einen orkanhaften Knall auf, bei dem alles aus Schrecken aufs Antlitz sinkt. Ein helles Umleuchten. Ueberraschung mahnt aber in demselben Momente, alle Blicke, sich wieder emporzurichten. Halbgeblendet, staunen, starren sie nach dem Götzentempel hin, der in Trümmern zerschellt in einer hohen Feuersäule in die Wolken steigt. Dampf, Rauch und dicker Staub verschlingen bald wieder die Blitzeshelle, die zerrissenen Mauern sinken aber brennend und rauchend auf den Boden zurück, Erde fällt weit umhergeschleudert auf die Beter nieder.

Mahomed ist Gottes Prophet! tönt nun eine Stimme aus der Höhe, nach der Moschee richten sich alle Augen. Sie ist von lauter feurigen Lichtern umgeben, kleine Flammen, Sternen gleich, steigen aus den Minarets empor, und oben zeichnet Feuerschrift mit großen Charakteren den Namen des arabischen Religionsstifters. Die Empfindungen der Menge ergeben sich von selbst.

Siebentes Kapitel.
Tatas Unglaube.

Daß eine Mine den Götzentempel in die Luft gesprengt hatte, sieht jedermann ein. Wo so leicht gebaut wird, wie in Darkulla, ließ sich in ihrer Nähe aushalten, bei dicken Steinmauern wären wohl manche der Beter zertrümmert worden.

Die Priester machten die Reise mit, obgleich Flore gewollt hatte, man sollte sie retten, und irgendwo verbergen. Perotti meinte: besser sey besser, und erklärte, als er Florens Vorwürfe hörte, er wolle alle die Priesterseelen auf sein Gewissen nehmen.

Auch die heilige Eselin ohne Ohren ward bei dieser Gelegenheit zerrissen, und man war der schlimmen Untersuchung überhoben. Alonzo und Perotti tappten noch in der Nacht mit kleinen Blendlaternen umher, und brachten die Stücke der Körper zusammen, die etwa oben auf den Trümmern lagen, um sie zu verscharren. Der Glaube sollte meinen, alles Leben sei hier völlig vernichtet worden.

Die Moschee erleuchtete ein Feuerwerk, von dem alle verrätherische Ueberbleibsel auch weggenommen wurden, und damit das alles destomehr ohne Beobachtung geschehen konnte, ließ Flore beim Sonnenaufgang, diesen Tag dem Fasten und Gebeten widmen, denen, mit Ausnahme der Krieger auf der Verschanzung, Jedermann daheim im Hause obliegen sollte.

Vielleicht wundert man sich, wie es Alonzo und Perotti möglich wurde, so mancherlei Geheimes ins Werk zu richten, und die Arbeiter in der Werkstatt zu bewachen. Aber es ist auch oben erinnert worden, wie letztere dabei mit Leben und Wohlfahrt interessirt waren. Bei dem allen hatte Perotti von den entlassenen stummen Kammerherrn gehört, meinte, hier ständen sie an ihrem Platz, und berief sie ein. Sie mußten Aufsicht über die Künstler führen, Neugierige abhalten, und wo es sonst nöthig wurde, Hülfe leisten.

Zum Unglück aber konnte einer von ihnen schreiben, sogar etwas denken. Er sah von den Arbeiten ab, was ihm möglich war, und überlegte, daß er dem Bruder des Sultans mit Nachrichten über diese Gegenstände, willkommen sein dürfte. Wenigstens lächelte er ihn an, und versicherte ihn seiner Gnade, ein Genuß, welcher ihn, so lange er vom Hofe entfernt war, nicht gelabt hatte.

In Tatas Lager sah man den Aufflug der Mine und die Verklärung des islamitischen Tempels gar wohl, und die Krieger fanden sich wunderbar durch die Erscheinungen bewegt. Ein Wispern und Flistern durchlief die Reihen: man führe schlimmen Krieg, Gott stände dem Feinde bei. Tata erschrack darüber nicht wenig, und wußte doch nicht, wie er den bösen

Eindruck bei seinen, und den guten bei Nenes Kriegern, den diese unerhörte Dinge ins Leben gerufen hatten, tilgen sollte.

Da kam in der Nacht jener stumme Höfling, dem es gelungen war, aus der Stadt zu schleichen. Die widerrechtlich eingeschlummerten Schildwachen mußten dazu einen Todtenschlaf gehabt haben, da der Parfüm des Vorüberschleichenden sie nicht weckte. Genug der Höfling war da.

Man reichte ihm einige Palmblätter, darauf niederzuschreiben, was er anzubringen hatte. Einige wurden mit Artigkeiten angefüllt, dann ging es zur Sache über, wo dem Fürsten Tata versichert wurde, wenn es ihm Vergnügen mache, werde er, der Ankömmling, die Ehre haben, auch feurige Erscheinungen und entsetzliche Donnerwetter hervorzubringen.

Ich dachte es, rief Tata, ich dachte es, Gaukelei liege zum Grunde, oft habe ich gehört, daß die Caffern im Ländchen Europa mit ihrem schwarzen Staub, Blitz und Donner machten; den Feuerschlund, welchen unsere Krieger einst eroberten, würden wir auch laden und losbrennen können, wenn uns der Staub nicht fehlte.

Jener klopfte der weisen Rede mit seinen Händen Beifall, und schrieb wieder: er habe das Geheimniß abgemerkt.

Sogleich wurden ihm Handlanger in Menge zugesellt, die Gegend war an Salpeter und Schwefel reich, man half sich mit den Kohlen so gut es gehn wollte, und nach einigen Wochen besaß Tata einen großen Vorrath an Schießpulver. Stand es gleich um die Mischung und Körnung desselben fehlerhaft, war es immer geeignet, Staunen und Schrecknіß unter die Darkullaner zu verbreiten, und Florens Triumph zu stören.

In der Stadt vermuthete man gar wohl, daß den Belagerern eine solche Kunde zugekommen sei. Denn es wurde der Flüchtling vermißt und Tata ließ auch vor den Wällen ausrufen: er werde nächstens auch solche feurige Erscheinungen hervorbringen, wie die Gauklerin Nene, welche die Darkullaner schändlich betröge, und sich frevelhaft rühme, der Gottheit Wunder erfleht zu haben. Das machte allerdings, daß die erste Stimmung nach jener Nacht, die Floren vollkommen günstig gewesen wäre, wie eine neue Religionsstifterin in Darkulla aufzutreten, in eine gewisse Kälte, eine mißtrauische Bedenklichkeit, und eine gespannte Erwartung, was im Lager vorgehn werde, überging.

Das Kleeblatt, Flore, Alonzo, und Perotti, berathete also, wie, wenn auch Tata Explosionen mit Schießpulver zu Stande brächte, doch Vorliebe, Bewunderung und Ehrfurcht auf dieser Seite zu erhalten, und noch siegender als zuvor dahin zu lenken wären.

Tata ließ unterdessen einen ungeheuren Esel anfertigen. Es geschah in einem Verschlag, daß die Ansicht der zunehmenden Arbeit nicht dem Eindruck der Vollendung schaden sollte. Daneben war der Plan sehr klug, einen Theil des Walles zu untergraben, und in die Luft zu sprengen. Das sollte in der Nacht geschehen und dann der Esel mit Feuerwerksmaterie behende auf Rollen durch die Bresche in die Stadt geschoben werden.

Alonzo, der gern etwas Genaueres wissen wollte, redete mit jenem Darkullaner, der zuerst die treue Nachricht überbracht hatte, und bewog ihn, im Finstern durch den Graben zu schwimmen und sich einen Tag im Lager aufzuhalten, wo man, ihn für einen Krieger Tatas haltend, keinen Verdacht schöpfen würde. Dann sollte er alles erspähn, und zurückkehren.

Der Neger, fest in seiner Anhänglichkeit, richtete den Auftrag zur Zufriedenheit seiner Sender aus, und diese erfuhren Tatas Absicht vollkommen, waren mithin auch im Stande, Gegenmittel vorzukehren.

Die Stelle des Walles, an welcher die Kluft ausgehöhlt ward, (eine Arbeit, welche die Belagerer immer in der Nacht vollzogen, nachdem die Arbeiter über den Graben geschwommen waren) blieb nun nicht unbekannt, und es wäre ein leichtes gewesen, die Höhlung wieder auszufüllen, und keinen Gräber mehr hereinzulassen. Das wollte man aber nicht, der Triumph wäre nicht glänzend genug gewesen. Es wurde vielmehr hinter jener Stelle ein neuer Abschnitt von einem Wall und Graben gemacht, weit genug, daß die Kraft des im Hauptwalle entzündeten Pulvers ihn nicht treffen konnte. Dazu legte man in der Mitte dieses Abschnittes noch eine kleine Mine an. Zu welchem Behuf, werden wir hören.

Jetzt gedieh auch die chemische Beschäftigung mit dem Vitriol, und dem kleingehackten Eisen mehr, und es wurde so viel brennbares Gas gewonnen, als zu den vorgesetzten Zwecken erforderlich war.

Aus feinem gewächsten Seidenzeuge fertigten die Männer eine Hülle, die aufgebläht die Gestalt eines Engels mit ausgebreiteten Fittigen nachahmte. Das brennbare Gas füllte diesen seidenen Körper, und wohlverschlossen wurde er in der Nacht an einem sehr langen dünnen seidenen Strange in die Luft gelassen. Das Ende des Stranges war in einem Zimmer angeknüpft, dem kein Ungeweihter nahen durfte.

Am Tage sahe niemand den Strang, weil er zu dünn war, und in einer beträchtlichen Höhe aus dem Pallaste stieg; der Cherub hatte sich vollends allen Augen entzogen, und schwebte hoch im Aether.

Nun kündigte die Sultanin abermals eine öffentliche Gebetfeier an, die aber diesmal auf den frühen Morgen bestimmt war. Wie neulich mußte sich das Volk versammeln, aber Flore zeigte sich nur von einer Zinne des Pallastes, auf welcher sie frei stand. Hier wurde das Volk wieder ernst aufgerufen. Die Rednerin sprach über die Tücke und Ruchlosigkeit der Feinde, welche sie verderben wollten, wie sichtbar auch der Schutz höherer Mächte sei; wie sie sich bemühten, sogar den Glauben wankend zu machen, ja wie die Sultanin in Erfahrung gebracht, daß sie Teufelskünste bereiteten, um die hohe Erscheinung verspottend nachzuahmen. So fleht denn alle, setzte sie hinzu, daß der Herrscherin Geist von Oben erleuchtet werde, daß sie stark und weise genug sei, des Gegners Bosheit zu vereiteln.

Sie kniete oben, unten sank die Menge nieder. Ein langes stummes inbrünstiges Gebet, bald von einzelnen Seufzern unterbrochen, dann ein gemeinsamer lauter Chorus, der aus tiefen Herzen die Bitte tönen ließ.

Plötzlich vernahm man einige liebliche Akkorde, die aus den himmlischen Gefilden herabzusteigen schienen. Alles ward still, kein Athem mehr hörbar, denn jedes Ohr wollte die wundersüßen fremden Wohllaute trinken. Die Blicke staunten empor in die Region des Liedes, wußten aber nicht, wie es ins Leben gerufen wurde. Doch ein Pünktlein ward bald darauf in der Höhe sichtbar. Ein Gestirn im reinen Blau des Morgenschimmers, wenn schon die Sonne hoch über dem Horizonte prangt — dies hatte noch keines Darkullaners Auge gesehn. Doch der Punkt ward heller, größer, schien sich herzuneigen aus den stillen Lüften. Die andächtigste Erwartung, frommes wollüstiges Beben in jeder glühenden Brust. Doch bald kein Punkt, kein Stern, kein Mond mehr. Ein glänzender schöner Knabe, vom Schimmer der Verklärung umflossen, getragen durch ein leichtes Goldgefieder, eine Harfe in der Hand. Daher tönten also die entzückenden Melodien. Auf den Rücken warf sich alles, die Hände zur Anbetung emporgestreckt. Keinen Augenblick wollte man im Anschauen des himmlischen Boten versäumen.

Endlich senkt sich die Engelsgestalt auf die Zinne des Pallastes nieder, wo Flore kniete. Sie berührt den Boden nicht, umschwebt nur der Sultanin Haupt, und scheint ihr himmlische Kunde zu vertrauen. Bald darauf erhebt sie sich wieder, unter der alten Göttermusik, verkleinert sich, und dann bleibt nichts mehr den Sinnen wahrzunehmen, als ein süßer Duft, der, seitdem die Gestalt näher kam, die Athemzüge mit balsamischem magischen Hauche labte.

Der Leser weiß, wie die ästhetischen Gaukler verfuhren. Ein Aufrollen des Fadens, und das Abrollen nachher, bewirkten das ganze Wunder, nachdem die ärostatische Figur einmal in die Höhe gelassen war. Eine Aeolsharfe, die die Gestalt trug, und einige andre auf der Zinne angebracht, sangen mit Zephirs Beistand die wonnigen Harmonien, und eine, aus den erwähltesten Blumen gezogene Essenz wurde reichlich verschwendet, um mehr als einen Sinn zu bezaubern.

In der folgenden Nacht mußte aber der Engel herunter, und ward sehr sorgsam versteckt, denn ein besonders scharfes Auge, das immer auf die

Zinne geblickt hätte, könnte doch wohl den Faden entdeckt haben. Und scharfsinnig sind die Neger, wobei man das Wort nicht in dem Verstande zu nehmen braucht, welchen ihm eine verschobene Sprachmanier unter uns gab.

Achtes Kapitel.
Tatas großer Plan scheitert.

Wir schweigen davon, was Flore nun den Kriegern in der Stadt war, und wie es ein Spiel wurde, sie überall nach ihrem Willen zu lenken.

In Tatas Lager hatte man übrigens auch die Lichterscheinung wahrgenommen, und sie dem Heerführer angezeigt. Dieser tritt aus seinem Zelte, und erblickt im Luftraum den ungewöhnlichen strahlenden Gegenstand. Begreifen konnte er nicht, was er sah, doch ermangelte ihm die Fassung nicht, den Schluß zu ziehn: Wer einmal Blendwerkskünste treibt, ist geneigt, öfter dazu seine Zuflucht zu nehmen, und was man bei ihm Nicht Erklärbares findet, berechtigt immer, auf neuen Trug der Art zu schließen. Sogleich ließ er den Befehl rund um die Linie ergehn: es sollte sich alles platt aufs Gesicht niederwerfen, und nicht wieder erheben, bis die Trommel ein gewisses Zeichen gäbe. Klüglich wollte er hierdurch ausweichen, daß seine Leute der Anblick irre machte.

Sein Ueberläufer konnte keine Auskunft geben; nur die Bereitung des Pulvers, nicht das chemische Laboratorium hatte er gesehn. Doch wurde gleich beschlossen, er sollte in die Stadt zurückschleichen, um auch die unbegreifliche Kunst abzusehn, woran er freilich nicht gern wollte.

Doch war auch für die folgende Nacht etwas Anderes vorbereitet, und Tata hoffte um so mehr davon, als es seit einigen Wochen seine ganze Anstrengung aufgeboten hatte. Die Höhlung im Walle war fertig, und schon mit Pulver geladen.

Nun brachte man den mit Feuerwerksmaterien behangenen und entzündeten Esel aus dem Verschlage. Unter dem Ruf: Mahomed ist der wahre Prophet, aber auch der Väter Götter thronen im Himmel! ward er gegen den Wall geschafft. Auf ein vom Feldherrn gegebenes Zeichen ward die Mine angebrannt, und ein Stück Wall flog krachend zur Höhe, deckte auch, wie man erwartet hatte mit der niedersinkenden Erde einen Theil des Grabens. Noch etwas Strauchwerk zur Aushöhung, und der Esel konnte hinüber, und hielt einen Einzug, dem des Rosses von Ilion ähnlich, wenn schon mit minderem Glück. Zugleich mußte ein dicker Haufe mit vordringen, um den Sturm auf die Stadt zu bestehn, während der Esel schon psychologisch alles überwunden hätte. So hohe Aussichten eröffnete sich die Erwartung von dem Thierlein, das freilich oft mehr gilt, wie man glauben sollte. Darf man Kleines mit Großem vergleichen, so ist hier die Anekdote in Erinnerung zu bringen, wie einst ein berühmter deutscher General sagte: Meine Regimentsmusikanten taugten nicht, ich ließ sie aber fleißig auf einem Esel reiten, und nun blasen sie vortrefflich. Ein anwesender witziger Prinz bemerkte: Was doch ein Esel vermag!

Gleichwohl ging es dem Esel Tatas, wie seinen Kriegern überaus schlimm. Diese fanden im Vordringen einen neuen Graben. Neger durchschwimmen den wohl bald, aber ein neuer Wall mit spitzen Pfählen ausgesteckt, täuschte die Hoffnung, weiter zu kommen, grausam. Der Raum füllte sich um so schneller, als laut dem entworfenen Plan, die Krieger hinten dichte aufrückten. Da nun der Raum angefüllt war, gab Alonzo das Zeichen, seine Mine zu sprengen, und es flogen Esel und Mannschaft in die Luft, wogegen die Belagerten, die zeitig den neuen Wall mieden, nicht einen Krieger verloren.

Der Morgen enthüllte einen Anblick voll Grausen. Mehr als Tausend von Tatas Leuten waren dahin, zerrissenes Gebein überall herumverstreut. Der Abschnitt spottete eines abermaligen Angriffes.

Tata beweinte die Verlornen, doch sein Muth wuchs mit dem Widerstande. Der Ueberläufer sollte und mußte in die Stadt. Allein die Unfälle folgen sich gern. Er wurde ergriffen und gehängt, aber an einen Galgen von Mahagoniholz und einem parfumirten Strick. Man war auch so artig, auf einer mit einem Pfeil hinübergeschossenen Visitencharte das traurige Ableben zu melden.

Wohlan, rief Tata, seine Truppen anredend, an loser Kunst ist uns die rebellische Cafferin überlegen. Laßt uns aber sehn, ob sie auch Mittel finden wird, samt ihren treubrüchigen Soldaten, dem Hunger zu entgehn. Wir sind zahlreich genug, jeden Eingang zu bewachen. Auch kein Reiskorn darf in die Mauern der Stadt. Daß der Mangel bereits wüthet, ist mir bekannt. Laßt uns hier liegen, entweder die Noth reibt sie auf, oder sie müssen sich uns ergeben.

Neuntes Kapitel.
Vorkehrungen gegen den Mangel in der Stadt.

Freilich sahen sowohl Flore, wie ihre Räthe, die ängstliche Lage ein, worin sie die Entbehrung aller Zufuhr brachte.

Die Niedergeschlagenheit wegen dieses traurigen Umstandes verminderte die Freude über die letzten Siege gar sehr.

Man hatte zwar schöne Gärten, die neben den trefflichsten anderen Obstarten, Brotbäume, Sagopalmen, Oelpalmen, Ananas und Pisangpflanzen trugen; auf den Teichen schwammen der Albatros, der Anhinga, der Papagoientaucher und Pelikan; aus ihren klaren Wogen fischte man den Zitteraal, den Paru, den Chätodon, Cephalus, den Cobitis, Polynemus, und andre leckre Wasserthiere, wie auch die Ufer dieser Teiche, so artig gestaltete, als fein nahrhafte Schildkröten, Muscheln und Schnecken lieferten; aber wie mäßig auch verfahren wurde, wie enthaltsam der Mensch im heissen Erdgürtel an sich ist, die Zahl derer, welche Anspruch auf die Lebensvorräthe machten, stand mit diesen in keinem Verhältnisse. Gärten und Teiche zeigten bereits merkliche Abnahme, und es wurde sogar beschlossen, die Menagerie des Pallastes anzugreifen, die ohnehin aus Futtermangel nicht mehr zu unterhalten war, aber freilich auch für einige Zeit noch aushelfen konnte, denn es fanden sich ganze Ställe voll Giraffen und Heerden von Straußen da.

Der treue Darkullaner aber sagte zur Sultanin: Wie ich zu dir kam, berichtete ich dir, daß ein Haufe von dir ergebenen Knechten sich im großen Dattelwalde gesammelt habe.

Alonzo fiel ein: daß ihnen ein Anführer mangele. Der hat sich gefunden.

O fuhr jener fort, dann sind sie auch wohl schon stark genug, etwas im offenen Felde wider Tata zu unternehmen. Laß mich noch einmal entschleichen, Sultanin, ich suche die Männer auf, melde die Bedrängniß, und können sie Tata nicht ganz überwältigen, so wird doch während eines nächtlichen Kampfes, der von der Stadt unterstützt werden muß, es möglich werden, Hundert beladene Kameele in ein Thor zu treiben.

Flore rief aus: Ich verdanke der Erfindung Perottis in jenem Aufruhr das Leben; Alonzos kühne Einfälle haben mich in der Gunst des Volkes befestigt, und Tatas Angriffe bis jetzt vereitelt; wer nun noch Mittel erdenkt, diese Schaaren dem Hungertode zu entziehn, hat einen gleichen Anspruch auf meinen Dank.

Alonzo sprach: So viel der Europäer sonst möglich machen kann, hier will mir nichts beifallen. Und die Hoffnung, welche der Neger hegt, scheint sehr unsicher, es wäre denn, der Haufe von Getreuen hätte sich über die Erwartung beträchtlich gemehrt. Dann steh ich für den Anführer ein.

Aber wer ist denn dieser Anführer? Davon weiß ich ja noch nichts, sagte Flore.

Alonzo erwiederte lächelnd: Einer unserer Caffern, der viel Talent zum Kriege offenbarte.

Perotti kratzte den Kopf, und nahm das Wort: Ich habe schon an so vielerlei gedacht. Wären nur Tauben abzurichten, die in ganzen Schaaren zu unsern Freunden flögen, und denen diese kleine Fläschchen mit Wein, oder Ananas an den Hals hingen, oder wenn unsre Anhänger eine Batterie von großen Mörsern zu errichten wüßten, und uns daraus Melonen, Pfauenschinken und Korbflaschen mit Maraskinoliqueuren zuwürfen.

Ein kühner Ausfall, nahm Alonzo wieder das Wort, muß uns Proviant erkämpfen. Wir bemächtigen uns der Vorräthe, welche der Feind häufte, mit Gewalt.

Flore war in Traurigkeit versunken. Und wohin führte es am Ende, fragte sie, wenn auch das noch gelänge?

Sei getrost, sprach der Darkullaner. Dieser Mehemed sprach von Tauben. Es war eine Art Ahnung. Wisse, daß ich schon seit einigen Wochen mit unsern Freunden durch Tauben Briefe wechsle. Was ich vorhin sagte, geschah, dich nach und nach auf eine höchst freudige Botschaft vorzubereiten. Ich brauche nicht von dannen zu schleichen, denn in dieser Nacht kömmt Hülfe.

Alle schrien froh auf.

Zum Heer ist das Häuflein im Dattelwalde herangewachsen. Alle Caffern vom Lande und begnadigte Beduinen schlugen sich zu ihm. Besser wurde es schon eingeübt, wie Tatas Krieger. Auch sie haben sich den schwarzen Staub bereitet, der im Kampfe so furchtbar ist. Doch fertigten sie auch Röhre aus Giraffengebeinen mit seidnen Strängen, Leder und Eisenwerk überzogen, an, und schleudern geglättete Steine. Genug, die Rettung ist nahe. Wir müssen uns nur bereit halten, einen kräftigen Ausfall durch das Thor zu thun, während Tatas Krieger von rückwärts angegriffen werden, und alles wird gut gehn. Sind wir Ueberwinder, fällt auch Tatas Anhang der Sultanin zu. Alle die noch zaudern, und um der Sicherheit willen, partheilos gelten wollen, schließen sich dann an unsere Sache, Nene ist Meisterin des inneren Darkulla und indem sie den Eingang versperrt, wird Kuku auf immer von der Herrschaft ausgeschlossen.

„Das würde nimmer geschehn, wie mir auch das Waffenglück lächelte. Dem Sultan darf ich sein Land nicht vorenthalten, nur muß er sich mit mir verständigen, und einen guten Frieden eingehn, dessen Hauptpunkt mein Abzug zu den Meinen ist."

So Flore. Alonzo und Perotti dagegen meinten: wenn die Herrschaft befestigt wäre, müsse es sich doch ganz artig in Darkulla leben lassen.

Zehntes Kapitel.
Entsatz.

Der Neger hatte keine Unwahrheit gesagt. Gegen die Tiefe der Nacht erhob sich in Tatas Lager jähling ein wildes Geschrei: Zu den Waffen! Wir sind verrathen! In demselben Augenblicke vernahm man auch Artillerieschüsse, Sausen der Wurflanzen, Schwirren der Pfeile, Säbelklang, Wehklage der Sterbenden und Verwundeten, und was der Ripienstimmen noch mehr sind, welche ein Schlachtkonzert zusammensetzen, und die nachzuahmen, doch keinem andern Tondichter gelingen will.

In der Stadt waren Tausend Mann schon am Abend bereit gestellt worden, um in diesem Fall durch ein Thor auszubrechen, Alonzo bat sich nun die Ehre aus, sie anführen zu dürfen, und lud Perotti ein, die Rolle seines Lieutenants dabei zu übernehmen.

Gern, recht gern, rief dieser, und nahm einen langen Spieß in die Hand. Aber Cospetto di baco! brach er mit einemmale aus, können wir auch den Ausfall wohl sicher wagen? Kann Tata nicht den Darkullaner gewonnen haben, all das Getöse Kriegslist seyn, und man nur eine Falle legen?

Der Darkullaner überlieferte sich sogleich der Leibwache Florens, und bedeutete sie, ihm den ärgsten Martertod zu geben, falls er gelogen hätte.

Bei dem allen, meinte Perotti, sei es doch besser, er bliebe innerhalb, im schlimmen Fall dem Spanier einen gesicherten Rückzug zu bereiten.

Dieser lächelte. Ich merke, Signor Perotti, ihr seid ein besserer Meister in List, wie in Tapferkeit.

Kann sein, war die Antwort, verschieden theilte die Natur ihre Gaben aus.

Nun wurden die Balken, womit man die Thore verrammelt hatte, von einem derselben weggeschafft, mit einem Flosse der Weg über den Graben gebahnt, und Alonzos Trupp, durchglüht von Kampfgier und Verwegenheit, trat den Marsch an.

Tatas Krieger waren schon in die übelste Verlegenheit gerathen. Nicht in den Rücken erwarteten sie einen Angriff, die Wachen standen alle gegen die Stadt, hinterwärts Zelte, Hütten, Vieh, die Behältnisse der Vorräthe. Um nun gleich etwas entgegen werfen zu können, mußten die Wachen, durchs Lager nach hinten eilen. Da Alonzo aber eintraf, fand er keinen offnen Widerstand, und drang gleich bis ins Lager, wo die aus dem Schlaf erwachten Krieger erst gestellt wurden, und von der Stadt aus keinen Anfall ahnend, den Rücken dahin wendeten. Leicht ward es so, im Gemetzel Herr zu werden, und die Feinde zu Schaaren hinzustrecken.

Bald war eine große Lücke durchbrochen, und die Bündner, durch ein Loosungswort einander kenntlich, das in des Darkullaners Briefwechsel verabredet war, stießen zusammen. Alles vom Feinde Uebrige wurde in die Seite genommen, und das ist bekanntlich die Schaam des Kriegers, die ja bedeckt gehalten werden muß. Man rollte rund um die Stadt auf. Gnade nahm keiner der Belagerer an, obgleich das zur Wehr stellen, ganz zwecklos war, da gegen die überaus schmale Vertheidigung eine so breite Säule herandrang. Der aufdämmernde Morgen zeigte den Siegern den freudigen Gräuelanblick erst ganz, die Stadt war gleichsam mit einem Gürtel von schwarzen Leichnamen umgeben. Tata war gleich anfangs getödtet worden.

Wie der Seefahrer, den die ganze gewitterschwere Nacht hindurch, die Furcht vor Klippen und Sandbänken ängstete, am Morgen froh aufathmet, wenn Titans erste Strahlen die Einfahrt des freundlichen Hafens beleuchten, so fühlte Nene den Busen erleichtert, da, nachdem die Finsterniß geendet hatte, ein Bote auf den andern mit Siegesnachrichten erschien. Endlich kam Alonzo selbst und legte Tatas Schwert vor ihr nieder. Er war verwundet, doch nicht schwer. Flore umarmte den kühnen Greis dankbar.

Nun traf ein Caffer ein. Ihm folgten Hundert Kameele mit Lebensvorräthen, zudem alle dem Feinde abgenommene Waffen und Kostbarkeiten, welche andere Lastthiere trugen. Der Caffer fragte: wohin die Sultanin beföhle, daß alles das gebracht würde?

Flore überließ es Alonzo, Sorge zu tragen, riß ihre Diamanten vom Halse, sie dem Caffer zu schenken, und rief: Aber wo ist der Anführer des Heeres, dem wir Rettung verdanken? Warum seh ich den Helden nicht, ihm in meinen Freudenthränen die Fülle der Erkenntlichkeit zu weinen? Jener antwortete: Schon zieht er mit den Truppen ab, die hier nicht mehr nöthig sind, da nicht einer von deinen Feinden noch lebt. Er wird den Felsenpaß besetzen, damit kein neuer Widersacher eindringe.

Und ich soll ihn nicht sehn? Nimmermehr, eile ihn zurückzurufen!

Er wird sich nur zeigen, Sultanin, wenn dein Streit mit Kuku endete.

Nun, fiel Alonzo lächelnd ein, da müssen ihn doch wichtige Gründe bestimmen. Wärs auch nur die zarte Bescheidenheit, die keinen Dank ärndten will, gebührt es sich, sie zu ehren.

O, rief Flore in Feuer, hier ist nicht bloß von meinem Dank die Rede. Die Sultanin muß ihm die Stirn mit einem Lorbeer schmücken. Und den hat ja, wie ich hörte, Cäsar getragen, und er soll doch auch bescheiden gewesen seyn.

Cäsar, gab der Spanier zur Antwort, hatte ein kahles Haupt; dies Gebrechen zu verbergen, diente ihm die Zweigkrone. Laß deinen Helden ziehn, nöthig ist es, den Felsenpaß zu besetzen.

Flore mußte es sich gefallen lassen, so gern sie auch dem Anführer der entsetzenden Truppen Dank und Lohn ertheilt hätte. In der Stadt dagegen ordnete man glänzende Feierlichkeiten an, alle Herzen neigten sich wärmer zu Nene hin; bald kamen zahlreiche Sendungen vom Lande, die ihr im Namen des ganzen Volkes den Wunsch darbrachten, ihr allein als Herrscherin von Darkulla huldigen zu dürfen.

Sie hielt da, wie es sich von selbst versteht, Reden, und wie es sich gar nicht von selbst versteht, sie machte sie selbst.

Elftes Kapitel.
Erste Gesandtschaft an Kuku.

Machten ihr aber die Triumphe Freude, so schauderte sie bei dem Gedanken an das vergeudete Blut. Denn nicht nur bei der Hauptstadt, auch in der Provinz hatte des Krieges Flamme während dessen gelodert, aber ihre Parthei nach und nach allenthalben die Oberhand behalten. Aber der Erbitterung wegen, mit welcher afrikanische Krieger fechten, war die Summe der in all den Gefechten Erschlagenen groß, ja sie hatte einen gar merklichen Theil der Bevölkerung verschlungen. Sie floh deshalb den Anblick der Menschen und sann im einsamen Gemach nach, was hier weiter zu thun sei.

Bald darauf ließ sie Musa zu sich rufen. Er hatte sich immer noch in der Stadt aufgehalten, und ob Perotti ihm schon übel wollte, und ihn gern verdächtig gemacht hätte, so gab Flore nichts darauf. Höre, Dschelab, sagte sie zu ihm, hast du Lust eine Sendung zu übernehmen? Ich verspreche dir Gewinn.

Musa. Und warum nicht, erhabene Sultanin?

Flore. An Sultan Kuku?

Musa. Hm — wenn er des Bruders Tod erfährt, wird er übel zu sprechen sein, und der Kopf des Gesandten die böse Laune erfahren.

Flore. Ich hoffe, der Sendung Inhalt soll ihn versöhnen.

Musa. Der wäre?

Flore. Du magst ihm entbieten: Sultan Kuku! Du gabst Verläumdungen Gehör, und begehrtest der treuen Nene Leben. Wohl der Wurm erwehrt sich des Todesstreiches, so auch Nene. Oft ließ sie Tata Unterhandlung anbieten, er lieh ihr kein Ohr. Endlich fiel er durch das Schwert der Tapfern, welche unaufgefordert der Stadt zu Hülfe eilten, und Nene konnte nichts mehr als ihn beweinen, und ihm ein ehrenvolles Grab erhöhn.

Nene ist jetzt Herrin des innern Darkulla, und mit Mühe wird ein fremdes Schwert das Land ihr streitig machen. Wohl aber gedenkt sie, wie deine erste Liebe, dein erstes Vertrauen ihr die Macht in die Hände gaben. Um dieser schönen Zeit, will sie die traurige Verirrung aus dem Gedächtnisse tilgen, wo deine Grausamkeit sie zwang, sich kriegend gegen dich zu vertheidigen. Bereit ist sie, dir dein Land mit allen Reichthümern zurückzugeben, so du schwörst, sie mit sicherem Geleit nach Egypten ziehn, und dem Volk, das für sie stritt, alle Rache zu erlassen.

Musa. Ein freundlich Anerbieten. Ich richte die Sendung aus.

Flore. Und was meinst du, daß der Sultan beschließen werde?

Musa. Aufrichtig, daß er dich ziehn läßt, glaube ich nicht. Seine Liebe —

Flore. O die haben Zeit und Abwesenheit getilgt, wie hätte er sonst meinen Kopf fordern lassen.

Musa. Aber kann man denn nicht demungeachtet heiß, recht heiß lieben?

Flore. Eine ächt afrikanische Frage! Freilich ließ er seine vorigen Weiber einst morden. Gigi sollte auch die heisse Liebe empfinden, lehnte aber die Ehre ab. Es heißt: der Krieg wider Gigi nähme jetzt glücklichere Wendungen. Ich wollte, Gigi würde Kukus Gefangene, er versöhnte sich mit ihr, und entbehrte desto lieber mich. Doch was rede ich. Nicht Liebe, Haß wirst du bekämpfen müssen! Und ich denke, das schöne Land soll alles gleich machen. Biete alle Kunst der Ueberredung auf! —

Musa sahe noch das prachtvolle Leichenbegängniß, das Flore dem Bruder des Sultans hielt, und die Errichtung seines kostbaren Denkmals im Pallasthofe. Dann reiste er auf der Stelle ab.

Daheim traf Flore nun viele Veränderungen. Der Senat wurde in den Ruhestand versetzt. Eben so die älteren Minister. Dagegen errichtete sie drei hohe Rathsstellen, und theilte sie dem treuen Darkullaner, Alonzo und Perotti zu. Gleichviel verdanke ich euch Dreien, sagte sie, billig, daß euch mit demselben Danke gelohnt werde.

Jeder bekam einen Zweig in der Landesverwaltung, den er pflegen sollte. Es ging aber dabei so erwünscht nicht, wie die Sultanin hoffte. Der Spanier, im Drange der Noth einst so thätig, war jetzt abgespannt, und überließ sich seinem alten Gram um Isabellen wieder. Was zu seiner Erheiterung geschah, war fruchtlos.

Der Darkullaner, so treu, wie er sich immer schon bewiesen hatte, war aber unfähig, Geschäften vorzustehn. Leidenschaften mußten bei ihm die Stelle der Vernunft einnehmen. Dazu ward er sehr stolz, und prunkte unmäßig.

Perotti hingegen, nahm nicht nur seiner zugetheilten Arbeit wahr, sondern riß auch die fremde an sich, daß Flore über seine Thätigkeit staunte. Immer wußte er ihr etwas Angenehmes zu berichten. Allein sie wurde meistens getäuscht. Der Schein, nicht die That. Perotti ladete die Arbeit Unterbeamten auf, und verfuhr selbst mit Oberflächlichkeit, und einer Kürze, welche eigentlich den Zeitgeitz zum Grunde hatte, den Zeitgeitz, der den Vergnügungen keine Frist rauben will. Bestechen ließ er sich unerhört, doch mußte es mit Dekoration geschehn. Da aber die Unterdiener denn doch hinter die Koulissen blickten, so machten sie es ihrerseits kein Haar besser, und der Italiener sah ihnen großmuthsvoll nach, ausgenommen es hatte einer es zu arg gemacht. Dann mußte er die Kunst verstehn, die Hälfte des Raubes der Exzellenz zuzuwenden, wenn er nicht verfolgt seyn wollte. Die Forderung erfüllte ein solcher getrost, denn um so offner und sicherer waren nun die Wege, die geopferte Hälfte doppelt zu gewinnen. Genug, Perotti hätte wohl in andern Ländern Minister seyn können, als in Darkulla.

Die drei Minister fingen auch bald an, gegen einander zu kabaliren. Jeder wollte die vorzüglichste Aufmerksamkeit der Monarchin für sich, jeder erinnerte an das, was er geleistet hatte, mit dem erheblichsten Anspruch.

Alonzo, der trotz seiner düstern Stimmung doch den Stolz nicht aufgegeben hatte, gab zu verstehen: Nur Volksgunst erhielt die Sultanin. Und wer hat diese durch erhabene, ja poetische Politik, wieder geweckt, höher entflammt, mächtig erhalten?

Der Darkullaner äußerte unverhohlen: Ohne ihn würde die Parthei in der Provinz nicht so angewachsen, Hunger endlich eine alles zu Boden werfende Empörung aufgereitzt haben, wenn er nicht durch seine Verbindungen es dahin gebracht hätte, daß das Heer zum Entsatz herangenaht sei.

Perotti hingegen spielte oft, als geschähe es aus aufgeklärtem Spott über das Alterthum, auf Eselsohren an, im Grunde aber wollte er immer mahnen: Mein damaliger Einfall rettete im Aufruhr Nenes Leben.

Sie sagte ihnen bisweilen: Ihr Herren, ich verdanke euch alles, aber ihr mir doch auch. Und wieder eben so viel bin ich dem Manne schuldig, der Tata schlug, und der bescheidener als wir Viere sich gar nicht einmal zeigt.

Ende des fünften Buches.

Potpourri.
Basil, Sohn des Boguslav.

Beliebte altrussische Legende.

Boguslav, Fürst von Novogrod, starb im achtzigsten Jahre. Sechzig davon waren unter seiner glücklichen Regierung verstrichen. Sein einziger Sohn, ein Jüngling, kaum dem Knabenalter entflohn, fürchtete nun keine Vaterstrenge mehr. Die Vormundschaft einer zärtlichen Mutter hielt ihn nicht ab, seinem wilden Ungestüm Raum zu geben, und die Stadt erfuhr davon viel Unheil. Bewundernswerth konnte man die Leibeskraft des jungen Prinzen nennen. Tage lang ergötzte er sich in den Straßen mit Jung und Alt bei gymnastischen Spielen. Wehe aber den Theilnehmern. Wen Prinz Basil an der Hand ergriff, der war um die Hand, wessen Kopf er packte, der war um den Kopf.

Den Bewohnern Novogrods mißbehagte der Fürstensohn, mit seiner seltsamen Knabenlust. Die Posadniks (Herren vom Rath) versammelten sich, beriethen. Dann erschienen sie vor des Prinzen Mutter, und redeten also: Amelpha, Timophejewna! Edle Fürstin! Wir flehen um strengere Obhut über dein geliebtes Kind, Basil, Sohn des Boguslav. Untersage ihm die wilde Kurzweil, denn unsere große Stadt ermangelt der Bevölkerung.

Die gute Dame ward gerührt, sagte den Posadniks die Gewährung ihrer Bitte zu, verneigte sich dann, und entließ sie freundlich. Gleich ließ sie den Prinzen rufen, und ermahnte ihn mütterlich: „Um Gottes Willen, mein lieber Sohn, treib es nicht mehr mit Alt und Jung auf den Gassen von Novogrod. Dir ward die Kraft eines Ritters, aber nicht guten Brauch weißt du davon zu machen, denn der, dem du die Hand angreifest, ist um seine Hand, der, dessen Kopf du erpackest, ist um seinen Kopf. Das Volk murrt, und die Posadniks kamen zu mir, Klage zu führen. Empörten sie sich wider uns, was vermögten wir doch? Du hast keinen Vater mehr, ich bin eine schwache Wittwe. Würde deine Leibeskraft es mit Tausenden wagen? Wer zählte die Bürger in Novogrod? Darum mein lieber Sohn, empfange treuen Rath, und gehorche der liebenden Mutter!“

Basil, Sohn des Boguslav, horchte unterwürfig, und da Amelpha Timophejewna geendet hatte, beugte er sich tief und antwortete bescheidentlich: „Meine gute Mutter! Wenig kümmern mich die Posadniks, wenig die Bürger von Novogrod, aber viel deine wackre Ermahnung, und dein mütterlicher Rath. Ich verheisse dir, nimmer in den Straßen Kurzweil zu pflegen; wie aber üb' ich künftig meinen starken Arm? Hast du mich geboren, daß ich nur am Ofen mich wärme? Wozu empfing ich diese ritterliche Mannhaftigkeit? O die Zeit wird kommen, wo die Posadniks erbeben, das ganze Land der Reussen mir das Knie beugen soll. Doch jetzt leiste ich dir noch Gehorsam. Vergönne nur, daß ich mir einige Kameraden auswähle, mit denen ich mich herumtummeln, und Ritterspiel üben mag. Gieb mir Hypokras[2] und Bier, daß ich die Stärksten und Kräftigsten lade, und Kampfgenossen finde, die meiner werth sind."

Die Bitte fand Gehör. Amelpha Timophejewna ließ vor die Burgpforte Tonnen mit Hypokras und Bier stellen. Humpen aus gediegnem Gold, befanden sich daneben, und Herolde riefen durch Novogrod: „So jemand in Lust und Ueberfluß zu leben gedenkt, und sich schmücken mag mit reichen Kleidern, der zeige sich vor dem Pallaste Basils, Sohn des Boguslav. Doch zuvor prüfe er der Gebeine festen Bau, denn nur die Kühnen und Markigten liebt Basil, Sohn des Boguslav." So riefen die Herolde vom Morgen zum Abend, doch niemand erschien. Auch blickte der Prinz neugierig durch sein Gitterfenster nach Ankömmlingen aus, aber Niemand wagte die Tonnen zu berühren.

Endlich gegen die Nacht ließ Fomuschka der Lange sich an der Pforte sehn. Er nahte einem der eichenen Gefäße, ergriff einen gewaltigen goldenen Humpen, füllte ihn mit Hipokras bis zum Rand und schlürfte ihn in einem Athemzuge. Wie Basil dies gewahrte, stieg er eilig in den Hof nieder, wo Fomuschka der Lange sich befand, und versetzte ihm mit seiner schweren Keule einen tölpischen Schlag hinter das rechte Ohr. Fomuschka bemerkte den Schlag wenig, kaum wich die struppigte Locke seines schwarzen stieren Haares der Keule. Da hüpfte dem jungen Prinzen das Herz freudig. Er nahm Fomuschka bei der Hand, zog ihn die Treppe hinauf, brachte ihn in sein vergoldet Gemach. Hier umhalsete er ihn, und beide schwuren sich den Rittereid, als Brüder und Waffengefährten treu an einander zu halten, zusammen zu leben und zu sterben, zu trinken aus einem Humpen, zu speisen von einem Gericht. Endlich mußte sich Fomuschka an die eichene Tafel setzen, Zuckerwerk und Wein wurden aufgetragen, und man ließ sichs wohl seyn, in Jubel und Lust.

Zur andern Frühe, da Basil wieder durch das Gitterfenster spähte, ob niemand käme, an seinen Tonnen zu trinken, erschien Bogdanuschka der Kleine. Dieser trat an das Bier, warf den goldnen Humpen zur Erde, hob eine große Tonne an den Mund, und leerte sie, ohne daß er einhielt, bis zum letzten Tröpflein. Basil rief den Gefährten. Sie nahmen zwei starke eiserne Lanzen der Rüstkammer, eilten hinab, und schlugen mit Leibeskraft auf des kleinen Trinkers Schädel. Doch Sieheda! in tausend Splittern brachen die Spieße, Bogdanuschka ward es kaum gewahr. Diese Probe entzückte Jene, sie nahmen ihn in die Mitte, geleiteten ihn durch den weiten Hof, über die schöne Treppe hinauf in das vergoldete Gemach. Hier Umarmung und Schwur der Treue und Bruderschaft bis zum Tod.

Bald verkündete ein Gerücht: Basil, Sohn des Boguslav wählte die riesenstärksten Jünglinge zu Gefährten, und schloß mit ihnen brüderlichen Verein. Die Posadniks schöpften Besorgniß, und beratheten wieder. Nachdem jeder seinen Platz eingenommen, trat Tschoudin der erfahrne Greis, in des Saales Mitte, neigte sich nach allen vier Seiten, zog wiederholt den weißen langen Bart durch die Hand, und sprach also: „Höret mich, Posadniks von Novogrod, und ihr alle, Männer des Volkes der Slaven die hier versammelt sind, höret mich! Bekannt ist es euch, wie unser Reich des Herrschers ermangelt, denn minderjährig ist der Sohn des Boguslav, und bis er das Mannesalter wird erreichen, sind wir Herren von Novogrod, und von den Landen im Umkreis.

Doch der fürstliche Jüngling, bestimmt, einst über uns zu gebieten, verheisset keine freundliche Hoffnung. Kaum den Knabenspielen entflohn, zeiget er bösartigen hochfahrenden Sinn, Grausamkeit ist seine Kurzweil. Waisen und Wittwen rufen schon in großer Zahl Wehe über seine Ergötzungen. Nun treibt er es mit den wildartigsten Burschen des Landes. Und warum? In guter Absicht? Dies lasset uns erforschen. Geben wir ein festlich Mahl, den jungen Prinzen zu laden. Hier mag sich enthüllen, welche Gesinnungen für das Oeffentliche seine Brust verschließt. Einen großen Humpen starken Weines wollen wir ihm darreichen. Schlägt er ihn aus, sehn wir ein übel Zeichen, Bedenkliches führt dann der Sohn des Boguslav im Schilde. Trinkt er, wird die Verstellung aus dem muthwilligen Geiste weichen, wir entdecken, was er in Herzens Tiefen birgt, denn Wahrheit ist im Wein! Gewahren wir nun tückisches Vorhaben, schlagen wir ihm ohne Zaudern sein Haupt ab, denn wohl leben andre Fürsten in Rußland, unter denen die Auswahl zu treffen ist, und gäbe es deren nicht, nun so könnten wir ihrer auch entrathen.“

Hier erhuben sich alle Posadniks, und machten dem weisen Tschoudin ihre Verbeugung; dann rief es rund umher, wie von einer Stimme: „Ehre deiner Weisheit! Es geschehe was du willst!“

Schon mit dem Anbruch des folgenden Tages begannen die Vorbereitungen zum Feste. Im großen Saale des Rathhauses wurden lange Tafeln von Eichenholz hingereiht, bedeckt mit weißen Tüchern. Reichlich trug man Backwerk und Confekt auf, sauber geordnet in den Schüsseln. An den Wänden entlang prangten stattliche Tonnen mit Wein und Bier, über ihnen hing köstliches Trinkgeschirr aus Gold, Silber und theurem Holz. Da alles bereit stand, wurden etliche Posadniks nach der Burg entsendet, die Fürstin zu laden, und den Sohn. Nachdem sie ihren Auftrag ehrerbietig vollendet hatten, gab die gute Amelpha Timophejewna ihnen diesen Bescheid: „Spiele und Tänze sind für mich dahin, die Tage der Freude vorüber. Wie meines Lebens Sonnenstrahl noch glänzte, da mir der Gemahl, euer Gebieter, noch zur Seite stand, hab auch ich des Frohsinns Wonne gekostet, aber nun, da meines Lebens Sonnenstrahl entfloh, weil' ich traurig im einsamen Gemache. Geht indessen zu meinem Sohne Basil, vielleicht schmückt seine Jugend eure Feier, so ihr ihn bittend begrüßt." Nach diesen Worten eilten die Posadniks, den jungen Prinzen zu sehn, und baten unterwürfig: zu schmücken ihr Fest durch seine Jugend. Basil verhieß zu erscheinen, wenn anders Amelpha Timophejewna einwilligte, und begab sich zu ihr. Darf ich dem Mahle der Bürger von Novogrod beiwohnen? fragte er. Die gute Mutter war es zufrieden, und ertheilte dem Sohne manchen belehrenden Wink, über das Betragen, welches er unter den heuchelnden Posadniks anzunehmen hätte, die sie gar wohl kannte. Trinke, mein Sohn, warnte sie, aber trinke nicht zu viel, listig sind die Posadniks, durchblicken wollen sie dich. Sei wacker auf deiner Hut, und so sie prahlen mit ihrer Kraft, ihrer Weisheit, ihren Reichthümern, so mögen sie prahlen. Schweige, und prahle nicht. Vor allen Dingen sei artig und herablassend, kränke Niemand durch unhöfliche Manier! — Nach dieser Rede schloß sie den Prinzen in ihre Arme, und dieser begab sich in den festlichen Kreis.

Die Posadniks empfingen ihn an den untersten Stufen der Treppe, und geleiteten den Prinzen in den Festsaal. Sie wiesen ihm gebückt den Ehrenplatz an, doch Basil verbat ihn, und ließ sich am Ende der Tafel nieder. Nun faßten sie ihn artig unter den Arm, führten ihn oben hin und sprachen: „Hier gebührt es dir, dich zu setzen, Sohn des Boguslav, dies ist dein Platz! Oft hat ihn der Fürst, dein Vater, eingenommen." Hierauf reichten sie ihm einen Humpen süßen Weins, und Basil trank, aß auch von dem Backwerk und Confekt, womit er bewirthet wurde. Doch trinkend und speisend saß er da, wie eine züchtige Jungfrau, und kein Wort entfloh seiner Lippe.

Indessen begannen die Posadniks zu scherzen und zu plaudern, bald ließ sich auch eitle Prahlsucht vernehmen. Einer rühmte sich dies, der andre das. Der lobte sein schönes Pferd, jener seine junge Frau. Hier wurde mit Reichthum, dort mit Leibesstärke groß gethan. Wieder einer prunkte mit Klugheit. Sie schrien alle auf Einmal. Doch Basil, Sohn des Boguslav, ließ sich durch solch Beispiel nicht anlocken. Er brach sein Schweigen nicht, mogten sie prahlen nach Herzenslust. Endlich redeten der weise Tschoudin, und der reiche Satka ihn also an: „Warum bleibst du allein stumm, fürstlicher Jüngling? Wohl könntest du deine Vorzüge rühmen!" Und der junge Prinz gab bescheidentlich zur Antwort: „Posadniks, ihr seid Männer hoher Achtung werth. Euch ziemt es frei und kühn zu reden. Wie aber sollte ich mich vor euch preisen, ich ein Jüngling noch, und verwaist? Wohl besitze ich einiges Gold, Silber, Edelgestein, doch bin ich es nicht, der die Schätze zu erwerben wußte. Auch ich werde einst zur Reife gedeihen, und dann sei es mir auch vergönnt, mich den andern gleich zu stellen." Die Posadniks waren verwundert, ob der bescheidnen und verständigen Rede, flüsterten einander zu, und pflogen ferneren heimlichen Rath. Da ihr Entschluß genommen war, füllte Tschoudin einen großen Humpen mit starkem Wein, und brachte ihn dem Prinzen mit den Worten: „Wer liebt der Slaven Lande, und das große Novogrod, leeret den Humpen!“ Nun konnte Basil sich nicht weigern, er faßte das Geschirr, und trank bis zum letzten Tropfen. Aber da nun die Posadniks in der vorigen Weise fortfuhren, erhitzte der Geist des Trankes des jungen Prinzen Gehirn, und nicht weiter vermogte er an sich zu halten.

„Ihr Gecken, rief er aus, wisset wer Basil ist, der Sohn des Boguslav, und schweigt! Basil ist Herr über Reussen, alle Lande der Slaven sind ihm unterthan. Novogrod soll ihm Tribut zahlen, und die Posadniks in seiner Gegenwart knien.“

Bei diesen Worten fuhren die Posadniks zornig auf. Sie erhoben sich von den Sitzen und schrien allzumal: „Nein, nicht gebieten wirst du über der Slaven Lande, nicht beugen wollen wir uns vor dir. Tirannensinn brütet dein bösartig wildes Gemüth, und es thut uns kein Herrscher Noth. Darum räume unsere Stadt, das Reich, und das morgen wie der Tag beginnt. Und wirst du nicht im Guten dich fügen, soll Gewalt dich zwingen.“

„Ich fürchte weder euch noch jemand auf Erden,“ antwortete der Prinz. „Waffnet ganz Novogrod gegen mich, ich werde euch die Spitze bieten, und fragen, wer mich zwingen will, mein Reich zu meiden? Denn Novogrod gehört mir, ihr alle seid meine Unterthanen.“ Hier stand er auf, schritt durch den erboßten Haufen, der ihm Platz öffnete, und verließ den Festsaal und das Rathhaus.

Da er entfernt war, lachten die Posadniks seiner Drohungen. Was will dies Kind, riefen sie, denn so hieß man den Prinzen in der Versammlung. Demungeachtet beschloß man zur Stelle alle Truppen von Novogrod unter die Waffen zu sammeln, daß man den Prinzen zur Entfernung zwänge.

„Sein junges Gebein, rief Satka, soll auf der Haide bleichen, blos dem Regen und Schnee, denn wie leistet der Knabe uns Widerstand?“

Von allen Thürmen brüllte die Sturmglocke, wer das Schwert führen konnte, traf eilig auf dem Sammelplatze ein. Wie die gute Dame Amelpha Timophejewna es vernahm, forschte sie nach der Ursache, und da sie erfuhr, des Sohnes verwegene Rede habe der Posadniks Wuth entflammt, eilte sie in sein Gemach, ihn ernst zu schelten. Da ihr aber sein Zustand sichtbar ward, nahm sie ihn bei der Hand und führte ihn in ein Kellergewölbe, wo er weilen sollte, bis die Dünste der Trunkenheit durch den Schlaf zerstreut wären.

Hierauf begab sich Amelpha Timophejewna in die Kammern, welche ihre Schätze bewahrten. Sie ersah einen goldenen Kelch, den sie mit mancherlei edlen Steinen füllte, mit Rubinen, Smaragden, und Diamanten. Nun erschien sie, von ihren Frauen begleitet, im Rathhause, wo die Posadniks anwesend waren. Indem sie den Saal betrat, neigte sie sich tief, dann wurde der reiche

Kelch auf die Tafel gestellt, und süße Worte schmeichelten den Männern. „Verzeihet seinem Leichtsinn, flehte sie, verzeiht der unbesonnenen Drohung in der Lust des Weins entflohn. Gedenkt seiner Jugend, und wollt ihr das nicht, vergesset aus Liebe für den verstorbenen Fürsten Boguslav, der sich verdient machte, um euch und Novogrod die große!"

Doch Bitte und Herablassung vermehrten nur der Posadniks Stolz, und frech antworteten sie ihrer Fürstin: „Hinweg von hier, betagte Frau! Nichts haben wir mit dir zu schaffen, und nicht thun uns Noth deine Steine und dein Gold. Wir wollen nur den Kopf deines verwegenen Kindes." So schrien sie allzumal.

Bittre Thränen vergießend, kehrte die gute Dame nach ihrer Burg zurück. Sie befahl alle Pforten zu schließen, und harrte ungeduldig auf den Ausgang der widrigen Begebenheit.

Am andern Tage, mit dem Erwachen der Sonne, griffen die Posadniks mit der ganzen Macht von Novogrod die Burg an. Die Pforten wurden erstürmt, und in den weiten Hof stürzten Soldaten, den Wogen gleich auf dem Bette des empörten Stroms.

Vom Waffenlärm, vom Geschrei der Menge auf den Gassen von Novogrod, erwachte in seinem Gewölbe, Basil, Sohn des Boguslav. Leicht raffte er sich auf, eilte nach der Thür, sprengte das feste Schloß mit einem Handschlag, und stand nach zwei Sprüngen mitten im Hofe. Die von Novogrod warfen sich auf ihn. Doch er gewahrte zu seinen Füßen einen Balken aus Eichenholz, den die Axt der Zimmerer noch nicht beschält hatte. Diesen packt er eilig, und wirft ihn nun wieder auf die von Novogrod. Bald nehmen diese Reißaus, Basil treibt sie vom Hofe weg, folgt ihnen auf der Ferse, und erlegt sie hundertweis. Die entsetzliche Waffe in der Faust, läßt er sie bald rechts bald links niederprasseln, und macht die dicken Haufen der Flüchtigen licht. Umsonst schreien sie Erbarmung, umsonst verheißen sie Gehorsam, Treue. Das junge Blut des Prinzen siedet, sein Grimm ist nicht zu erweichen, er treibt die Empörer der ungestümen Wolchova zu.

Nun meiden die Posadniks die Wahlstatt, rennen zum Rathhause, füllen einen großen Goldpokal mit Juwelen, und bringen ihn angstvoll der guten Dame Amelpha Timophejewna. Vor ihre Fenster, auf der Gasse stellen sie sich hin, denn sie wagten sich nimmer in den Hof, und ihre stolzen Schädel an den Boden drückend, wimmern sie kläglich: „Ach Fürstin! Ach Mutter! Dein Mitleid wende sich nicht von uns! Wir erzürnten deinen Sohn, unsern Herrn, Basil, Sohn des Boguslav, und sein Grimm macht eine Wüste aus Novogrod. Verlasse unser Schrecken nicht, lege dich ein für die Bangen, daß sein gewaltiger Zorn ende!" Wohl vernahm die gute Dame das Geschrei, doch zeigte sie sich nicht, sondern ließ durch eine Dienerin herabsagen: „Ihr begannt, ihr mögt enden. Was gehn die betagte Frau eure Händel an?"

Mit gesenktem Ohr schlichen die Posadniks zurück, unterwarfen in einer Urkunde, sich, Novogrod und das Land dem jungen Fürsten, und boten ihm unbeschränkte Gewalt über Leben und Tod, Gut und Blut, in ganz Rußland. Mit dieser Schrift nahten sie demüthig Fomuschka dem Langen, und Bogdanuschka dem Kleinen. „Wir sind sein, hier unsre Unterwerfung“ sprachen sie.

Die Ritter wurden erweicht, und warfen die zum kräftigen Beistand des Waffenbruders erhobenen gewaltigen Keulen nieder, hielten das Blatt empor, und riefen: „Heil Basil, Sohn des Boguslav! Morde nicht länger den Unterthan, denn alles ward dir gegeben. Heil dir Fürst von Novogrod und Rußland!“ Hier warfen sie sich mit den Posadniks nieder, die Menge folgte.

Nun hielt der junge kräftige Prinz ein, empfing Urkunde und Huldigung, und vergaß, was geschehen war. Froh kehrte alles zur Burg. Glücklich herrschte Basil, Sohn des Boguslav. Kein innrer Zwiespalt, kein Krieg von außen, störten seine Regierung, denn alle Welt fürchtete Basil, Sohn des Boguslav, Fomuschka den Langen, und Bogdanuschka den Kleinen.

Die Archives litteraires de l'Europe erheben diese Legende, wegen mancher Züge von Einfalt, doch giebt sie auch einen Maasstab, wie rohe Einbildungskraft Monarchenwerth in Anschlag bringt. Unserm Roman wurde sie als Beilage verliehn, um den Leser zu der Betrachtung aufzufordern: Es ist im Nord und Süd sich manches ähnlich, Bös und Gut überall gleich gemengt, Demokrit und Heraklit vermissen nirgend ihren Stoff, und nach Belieben, oder Lebensalter und Gemüthsstimmung ist Schillers Wort anzuwenden:

Thor, wo du siehst die Noth und die Plag,

Erblick ich des Lebens hellen Tag.

---

[2] Ein Getränk, mit Würzen und Süßigkeiten zubereitet.

Sechstes Buch.

Erstes Kapitel.
Flore und ihre Räthe.

Wir sahen, daß die Räthe der Sultanin in Darkulla fleißig einander den Platz streitig machten, woraus für das Ganze nicht viel Segen zu keimen pflegt. Man kann die Staatsführung allenfalls mit einem Wagen vergleichen. Die vorgespannten Rosse sind die oberen Diener, der Souverain lenkt ihre Zügel, achtet auf des rechten Weges Geleis. Gut, wenn die Rosse stark sind, muthig schnaubend vorwärts dringen, daß es eher nöthig wird, den Zaum aufzuhalten, als ihn bei anderweitiger Antreibung zu lockern; mögen sie auch ein wenig eigenwillig, wiewohl dem obern Willen gehorchend, lenkbar seyn, denn Shakespear sagt sinnreich genug: verdrießlich ein Roß, das nicht in den Zügel beißt. Herrlich geht alles von Statten, wenn die ausgreifenden Kräfte vorne Talent, und die Lenkenden hinten Genie genannt werden können. Es mangelte sogar nicht an Beispielen eines gar lobenswerthen Fortgangs unter so angethanen Umständen. Auch darf man nur in den bunten Gukkasten der Geschichte blicken, wo die Tragikomödie der Vergangenheit aufgeführt wird, und man wird da manchen Zügler gewahr, dem das Lenken unbequem wird, und der sich also einen Stellvertreter anordnet, dem er nur bisweilen auf die Hände sieht. Auch kann es gedeihlich ergehn, ermangelt diesem nur nicht Kunde des Wegs und Kraft der Fäuste, schlimm aber wenn der Zügel nachgelassen wird, eines der Thiere springt im wilden Gallop an, das Zweite will sich im trägen Trott schonen, auch gelegentlich Gras an der Seite des Weges rupfen. Am Kreuzpfad biegt eins rechts, das andre links. Oder dem eigentlichen Bilde, worauf es hier angesehen ist, näher zu kommen: ein Hochbeamter will rüstig fort ins Gebiet der Neuerung, wird entzückt von den Phrasen der Projektenmacher, freuet sich der Zahlen eines Law, hofft für jede papierne Saat Goldärndten, und der andre gleichet solchen, wovon Herr von Held ein meisterhaft possierliches Gemälde lieferte:

Wohl mancher läßt an der Geschäfte Spitze,

Von dem erhabenen Ministersitze,

Die Staatsmaschine leiernd gehn,

Das Schnarrwerk tanzt, und endlich lohnen

Den invaliden Leirer, Pensionen,

Dann mag ein Andrer weiter drehn.

Wie geht es da? Man gelangt auf Irrwege. Bald bricht etwas am Wagen, bald kömmt er nicht von der Stelle, man wirft um u. s. w. u. s. w.

Floren machte es gewaltigen Verdruß, da sie sah, daß Alonzo, Perotti und der Darkullaner ungleich und gegen einander wirkten. Und das Lenken selbst nun so schwieriger, gewährte ihr um so weniger Vergnügen, als die Blutszene ihr das sonst reitzende Land verhaßt gemacht hatten, und die Sehnsucht den Blick nur ins Vaterland rief. Mit heißer Ungeduld erwartete sie Musa zurück, und schöneren Traum konnte sie nicht träumen, als Kukus Einwilligung in ihre Vorschläge.

Unterdessen kam Alonzo öfters, und stellte ihr vor: für die Arme einer Dame wären die Zügel des Regiments zu beschwerlich. Ein Premierminister würde ihre Sorge am freundlichsten erleichtern. Dann hatte er diesen oder jenen glänzenden ausschweifenden Entwurf, welchen er zur Stelle vollzogen wissen wollte. Denn obschon unthätig im Tagewerk, lebte ihm doch eine rege Phantasie, er hielt den Charakter des Hispaniers fest. Allein Flore fand die Entwürfe selten nach ihrem Geschmack, und der Alte ward dann murrlaunig.

Perotti erschien noch häufiger, immer festlich geschmückt, die ziemlich greisen Haare mit einer Farbe geschwärzt. Wenn er Floren nun eine Menge angenehmer Dinge, und süßer Lügen vorgebracht hatte, stellte er ihr vor, wie nöthig ihr in dem dermaligen Verhältnisse ein Gatte sei, ein Gatte, nicht zu jung, um noch ein Sklave der Unbesonnenheiten zu sein, nicht zu alt, um noch das Feuer der Liebe empfinden zu können. Dann gab er die Rolle des Zerstreuten, Nachsinnenden, Unglücklichen.

Flore lachte in sich, da sie seine Plane ahnte.

Nicht lange, so erschien auch ein Brieflein voll der zärtlichsten Wendungen. Flore lachte noch mehr, und beantwortete es nicht.

Doch wenige Tage nachher spielten ihre Frauen auf eine Verheirathung der Sultanin an, die Stadt war plötzlich eines Abends erleuchtet, und Alonzo erschien noch ganz spät, warf sich Floren zu Füßen, und warnte mit den dringendsten Gründen, gegen den neuen Vorsatz. Flore war vor Erstaunen außer sich.

„Nein, ehe du dem arglistigen gauklerischen Italiener die Hand reichst, weiß ich einen Gemahl für dich, edelmüthig, tapfer, jung, liebenswerth, und dem du eben so viel verdankest —“

Aber ums Himmels Willen, wurde er unterbrochen, wer hat euch gesagt, daß mir so ein Gedanke einkam?

„Wer? Jedermann. Die gesammte Stadt ist voll davon. Darum die Erleuchtung. Morgen werden Abgeordnete dir im Namen des Volkes Glück wünschen.“

Hieraus ergab sich, daß Perotti die Neuigkeit selbst verbreitet hatte, Floren desto eher für die Ausführung zu stimmen. So läßt man in den Zeitungen verkündigen, man habe ein gewisses Geschenk, eine Stelle, eine

Ehrenbezeugung erhalten, und Einigemal hat das die Wirklichkeit zur Folge gehabt.

Nicht so bei Floren. Sie ließ den Wälschen rufen, und sagte ihm gemessen: Signor Perotti, war ich euch Dank schuldig, so bedenkt, daß ich ihn durch Vertrauen, und durch Vergessen eurer ehemaligen Untreue, entrichtet habe. Spielt ihr jemals auf diese eure thörigte Absicht wieder an, geht ihr eures Amtes verlustig.

Perotti versetzte: Sultanin, wohin führt Liebe!

„Wie, in eurem Alter?“

Medea verjüngte den Greis Aeson, ihr, eine größere Zauberin, werdet doch den Mann aus den Mitteljahren ins Jünglingsalter zurückführen —

„O erlaßt mir das! Ich meinte, jene Isabelle sei eure Geliebte. Schlecht lös't ihr euer Wort, sie bis ans Ende der Welt zu suchen.“

Im Wetteifer mit Coutances gab ich dies Wort. Er ist todt, was brauche ich es nun zu lösen.

„Also Eitelkeit, elende Eitelkeit, der Listigste gelten zu wollen, nicht kräftige Leidenschaft spornte euch?“

Flore gab ihm noch manchen ernsthaften Verweis, dann trat auf ein gegebenes Zeichen der Wachtoffizier herein, und Perotti wurde verhaftet. Nur auf vier Wochen, sprach Flore. Jener mußte alles Sträubens ungeachtet mit fort.

Diesen Abend war die Stadt noch weit heller erleuchtet. Das hatte Alonzo besorgt. Flore, die ihn rufen ließ, erhielt auf ihre Frage folgenden Bescheid:

„Das Volk ist doppelt froh. Einmal, daß Perottis Sage unwahr ist, ferner daß ein Minister, der seinen vollen Haß trägt, hat ins Gefängniß wandern müssen.“

Das sind, erwiederte Flore, alles Dinge, wovon dies gute Volk nichts wußte, ehe wir die Hand an seine Verfeinerung legten. Ich sehe gar wohl, daß jede Unze des Guten, die es durch mich empfing, reichlich durch eine Unze Uebel aufgewogen wird, und das ist es, was mir die ganze Beherrschung höchst zuwider, mit jedem Tage mehr zuwider macht. An all das geflossene Blut darf ich vollends nicht denken, oder mich befallen Gram und Trübsinn.

O, fiel der andre ein, ein Gemahl, ein Gemahl, nur Perotti nicht.

Schweigt, ich besitze schon einen! — Doch Apropos! Ihr erwähntet vor Kurzem eines rühmlichen jungen Mannes. — Faßt ja keinen unrichtigen

Gedanken, wenn ich frage. Es hieß, ich verdankte ihm viel, und das mag ich nicht schuldig bleiben.

Alonzo fing eben lächelnd an:

Es ist —

Da trat ein Diener ins Zimmer, und meldete Musas Zurückkunft. Dies unterbrach das Gespräch völlig, denn Florens ganzer Antheil war dem Neger zugewendet, der auch gleich vorkam.

Zweites Kapitel.
Musas Berichterstattung.

Was sagt Kuku? wackerer Dschelab, rief Flore dem Ankömmling entgegen.

Er erwiederte folgendes:

Da ich zu dem Sultan kam, erhabene Nene, und mich als deinen Gesandten offenbarte, warf er sich jammernd und winselnd auf den Teppich. Alle Liebe ist von den Weibern gewichen, rief er, auch diese Nene, die ich zur Eselin der Eselinnen erhob, wollte nicht sterben.

O der Barbar! fiel Flore ein.

Jener fuhr fort: Nun mußte ich deinen Krieg gegen den Bruder berichten, und wie Tata fiel. Da zürnte er nicht. Mein Bruder war ein Krieger, sprach er, rühmlich ist Tata gesunken. Nun erzählte ich, wie du sein Grab geehrt, sein Denkmal erhöht hast, da weinte er vor Freude.

Edler Rittersinn, rief Flore. Kuku verleugnet sich nicht. Das Gute und Böse liegt in seiner Seele beieinander. Ich aber mag hier weder tilgen noch entwickeln. Weiter!

Da ich nun antrug, du wolltest ihm sein Land zurückstellen, wenn er dich mit sicherem Geleite ziehen ließe, war er halb zufrieden, halb nicht, doch erklärte er sich endlich: er müsse vor allen Dingen erst Osmanns Kopf, womit er betrogen worden sei, bekommen, diese Bedingung würde Nene nicht versagen.

Osmanns Kopf? rief Flore. Osmanns Kopf! Betrogen sagst du? Hat er ihn nicht? Mit meinem Willen zwar nimmer. Alonzo, was sagt ihr?

Ich weiß nicht anders, stockte dieser.

Musa fuhr fort: Der Sultan behauptet, einen anderen Kopf erhalten zu haben. Er besteht auf den ächten; dann sollst du ihm auch noch einen geschickten Caffern zusenden, der ihm das schwarze Pulver bereitet. Er will es wider Gigi gebrauchen, mit der es immer noch nicht zu der lange erwarteten entscheidenden Schlacht kam, denn man unterhandelt noch mit Habesch um die Mittel, jene unfehlbar zu verderben.

Der Caffer soll ihm werden, ich hab ihn schon ersehen. — Es ist ein Irrthum. Der Kopf wurde ihr zugeschickt. Doch stände der Franzose auch lebend vor mir, ich würde nimmer in die Forderung willigen.

Sie ließ hierauf Perotti aus dem Gefängnisse bringen.

Signor, erklärte sie ihm, ihr geht zum Sultan Kuku! Verseht ihn mit Kunst, mit List, so viel ihr wisset und ihm Noth thut. Wenn ihr das gehörig ins Werk gerichtet habt, so vollendet meinen Frieden mit ihm. Der ehrliche Musa wird euch begleiten. Vielleicht ziehen wir am Ende froh nach Europa.

Nach Europa? rief Perotti. Ich habe es schon vergessen, und darauf verzichtet.

„Ich nicht, Signor, ich nicht!“

Laßt uns doch in Darkulla bleiben. Zum Paradiese fehlt ihm ja nichts mehr, als eine Opera buffa, und ein maskirt Carneval. Doch Geduld, ich richte alles noch ein.

„O meinetwegen künftig bei Sultan Kuku. Genug, ich höre keinen Widerspruch, keine Bitte.“

Aber mein Amt, mein Amt!

„Werde ich einstweilen schon verwalten lassen, auch mich beim Sultan einlegen, daß es euch vorbehalten bleibt.“

O keinem Sultan mag ich dienen, einer Monarchin. Wie Essex der Elisabeth. Das bringt vortrefflich Regiment.

„Dies waren eure Abschiedsworte. Kameele vor. Glück auf die Reise!“

Er mußte gehorchen.

Alonzo wurde wieder allein befragt: Welchen jungen Mann meintet ihr?

Er gerieth in Verlegenheit. Ich bitte um Nachsicht, Sultanin. Ich weiß keinen. Es war mir nur darum, zu erfahren, wie du einen Antrag der Art beantworten würdest.

„So? — Ei! — Und Osmanns Kopf? Ihr stokt. Ihr bergt mir ein Geheimniß, auch mag ich es nicht entschleiern. In einem Fall bin ich aber unzufrieden mit euch. Das sollt ihr einst erfahren. Die Verkettung der Ereignisse, welche uns treffen, ist sonderbar. Gebe das Schicksal nur eine endliche freundliche Lösung.“

Alonzo mußte Perottis Geschäfte mit versehn. Flore drängte ihn, da durfte er seiner Trägheit weniger nachhängen. Ehrlicher wie Perotti, hing das Volk ihm lebhaft an, wiewohl es bald darauf auch genug an seinen Einrichtungen zu tadeln fand, denn mit den ersten Eindrücken der Verfeinerung, hatte sich der Geist des Widerspruchs, der in aller Busen wohnt, der uns als moralisches Vertheidigungsmittel von der Natur zugelegt zu sein scheint, auch ziemlich bei den Darkullanern ausgebreitet. Von ihm sagt Morellet, einer der geistvollsten unter den neueren französischen Autoren:

Supposons qu'on appelle au Ministère un génie élevé, d'une probité qui décourage la calomnie même, plein de la passion du bien public, et de tous les sentimens qu'on peut desirer et exiger dans un homme en place; je vais dire ce qui arrivera. S'il regarde autour de lui avant d'entreprendre; s'il étudie, non pas les principes de l'administration que l'expérience et de profondes réflexions lui ont rendus familiers, mais les moyens par lesquels on peut les mettre en pratique et vaincre les obstacles que la corruption élève de toutes parts; s'il marche avec cette sage lenteur qui conduit plus sûrement et plus promptement au but, on dira: il ne fait rien; nous ne voyons rien; c'est qu'on sera au desespoir de n'avoir rien à blâmer et à contredire; mais à la première de ses opérations, des milliers de voix s'élèveront; l'un critiquera la forme, l'autre le fonds, non pas d'après des principes réfléchis, mais uniquement par esprit d'opposition. Si le ministre eût fait tout le contraire, on se fût simplement abstenu de corriger tel abus de faire telle loi, ces mêmes gens l'auraient désapprouvé avec la même violence. On eût dit: pourquoi ne réforme-t-il pas ceci ou cela? Pourquoi ne fait-il ce bien au peuple, cette faveur à l'agriculture? S'il réforme, s'il change, s'il s'efforce d'améliorer toutes les parties de l'administration, on s'écriera: pourquoi toucher à ce qui est? Ne sommes-nous pas bien? L'esprit de système, la constitution de l'Etat, les privilèges des différens corps, le caractère de la nation, les dangers d'une liberté, qui deviendrait bientôt licence, seront les mots de ralliement que se donnera l'esprit de contradiction, et bientôt sera renversée, la statue au pied de laquelle on avait brûlé quelque encens.

Dieser Geist des Widerspruchs, tief verfolgt zur Wurzel, und dann wieder einen vielzweigigen Stamm aus der Tiefe erzogen, lieferte gar wohl den Stoff einer neuen Erklärung des gesellschaftlichen Lebens. Doch scheint die Sucht, philosophische Systeme aufzustellen, bei den Deutschen in Abnahme zu gerathen. Bliebe es dabei! Denn wohin führen sie alle? Den Mann bis zum Grabe zur Pein des Schülers zu verdammen; denn will er nicht das sogenannte Hinken nach dem Zeitalter als Vorwurf hören, muß er immerfort lernen. Und darf man Schätzen einen Werth zuerkennen, von denen es ausgemacht ist, die Mode wird früher oder später gebieten, sie wieder wegzuwerfen. Oder soll der Teutone die Weisheit inniger umschlingen, da die Klugheit sich seinem Arm so viel entwindet?

Drittes Kapitel.
Der Kriegsschauplatz.

Wenden wir den Blick nach dem Kriegesgetümmel.

Immer hatte Gigi Unterhandlungen anknüpfen wollen, doch kein Gehör bei Kuku gefunden. In seiner festen Stellung trotzte er ihren Angriffen, wie wir bereits wissen, und übte daneben seine Truppen mit vieler Klugheit. Eilboten gingen fleißig nach Habesch, und kamen von daher. Der Entfernung halber, und da es nothwendig war, beträchtliche Umwege zu nehmen, verliefen aber mehrere Monate, ehe die Unterhandlung am Ziele stand. Endlich aber sagten die Verbündeten zu, Gigi mit einem großen Heere in den Rücken zu gehn, und es wurde ein Tag beraumt, wo Kuku seine Verschanzung meiden, und die Amazone im offenen Felde angreifen sollte. Der Feldherr der Verbündeten rechnete darauf, um diese Zeit auch nahe zu sein, so gerieth die Feindin zwischen zwei Angriffe, und um desto eher hoffte man sie zu verderben.

Eben war man auf das ernsthafteste mit Waffenübungen beschäftigt, da Perotti in Kukus Lager kam. Aber welche Waffenübungen. Nicht etwa so bequem wie in Deutschland, wo man die freundliche Jahreszeit, den Tag, und fein flache Gefilde dazu auswählt, dazu jedermann auf dem Papiere hat, welche Szenen aufgeführt, welche Truppen vorwärts rücken, und welche fliehen sollen. Nein, Sturm, Regen, Wolkenbruch, wie sie die nasse Jahreszeit dort viele im Gebürge gab, tiefe Nacht, hohe Felsen, Wald und Sümpfe liebte Kuku zu diesem Behuf. Immer wurden zwei Partheien aufgestellt, deren Führer nach Urtheil handelten. Daß es dabei auf blutige Köpfe nicht ankam, auf dem Exerzierplatze Todte zu begraben, ins Spital Verwundete zu bringen waren, versteht sich von selbst.

Perotti kam in der übelsten Laune von der Welt im Lager an. Er hatte so schöne Träume geträumt, und war so übel davon erwacht. Zwar besaß er viele Schätze, denn es war ihm vergönnt worden, ein Kameel mit seinen Habseligkeiten zu beladen, und was er erpreßt, und durch Bestechungen gewonnen hatte, nahm darauf Platz; gleichwohl aber sah er wenige Sicherheit für den Reichthum voraus, und dem Kriegsruhm hatte er in Europa nimmer Geschmack abgewonnen, um wie viel weniger in dieser Erdgegend. Bei dem allen mußte er der Nothwendigkeit weichen, und es galt ihm nur, sich in die Gunst des Sultans zu schmeicheln.

Das geschah denn nach aller Kraft, es wurde Pulver verfertigt, auch Kanonen, ob sie gleich zu nichts taugten, als Schrecken einzujagen, was freilich schon viel taugen heißt, besonders wenn man schreckhafte Feinde vor sich hat. Kuku wollte ihm eine Unterbefehlshaberstelle bei den Truppen anvertrauen, die er aber demüthig verbat, und dafür antrug, die eines

Feldhistoriographen anzuordnen, welche er mit nicht geringem Eifer zu versehn anfing. Dabei stutzte er Zeitungsschreiber zu, und ließ alle Tage ein Palmblatt ausgeben, worauf die Kriegsvorfälle geschildert wurden. Hatte ein Darkullaner einen Fluch oder Schimpf gegen die Beduinen ausgestoßen, so sprach diese Zeitung von der begeisterten Stimmung, die das ganze Heer durchglühe. Kriegslieder enthielt sie zu Dutzenden, sie wurden in der Expedition gut bezahlt, also fand sich alles damit ein, was nur in der Landessprache reimen konnte. Hatte ein Krieger in der Nacht Wer da! gerufen, hieß es in Perottis Zeitung: ein Ueberfall sey mit großem Verlust des Feindes zurückgeschlagen. Eine ausgeschickte Patroll wurde zum Scharmützel gemacht, und eine größere Zahl von Beduinen war auf dem Platze geblieben, als ihr Heer stark seyn konnte. Da sagte Kuku aber: du bist ein Narr mit deiner Zeitung, höre auf!

Bald darauf fiel des Sultans Geburtstag ein. Perotti machte, daß im ganzen Lager Gastmahle gehalten wurden, man streute Blumen, Raketen und Schwärmer stiegen am Abend leuchtend in die Höhe. Ueber dies Fest wurde eine eigne Schrift herausgegeben, worin man den Patriotismus und die Unterthanenliebe der Darkullaner bis zu den Wolken erhob. Kuku lachte aber gar sehr, wie er die Schrift sah, und sagte zu Perotti: also meinst du, ich soll an dem Darkullaner Tugenden des Unterthans erblicken, wenn mein Geburtstag ihm einen Anlaß giebt, sich bei Mahl und Fröhligkeit zu ergötzen? Nein, da will ich andre Beweise, am meisten in der nahen Schlacht. — So gescheut war Kuku.

Einmal lag Perotti in seinem Zelte. Schon war es tiefe Nacht. Da nahte etwas durch die Stränge, womit das Haus von Linnen befestigt war. Perotti horchte bange, und wollte eben nach der Wache rufen, als eine Stimme ihm leis zuflisterte: Sei ruhig, es naht ein Freund, der dir große Schätze nachweisen kann. Dies machte, daß der Italiener die Furcht überwand. Der Fremde kam ins Zelt. Ich bin von Gigi gesandt, sprach er. Sie weiß, daß Mehemed beim Sultan gilt. Liefere ihr die beiden Caffern Mustapha und Osmann lebendig in die Hand.

Mustapha? erwiederte Perotti, das wäre so unmöglich nicht, aber Osmann ist todt. Der Sultan hat ja sein Haupt abholen lassen.

Glaubst du das Mährchen auch? entgegnete die Stimme. Osmann lebt im Felsenlande.

Osmann lebt? lebt? fuhr Perotti auf.

„Gewiß."

Und wie kömmt es, daß Gigi das weiß?

„Man schickte ihr einen Kopf, der Osmann gehören sollte, sie erkannte ihn aber falsch.“

Falsch? Wenn sah denn diese Gigi Osmann? Fremdling, ist mir doch, als hätte ich deine Stimme schon einmal gehört.

Das wüßte ich doch nicht, versetzte die Stimme.

Seltsame, seltsame Gedanken stiegen bei Perotti auf. Endlich rief er: wie weit ist es von hier nach Gigis Lager?

„Nur wenige Tausend Schritt.“

Kannst du mich unbemerkt hinübergeleiten, und wieder zurückbringen?

„Das ginge wohl an, doch aus welchem Grunde?“

Ich muß selbst mit Gigi reden.

„Kannst du mir deinen Willen nicht vertrauen?“

Laß mich zu ihr, dann verständigen wir uns leichter. Verdacht kann sie nimmer gegen mich bergen, wie wagte ich mich zu ihr, und hier mein Leben, fühlte ich nicht gegen sie warme Anhänglichkeit. Ich habe so viel von ihren Thaten gehört, und bin schon lange ihr Bewunderer. Nicht nur die Caffern sollen ihr werden, sondern wenn sie mir Folge leistet, auch Sieg über Kuku.

Wohlan, schleiche mir nach, sagte der Fremde. Ich kann unbemerkt durch die Außenwachen finden.

Nicht ohne Zittern willigte Perotti ein. Aber eine gewisse Ahnung in seiner Seele bestimmte ihn zur Entschlossenheit.

Man tappte hinaus. Die einzelnen Wächter der Lagerkette sangen, dies verbarg das leise Rauschen der Fußtritte im Sand. Nicht lange darauf kam man bei einigen Reutern an, die den unternehmenden Späher erwarteten. Einer von ihnen mußte sein Pferd an Perotti geben, und so ging es im schnellen Galopp davon.

Wie man in das fremde Lager angekommen war, mußte Perotti etwas zurückbleiben, da sein Führer ihn erst anmelden wollte. Jener brauchte diese Zeit dazu, sich das Gesicht mit Erde zu beschmutzen, und sich möglich unkenntlich zu machen, denn er meinte: es sei wohl möglich, daß er hier gekannt wäre.

Es währte einige Zeit, bis der Beduin wiederkam. Er trug eine Fackel in der Hand. Neugierig blickte Perotti nach seinem Gesichte, aber ein tief in die Stirn gedrückter Turban, und ein bis über die Brust herabfließender Bart machten, daß nur wenige Züge kenntlich waren.

Die Fürstin ist geweckt, und ihr deine Ankunft berichtet worden, sprach Jener; folge zu ihrem Zelte.

Er ging mit der Fackel voran. Man kam durch lange Reihen von Pferden, welche theils schnarchend ausgestreckt lagen, theils wachend ihr Gras käuten, die Reuter lagen mitten unter ihnen, denn sowohl die Beduinen wie die Kalmucken halten mit dem edelsten der Hausthiere enge Freundschaft. Wachen waren in diese Gassen vertheilt, bei denen kleine Feuer brannten. Die Zelte der Vornehmen erhoben sich geordnet, und wurden durch Laternen, welche an ihrem Eingang hingen, auch in der Nacht sichtbar. Endlich gewahrte man der Königin Gezelt. Wie der Dom eines prachtvollen Tempels, zu einer Festlichkeit erleuchtet, ragte es empor, denn nicht nur seine Höhe erregte Staunen, sondern überall waren auch Laternen angebracht, welche rund umher den Platz erhellten, und alle Schildwachen zu Pferde, welche umhergestellt waren, und die blinkende Harnische bekleideten, sichtbar machten.

Die Stangen dieses Zeltes waren gerüstartig übereinander gestellt und gefügt, kunstreich die Thierhäute, welche seine Wände bildeten, verbunden. Der inwendige Theil bestand aus persischen Tapeten, und Fußteppiche in Natolien gefertigt, deckten den Boden. Die Anlage eigener Manufakturen hatte Gigi, wie wir wissen, noch wenig glücken wollen, sie ließ also die Kostbarkeiten von der Fremde hereinbringen. Einstweilen aber, bis ihre Städte eine vollendetere Gestalt zeigten, hatte sie Erfindungsgeist und Geschmack auf die Verfeinerung des nomadischen Lebens gewendet. Ein wandelnder Pallast war ihr Wohngebäude aus Häuten und Tapeten; stattlich prangten die ihrer vornehmen Beamten; bequeme und nette Einrichtung hatten die der Arbeiter; die Soldaten trugen ihre Kasernen stückweis mit fort, und so die Pferde ihre Stallungen. Nur jetzt, da man gegen den Feind stand, durfte letztere kein Obdach enthärten, und auch die Bereitschaft auf Kampf duldete kein Hinderniß.

In der That hat das Nomadisiren für die Einbildungskraft viel Anziehendes. Wenn man die Tavernier, Niebuhr, Savary, über die Wanderer in Egypten und Arabien liest, und mehr noch die Wytsen, Georgi, Haygold, Reineggs, Pallas u. s. w. über die am Caucasus, im kabardinischen und Truchmenen-Lande, Turkestan, der Bucharei, so gewinnt das Bild einer reisenden Stadt einen wesentlichen Vorzug, gegen das traurige Einerlei unserer festen dumpfen Wohnplätze. Welch ein heiteres, gesundes, an mannichfacher Abwechslung reiches Leben, unter Zelten, auch in der kultivirten Welt! Grade hier könnten die Künste ja seine Bequemlichkeit so erhöhn. So schützte z. B. das Tränken mit elastischem Harz die Leinwand gegen Nässe. Im Winter lagerte man zwischen Bergen, die die rauhe Luft abwehrten, bei Wäldern, um keinen Mangel an Feuerung zu leiden. Camine lassen sich gar wohl in Zelten anbringen, oder man gräbt in dieser Jahreszeit sich etwas in die Erde. Im Frühjahr bezöge man anmuthige Höhen, den Anblick der Naturverjüngung ins Weite zu genießen, und nicht durch die viele Feuchtigkeit belästigt zu sein. Der Sommer würde an See- oder Stromufern hingebracht, Kühlung und Bad in der Nähe zu sehen — — doch es tönen so viele Aber entgegen, daß man gern von dem Traume endet.

Perotti wurde nun in einen Vorsaal des Zeltes geführt, der wohl erleuchtet war. Die Leibwache der Heldin schimmerte in leuchtenden Kürassen, denn Gigi hatte zu viel Geschmack, Krieger mit rothen, weissen, gelben Lappen herauszuputzen, und so unkräftig wenn sie nicht, wie die Europäer, die feiger gegen die Last einer heilsamen Trutzwaffe sind, wie gegen den Schuß einer Flinte oder Stich und Hieb der Seitengewehre.

Nachher gelangte man in das innre Zimmer. Auf einem erhöheten Polster saß Gigi, angethan mit einem mehr männlichen als weiblichen Nachtkleide, von ausgewählter Eleganz. Ueber ihr Gesicht hing aber ein dichter Schleier nieder. Nur ein Helldunkel war verbreitet, also konnte man die Umrisse der Gestalt nicht deutlich erkennen.

Wie nennest du dich? fragte sie, mit einer Stimme, in der sich eine erkünstelte Veränderung wahrnahm.

Perotti antwortete mit verstellter Sprache: Ich heiße Mehemed.

„Von welchem Lande der Caffern bist du?"

Von der Halbinsel Morea.

„So — — Renegat, oder als Muselmann geboren?"

Als Muselmann geboren.

„Du fandest Gnade bei Sultan Kuku?"

Er vertraut mir Geschäfte.

„Die Sultanin sandte dich zu ihm?"

Sultanin Nene.

„So — — werden Kuku und Nene sich versöhnen?"

Sultan Kuku ist grausam und wild, sanft und gut, voll von störrischem Eigensinn, und gefälliger Nachgiebigkeit. Man kommt ihm schwer und leicht bei.

„Welche Züge aber wirken hier ein?"

Die freundlicheren. Alles ist ausgeglichen, bis auf ein oder zwei Köpfe — —

„Was? — wie? — Ein oder zwei — wie —"

Köpfe von Caffern. Lange hat Nene einen verweigert, und das kostete Tausend von schwarzen. Nun aber wird sie wohl —

„Wird sie — was, was?“

Der Klugheit nachgeben, wenigstens einen, wo nicht beide Köpfe senden.

Gigi sank etwas auf ihren Teppich zurück. Der Beduin fuhr heraus: Nein, nein, das wird sie nicht!

Perotti, der ohne Aufmerksamkeit sichtbar zu machen, alles scharf wahrnahm, fuhr nachläßig fort: Freilich wird es ihr hart angehen, am meisten bei Osmann. Dieser liebt sie und liebt beglückt.

Perotti log hier höchst unverschämt, doch hatte er Gründe.

Gigi machte eine abermalige Bewegung des Schreckens; der Beduin rief: Lüge, Verläumdung! hielt aber bald wieder an, und sagte ruhig und freundlich: Unsre Sultanin bittet dich, ihr in ihren Absichten beizustehn. Der Dienst, welchen du ihr leistest, wird das Maas deiner Belohnungen bestimmen.

Perotti versetzte mit Lebhaftigkeit: Der Thatenruf Gigis hat mir lange schon Bewunderung auferlegt, ihre Nähe begeistert mich, reißt mein Gemüth hin in ihre Sklaverei. Sie gebiete.

Ist es dein Ernst, rief die Fürstin, so sinne auf Mittel, Mustapha und Osmann lebendig in meine Hand zu liefern.

Schnell setzte der Andere hinzu: Gewisse Kunstfertigkeiten, die beide besitzen, und die sonst in diesen Gegenden nicht zu finden sind, machen der Sultanin diese Männer so theuer.

Und wo sollen diese Kunstfertigkeiten wuchern? fragte Perotti nach einigem Bedenken, und fuhr fort: Schon fielen die von Habesch in Gigis Land. Ein Feind steht hier vor ihr, der sich täglich verstärkt, und die Kunst der Schlachten übt. Zwischen zwei Angriffe gepreßt, kann sie leicht Thron und Land einbüßen.

Gigi fiel ein, obgleich nicht ohne Stocken: O dagegen bürgt mein Schwert.

Der Beduin sagte: Daß du zeitig entdeckest, was uns gefährlich überraschen soll, beweist Treue an dir. Aber schon sind wir unterrichtet, daß neue Feinde in unserem Rücken auftreten, und Anstalten dagegen sind vorgekehrt.

Perotti ging einige Schritte auf und nieder, dann brach er aus: Sultanin, die Zeit ist kurz, du mußt mich vor Anbruch des Morgens zurückbringen lassen, oder das Verständniß wird offenbar, dein Getreuer hole mich aber in der folgenden Nacht wieder ab. Bis dahin werde ich überlegt haben, was zu deinem Nutzen geschehen kann.

Dies war man zufrieden, und entließ den Italiener, den schnelle Rosse wieder in Kukus Lager brachten, wo Niemand ihn vermißt hatte.

Gegen die Mitte der folgenden Nacht holte ihn der Beduin auf die vorige Art ab, und die Heimlichkeit der Ausführung gelang vollkommen. Da er nun wieder im Gezelt erschien, hub er an:

Sultanin, ohne Zweifel hörtest du von dem inneren felsenumschlossenen Darkulla.

Es soll das schönste Land der Welt sein, versetzte Gigi.

Dort, fuhr Perotti fort, dort müßte Gigi herrschen, und das Paradies der Natur würden bald die gewähltesten Zaubereien der Kunst schmücken. Die Bahn der Verfeinerung ist gebrochen, deine Caffern, noch meistens am Leben, würden unter deiner Leitung das Wundervolle darstellen, wogegen Nene zwar hohe Entwürfe faßt, aber auch bald wieder in Ueberdruß sinkt, und nur ein Gefühl noch im Busen trägt, das Heimweh.

Gigi hörte sehr aufmerksam zu.

Perotti fuhr fort: Und welcher unendliche Vortheil in der festen Sicherheit des Ländchens. Eine geringe Wache am Paß, und inwendig ist der ewige Friede nimmer zu stören. Sultan Kuku beging die ärgste Thorheit, nur einen Fuß über die Klippengränze zu setzen. Suche dich zur Meisterin des kleinen Paradieses zu machen. Kuku hat Schlimmes um dich verdient. Nicht werth ist er des Köstlichen, sonst hätte er seinen Entschluß von damals nicht geändert. Den Tod wollte er dir geben, den Bruder unterstützte er in seinem Hohn gegen dich, er versagt deinen billigen Anträgen, Frieden, und Entehrung würde dein Loos, so er dich gefangen nähme. Deine Getreuen haben meistens Weib und Kind daheim. Gar wohl nimmt das innere Darkulla diese Bevölkerung noch auf, der harte Krieg von neulich tödtete große Schaaren, und die Fruchtbarkeit ist ungemessen.

Die Amazonin sprach: Das innere Darkulla gehört Nene, welche durch Schönheit, Muth und gewandten Sinn es erwarb. Könnt ich auch, wie dürft ich sie darum bringen!

O, gab Perotti zur Antwort, Nene tritt dir mit Freuden das Reich ab. Um ein sicher Geleit nach Egypten, will sie ja alles Kuku zurückgeben. Vergiß deine Steppen, die wilde Nachbarn unsicher machen, die Krieger von Habesch jetzt überschwemmen, und richte deine Absichten auf das innre Darkulla.

Ich gestehe unverhohlen, bekam er zur Antwort, daß dein Rath mir gefällt. Doch alle Hindernisse, die noch zwischen ihm und der Ausführung liegen —

Besiegt List, fiel der Italiener ein. Vertraue meinen Planen.

Etwas schnell entgegnete Gigi: O viel wäre auf deine List zu bauen, könnte man deiner Redlichkeit gewiß sein.

Der Beduin sprach: Zwischen unserm Lager und dem schönen Lande steht Kukus Heer, in dem wohlvertheidigten Felsenneste, das nicht anzugreifen ist.

Doch nicht lange mehr, erwiederte der Italiener. Bald wird er zum Kampf hinausstürmen. Schlägt ihn Gigi, dann ist der Weg offen, und durch den Paß bringe ich sie.

Wie aber, wenn ich geschlagen werde? fragte die weise Heerführerin.

„Das muß nicht geschehn. Kuku muß fallen. Ich werde machen, daß ein hohes weisses Fähnlein getragen wird, wo er sich beim Kampfe aufhält. Dahin mögen deine Schützen unverdrossen zielen. Sind sie demungeachtet nicht glücklich, denke ich selbst — im Gedränge — ein behender Dolchstich macht kein Aufsehn — und sank der Führer, ist gemeinlich das Heer verloren.“

Nein, pfui, nein! schrie Gigi heftig. Nur in guter Schlacht will ich siegen, nicht durch Verrath und Meuchelmord des Feindes.

Du bist ein Ungeheuer! Weg von mir!

Perotti erwiederte kalt: Wenn mich Bewunderung dir so ergeben machte, daß ich selbst das Zürnen deines Edelmuthes nicht fürchte, so ist es die Schuld deines Ruhmes. Und wußte ich ein ander Mittel, die Caffern zu retten —

Die Caffern! die Caffern! rief Gigi mit Bewegung. Höre Mehemed! Meine Schlacht mit Kuku laß mich kämpfen, und sein Leben sei dir theuer. Kann deine List mich aber nach gewonnenem Siege in den Paß führen, nehme ich sie an und lohne sie reichlich. Erobere, denke ich, man durch List, wenn der Eroberung, des Landes Heil folgen soll. Tödten aber nimmer. Würde ich aber geschlagen — geschlagen —

Dann gieb dich getrost an Kuku gefangen.

„Wie, du hast behauptet, mein Loos würde beklagenswerth seyn.“

Doch meinen Einfluß auf ihn nicht genannt. Ich werde ihm rathen, dich als Sklavin an Nene zu senden, und du wirst dort eine Freundin finden, die willig dir ihren Thron räumt. Du findest deine Caffern dort —

„Meine Caffern!“

Ich werde ihm vorstellen, nur so könne er Nenes Liebe gewinnen, sie vermögen, in Darkulla zu bleiben, an seiner Seite, wenn du ihr als Sklavin — doch mit zarter Achtung vor aller Welt Blick behandelt — zur Stelle abgeschickt — — du magst verstehen —

Gigi eine Sklavin! Wie keck der Caffer mit Einbildungen spielt! Der Gedanke könnte ihm wo anders das Haupt kosten, rief der Beduin.

Gigi lächelte aber, und beschenkte vorerst den Italiener. Käme das Schlimmste zum Schlimmen, rief sie, bleibt mir mein Ring mit dem rettenden Tropfen. Sonst mag die Zeit entscheiden, wie ich von Mehemeds Hülfe Gebrauch machen kann.

Hier wurde er entlassen, und wie in den vorigen Nächten zurückgebracht. Der Beduin redete noch Zeichenverständigung mit ihm ab, und sagte beim Abschiede: Nur Verrath lasse dir nicht einkommen, sonst bin ich es, der ihn straft.

Viertes Kapitel.
Die gelieferte Hauptschlacht.

Perotti lag Kuku mit Vorstellungen an, in jedem Fall Nene ziehn zu lassen. Dann, sprach er, bist du deines Landes zwischen den Felsen am sichersten. Wer stände sonst ein, daß sie dir, wenn du zurückgekehrt wärest, nicht die Herzen wieder entzieht, denn sie ist eine große Zauberin. Gieb mir einige hundert Mann, und Briefe an die Herrscher, deren Land zwischen hier und Egypten liegt, daß sie sicher bis zur Gränze reisen kann. Ich geleite sie und komme dann wieder. Eben jetzt, da du der eigentlichen Hauptschlacht entgegen siehst, ist der Gedanke wichtig. Denn träfe dich Unheil, könntest du ohne Sorge Rettung finden.

Der Sultan that, was die Sultane nicht immer pflegen, er gab Gründen Gehör. Allein im Lager und unter dem fortwährenden Waffengetöse, hatte seine Leidenschaft, so heißafrikanisch sie auch ursprünglich war, an Feuer abgenommen. Ziehe sie hin, hieß die Antwort, ich werde dir die Krieger geben.

Dann, versetzte Perotti, sendet sie dir auch gewiß aus Dankbarkeit die Köpfe. Es ist ein eigensinnig Gemüth, aus Zwang will sie nichts, alles mit Freiheit thun.

Er empfing nun dreihundert wohl gewaffnete und berittene Neger, die die Weisung hatten, ihm unbedingt Gehorsam zu leisten. Auch die Briefe fehlten nicht. Sein Plan war nun, Gigi zu bewegen, daß sie ihr Heer verließ, um eine Reise nach dem innern Darkulla zu machen. Die Sehnsucht, ihre Caffern zu sehn, meinte er, würde sie leicht den Entschluß ergreifen lassen. Er theilte dem Beduinen, welcher in einer der folgenden Nächte wieder bei ihm erschien, den Plan mit. Grade da die Unterredung statt hatte, nahte auch Musa dem Zelte. Er hörte gedämpfte Stimmen, verhielt sich ruhig, und lauschte. Nichts Zusammenhängendes konnte er verstehn, doch aber sahe er ein, wie ein Verständniß mit Gigi angezettelt war, und so viel war ihm wohl deutlich geworden, daß Gigi nach dem innern Darkulla kommen sollte. Ha, Mehemeds Rache! dachte er. Leicht konnte er Lärmen erregen, und den Treulosen wie den fremden Späher verhaften lassen. Doch urtheilte er, das könne vielleicht noch zu keinem vollen Lichte führen, da beide Theile hartnäckig läugnen würden. Er nahm sich daher vor, auch in künftigen Nächten aufmerksam zu sein, und die Unterredungen näher zu behorchen. Gleich aber schickte er am Morgen einen Eilboten an Nene, mit der Warnung, ja auf ihrer Hut zu sein, und den Paß noch zu verstärken. Denn Gigi würde sie vielleicht zu bekriegen suchen.

Es kam aber zu keiner weitern Unterhandlung zwischen Perotti und Gigi, denn eine Stunde, nachdem Musas Eilbote weggeeilt war, langte auch einer bei Kuku an, den der Feldherr von Habesch abgefertigt hatte. Er brachte die Botschaft, daß man eine Abtheilung der Beduinen geschlagen habe, und nun dichte im Rücken Gigis stehe. Zugleich erfolgte die Einladung, sofort anzugreifen, und das Versprechen, kraftvoll und nachdrücklich den Kampf zu unterstützen.

Kuku gab also seine Befehle, und Perotti blieb mit seinen Negern in der Nähe, um den Ausgang des Tages abzuwarten.

Allgemein war bald die Schlacht, und hartnäckiger wie je eine in Europa geliefert wurde. Gigi ließ ihre Reuterei einbrechen, ehe noch Kukus Truppen gehörig entwickelt waren. Bei jener herrschte aber der Gebrauch, den Pferden die Ohren zu verstopfen, und die Augen zu verbinden, damit weder das Getöse der Schlacht, noch der Anblick widerstehender Reihen und gefährlicher Waffen sie schrecke. Nur das Gefühl blieb ihnen, und je näher an den Feind, je mehr empfanden sie des muthigen Reuters Sporn, wogegen in einem gewissen andern Welttheil der antreibende Stachel immer weniger, und der wuthmäßigende Zügel immer mehr gebraucht werden soll. Vorgestreckte Lanzen, wenn gleich noch einmal so lang, wie die Bajonetflinte der Europäer, galten diesen Beduinen ein lächerliches Hinderniß, denn hart an der Spitze, ließ der vorderste Reuter sein wohlgeübtes Pferd einen mannhohen Satz machen, und zerbrach beim Niedersenken die Stangen, indem die Träger zu Boden geworfen wurden, oder es wurde auch das Thier aufgeopfert, und mit seiner durchbohrten Brust angerannt, um dann einen unfehlbaren Streich zu führen. Dann sprang sein Hintermann über ihn. Allein die Neger waren auch gegen solchen kühnen Angriff bereit. Sie schreckte der Anblick der Vermessenen nicht, noch weniger kehrten sie um, weil das grade der Reuterei den Sieg in die Hände geben heißt. Jeder trug zwei Lanzen, was ja auch recht wohl angeht, da die freigebige Natur den Menschen mit zwei Händen versah. Eine hielt er niedrig, die andre hoch, eine zum beliebigen Aufspießen des Pferdes beim graden Anrennen, eine beim Sprung. Daß ihn die Gewalt des Thieres nicht hinwarf, unterstützten ihn die Kameraden. Sonst war eine Lanze dem Pferde, die andere dem Reuter zugedacht. Auch wenn demungeachtet die Linie gebrochen wurde, verzagten diese Neger nicht. Sie wußten, daß es nur einen leichten Griff nach dem Beine des Reuters kostet, um ihn über das Pferd zu werfen, ein Griff, den der Mangel an Fassung sonst so selten wagt. Ein gelenker Mann kann auch schneller aus dem Wege springen, als das Pferd ihn niederwirft. Des Reuters Stiche und Hiebe sind ungewisser, als die des Fußgängers. Wie bald ist das Thier hingestreckt. Die Neger krümmten sich gern unter seinen Bauch, wo sie vor dem Reuter geschützt waren, und stachen es so mit einem Messer nieder. Andre sprangen über den Schweif desselben, und warfen den durchbohrten Feind über den Kopf, wodurch sie das Pferd gleich behielten. Die neuen Stücke des Kuku taugten gar wenig, der Materie und dem Bau nach, versagten vielfältig den Dienst, sprangen und verletzten die eignen Leute, waren schwierig von der Stelle zu bringen, das Pulver hatte schlechte Kraft, statt der Kugeln wurden auch Steine genommen, bei denen wenig auf sichern Schuß zu zählen war. Demungeachtet leisteten sie weit mehr, wie da, wo sie ganz vortrefflich sind, die Kanoniere aber in großer Entfernung zu schießen beginnen, wo nur sehr selten getroffen wird, und je näher der Feind kömmt, je ungewisser sie zielen, endlich, wenn sie ihm das Weiße im Auge sehn, davonlaufen. Im letztern Abstand fingen die Darkullaner erst zu feuern an, aber so kaltblütig, so ihr Ziel fassend, daß sie nimmer fehlten. Doch hatten die Beduinen sich wieder darauf eingerichtet. Sie sprengten in schmalen Kolonnen pfeilschnell daher. Zuvor wurde das Loos gezogen, welche Reuter die ersten sein sollten. Diese bekamen denn ein Ehrenzeichen, und die Zusicherung eines hochrühmlichen Grabes. Dies Loosziehen war darum Nothwendigkeit, weil Jeder der Vordere, Niemand hinten sein wollte. Ueber die Gefallenen setzte die Schaar unaufgehalten fort, und in wenig Minuten befanden sich die Uebriggebliebenen zwischen den Stücken. Die Beduinen suchten gern ihren Feind in die sogenannten Flanken oder Seiten der Reihen anzufallen. Leicht führten sie auch vermöge des Eilflugs ihrer Pferde die Bewegungen aus, die zu einem solchen Zweck leiten konnten. Aber der Sultan von Darkulla, Kriegern mit eisernem Sinn gebietend, sah gar keine Gefahr, wo Europäer verzweifeln. Die Truppen standen immer doppelt dick an den Enden. Wie eine Linie sich zeigte, gingen sie selbst auf diese los, durchbrachen sie als Colonne, und indem sie sich zu beiden Seiten wandten, bekämpften sie nun zwei Flanken der Angreifenden.

Wo so geschlagen wird, glänzen schöne Rückzüge nicht, sondern der Kämpfer Tod endet nur die Schlacht. Gigi führte Ueberall in die schlimmste Gefahr. Kuku zeigte sich an der Spitze, wo der Streit am hitzigsten war. Vielleicht hätte man ohne Entscheidung fortgemordet, allein die Truppen aus Habesch rissen die Schaale nieder. Gigi hatte sich ihre Zahl nicht so groß vorgestellt und nur eine geringe Abtheilung entgegen gesandt.

Diese war durch die Menge überwältigt worden, und zugleich so umzingelt, daß keine Nachricht von dem üblen Erfolg zu der Gebieterin dringen konnte. Selbst wurden einige Beduinen Verräther, und berichteten fälschlich einen günstigen Erfolg. So sahe Gigi endlich eine sehr große Anzahl neuer Feinde in ihrem Rücken, und da sie nun urtheilte, der ungleiche Kampf könne nicht mit Vortheil geführt werden, so gebot sie selbst ihren Haufen, sich zu zerstreuen, und nannte einen Ort an der Wüste, wo man sich wieder sammeln wollte. Sie selbst spornte ihr Roß, um diesen Ort so bald wie möglich zu erreichen.

Auf diesem Ritte aber ward ihr Pferd tödlich getroffen, sank, und die Amazonin fiel einem nacheilenden Negerhaufen in die Hände. Schon riß sie den Ring vom Finger, um das Leben zu enden, doch fiel ihr in diesem

Augenblicke Perotti ein. Wie, wenn er es treu meinte, dachte sie bei sich, zum Sterben ist es immer noch Zeit. Sie gab also das Vorhaben auf, und den Negern ihr Schwert zum Zeichen der Ergebung.

Sie wollten ihr den Ring nehmen, sie sagte aber: ihr seht, er ist ohne Werth, aber das Andenken einer Zauberin. Ich will ihn euch zehnfach bezahlen. Das wurde geglaubt, und Gigi nach Kukus Zelt gebracht.

Dort ertönten aber Jammer und Klage. Die Siegsgesänge schwiegen traurig, und alles lief erschrocken und trostlos umher, denn eben zu Ende der Schlacht hatte Kuku eine tödtliche Wunde empfangen, an der er ohne Hoffnung auf dem Teppich lag. Die Generale jubelten indeß auf, da sie Gigi bringen sahn, auch erhob sich der Sultan ein wenig bei dem Anblick der überwundenen Feindin, allein Freude und Leid hatten mit ihm ihre Rechnung gemacht. Kaum hörbar, rief er Perotti, der auch zugegen war. Mehemed, sprach er, bringe diese Gefangene zu Nene, ihr gehört all mein Land außen und innen der Gebürge, ich bitte sie es nicht zu meiden, sie beherrscht es weise.

Hier starb der Sultan. Perotti warf sich mit heissen Thränen auf seinen Leichnam, und dennoch hatte er selbst den Sultan hinterrücks verwundet. Der Arme kam um, wie es von Gustav Adolph und Carl XII. vermuthet wird. Desto eher glaubte Perotti seine Absichten durchzusetzen. Er wollte nun auch über alles beim Heere gebieten, das ließen aber die alten Männer nicht zu, sondern errichteten einen Rath, der bis auf Weiteres die Angelegenheiten leiten sollte. Sie zeigten auch schlechte Lust, Nene zu gehorchen, welche hier viel getadelt ward, und Perotti ließ das Vorhaben in ihnen erwachen, selbst einen Sultan zu wählen, welches einer in den anderen bestärkte.

Der Rath beschloß noch, den Rest der Beduinen aufzureiben, und Sultan Kukus Leichnam in das Felsenland zu schicken, um dort neben Tata begraben zu werden; denn den Wunsch hatte der Verstorbene einst geäußert.

Perotti sah noch bei der ihm anvertraut gewesenen Kasse möglichst zu seinem Vortheil, dann machte er sich mit den zugetheilten Reutern, und der schönen Gefangenen auf den Weg. Er hatte sie in dem Zelte des Sultans nun ohne allen Schleier gesehn, und kein Zweifel bestand mehr, wer sie sey.

Fünftes Kapitel.
Perottis vernichtete Anschläge.

Zwei Tagereisen ging es dem Felsenlande zu. Er ließ Gigi mit aller Bequemlichkeit reisen, ihr ein prachtvolles Zelt geben, und hohe Ehre beweisen. Sich selbst zeigte er aber nicht, doch den Sklavinnen, die ihr auch zur Aufwartung gegeben waren, schärfte er ein, sie kräftig über ihr Schicksal zu trösten, und sie zu versichern, Nene würde ihr die Herrschaft abtreten. Eine aber unter den Sklavinnen hatte er auf seine Seite gebracht.

Gigi wußte nicht, ob sie den Zusicherungen Glauben beimessen sollte, schwebte in verlegener Unruhe, und wagte die ersten Nächte keinen Schlaf. Endlich aber behauptete die Natur ihre Rechte, sie streckte sich ein wenig auf einen Teppich, und gebot den Frauenzimmern, sie, wenn irgend Jemand nahte, sogleich zu wecken. Die Verrätherin aber nahm den Augenblick wahr, entfernte unter einem ersonnenen Vorwande die übrigen, und zog, wie Perotti ihr aufgetragen hatte, Gigi den Ring leise vom Finger. Vor großer Ermüdung war ihr Schlummer ungewöhnlich fest, und sie bemerkte den Raub nicht. Am Morgen, da man schon Anstalten zum Aufbruch machte, stellte die Sklavin ihre Beute dem erwachten Perotti zu.

Sogleich schrieb dieser einen mit Spott und Bitterkeiten erfüllten Brief an Nene. „In meiner Gewalt stand es,“ sagte er in diesem Briefe, „dich nach Egypten, nach Europa zu bringen, denn ich gebiete Dreihundert Reutern unbeschränkt, und besitze Sicherheitsbriefe, allein du hast mich durch Verbannung von meiner Stelle, durch Kaltsinn gegen meine Liebe gehöhnt, und nun magst du ewig unter den Negern bleiben. Denn kein Geleit werden dir die Darkullaner außer dem Gebirge geben, die dich hassen, und die meine Rache selbst aufmunterte, sich einen andern Gebieter zu wählen.“

Dem sogenannten Osmann schrieb er Worte, welche ihn auch auf das bitterste verwunden konnten, und schickte einen der Neger mit den Briefen ab.

Nun wurde aber sogleich sein Weg verändert, und der nach Egypten eingeschlagen. Die Reuter wußten von Kukus Befehl, Gigi in das innre Darkulla zu bringen, nichts, sondern hatten nur Weisung, Mehemed zu gehorchen, was solche Menschen denn blindlings thun.

Gigi saß auf ihrem Dromedare, noch kein Unheil ahnend, da kam Perotti lachend herangeritten, und rief: „Nach Egypten zieht die Karavane. Die stolze Königin der Beduinen schläft diese Nacht in Perottis Zelt. Endlich werden Recht und Klugheit siegen!“ Er sprengte weg.

Sie gerieth außer sich vor Schrecken, wollte den Ring vom Finger reissen — er war dahin. Sie wollte sich von dem Dromedar hinabstürzen, man hielt sie ab, und hinderte jeden Ausbruch ihrer Verzweiflung. —

Der Leser lasse sich gefallen, daß die Szene des Romans wieder in das innre Darkulla verlegt werde, und wende den Blick einstweilen von Perotti und Gigi.

Flore hatte unterdessen von Perottis Unterhandlungen vieles gehofft. So wenig sie auf seinen Charakter baute, meinte sie doch, auch er würde wohl des Lebens unter den Negern müde sein, und gern nach der Heimath zurückkehren. Das mußte ihn denn bestimmen, alles zur gemeinschaftlichen Abreise einzuleiten.

Es währte aber lange, ehe eine befriedigende Nachricht einlief, Flore theilte sich unterdessen mit Alonzo und jenem treuen Neger in die Regierungsgeschäfte, deren sie aber mit jedem Tage müder ward, denn mit jedem Tage drangen mehr Bitten und Gesuche auf sie ein, weil des Volkes Begriffe so erweitert worden waren. Stolz und Habsucht forderten überall Ehrenstellen und Reichthümer, und wie konnten sie immer befriedigt werden. So häuften sich auch die Klagen, da der Verbrechen immer mehr ins Leben gerufen wurden. Oft gedachte Flore der Worte ihrer alten Räthe, wenn sie sie damals schon verlacht hatte, und sahe ein, daß: wie einmal die menschliche Natur angethan ist, Monarchengewalt, verbrüdert mit der heiligsten Religion des edelsten Willens, dennoch keine Glückliche zu erschaffen vermag. Nein, nein, in der Mansarde des Palais Royal wäre mirs besser, wie in diesem Pallast, dachte sie, denn es ist unter andern mit dem Glücke auch, wie mit dem Regenbogen, nur wenn er vor oder hinter uns steht sehen wir ihn, mitten darin nicht.

Es giebt bei dem allen Gemüther, welche in der Volkserziehung große Ausdauer zeigen, wie z. B. Numa Pompilius, (nachdem Romulus, den die Sache etwas zu langweilen begann,) den kühnen Entwurf eines neuen Reiches geboren, und die Riesenschritte eingeleitet hatte. Flattersinn geht bald in eine gewisse Philosophie über, die zwar weise Wahrheit genug in sich trägt, allein der anhaltenden Arbeit nicht frommt.

Genug, Flore war des Regierens müde, und harrte ihrer Erlösung. Da kam der Eilbote Musas an, durch welchen der Dschelab kund thun ließ, Mehemed übe Verrätherei, und wolle wie es schien, Gigi in das Innre von Darkulla führen, um Nene zu bekämpfen, und vom Thron zu werfen. Das letztere klingt auch dem hart, der freiwillig vom Thron zu steigen gewilligt wäre. Des Thrones Höhe durchglüht mit einem gar empfindlichen Stolz, und die Lear, oder Carl V würden gleich ihre volle Gewalt entgegnet haben, wenn Jemand in dem Augenblicke, da sie das Szepter niederlegen wollten, es ihnen zu entwinden versucht hätte. So empfing Flore auch kaum jenen Bericht, als sie

Alonzo zu sich rufen ließ, und ihm aufgab, zur Sicherheit des Landes doppelt zu sehn.

Das geschieht ohnehin, gab er zur Antwort, es ist nicht nur der Paß wie immer besetzt, sondern es steht auch noch ein Heer nahe an demselben bereit. Der Treue, welcher es anführt, meint: Kuku könne, auch Friede heuchelnd, Arges im Schilde führen, und man müsse deshalb unter den Waffen sein.

Von Kuku fürchte ich nichts, versetzte Flore, doch Gigis wegen seid auf eurer Hut. Sie könnte jenen schlagen, und dann zu uns eindringen wollen, und ihre Rache wegen der vorenthaltenen Caffern, die Unschuldigen empfinden lassen.

So verstrich einige Zeit, bis das Gerücht einlief: Kuku habe in einer großen Schlacht das Leben verloren. Bald darauf erfuhr man, sein Leichnam würde nach der Hauptstadt gebracht werden, weil der Verstorbene ein Grab neben Tata gewünscht hätte. Dem Gerücht folgte eine förmliche Meldung, denn der Offizier, welcher den Leichnam geleitete, sendete zum Paß voraus, und begehrte Eingang. Es wurde bei Floren angefragt, und diese beschloß, mit Alonzo selbst dem Zuge entgegen zu reisen, und begab sich zur Gränze. Diese Ehrenbezeugung geschah, um das Volk noch mehr zu gewinnen, denn seine Gunst ist bei allem, was man vorhaben mag, wichtig.

Sechstes Kapitel.
Fortsetzung.

Der Zug hatte mit dem Leichnam einige Tage außerhalb warten müssen, da Flore ankam. Sie wollte ihm zuerst auf der innern Gränze ein Todtenopfer darbringen.

Schon in einiger Entfernung kam ihr ein wohlgekannter Beamter entgegen, der ihr von dem letzten Willen des Sultans Nachricht gab. Die Sultanin konnte nicht anders, wie sich wahrhaft gerührt dabei zeigen. Der Neger setzte anhänglich hinzu, das Erbe außerhalb der Felsen mögte dir vielleicht streitig gemacht werden. Vornehme Krieger, von denen einige durch Heirathen ihrer Väter mit dem Sultansstamme verwandt sind, zeigen sich schwierig, und der Caffer Mehemed selbst redete ihnen zu, einen Rath niederzusetzen, der vermuthlich aus ihrer Mitte ein Oberhaupt wählt. Doch giebt es auch eine Parthei für dich, und nach der dir so eigenen Kunst, die Herzen zu gewinnen, wirst du auch da wohl durchdringen. Floren reizte diese Aussicht wenig, doch empörte sie die Falschheit des treulosen Perotti, welche sie vernommen hatte. Noch erfuhr sie, daß Gigis Truppen sämmtlich zerstreut wären, und die Feindin selbst ihr würde gefangen eingeliefert werden. Du hast die Gelegenheit deiner Rache bald in der Hand, setzte jener Neger hinzu, denn Mehemed bringt nach einem Auftrage Kukus die Gefangene.

Alles wünschte Floren Glück zu so vielen günstigen Ereignissen, mit kluger Politik aber erwiederte sie: das alles tröstet meinen Kummer über des edlen Kuku Hintritt nicht.

In geringer Entfernung vom Felsenpaß sahe sie das Heer, von dem Alonzo ihr gemeldet hatte. Darf der Führer sich dir nahen? fragte letzterer. Und warum nicht, erwiederte sie, schon lange wünscht ich ihn zu sehen, der sich meinem Anblick entzog, und dem ich den Sieg über Tata verdanke.

Ein Wink Alonzos, und der Führer ritt heran. Froh überrascht rief die Französin: Coutances! Ihr? ihr lebt? Ich glaubte dir manche Unruhe zu ersparen, sagte Alonzo, wenn du ihn todt, und seinen Kopf dem Sultan überliefert wähntest.

O meine Ahnung! versetzte Flore, wohl habe ich ihn unter den Lebenden vermuthet. Es gab eine Szene großer Freude, von allen Seiten.

Wohlan, nahm Flore wieder das Wort, nachdem sie Coutances herzlich begrüßt und ihm gerührte Dankbarkeit erwiesen hatte, wohlan meine Freunde, nun mögen diese Krieger auseinander gehn, denn keinen Feind fürchten wir mehr.

Viele davon zerstreuten sich auch sogleich; doch einen Theil davon, behielt Coutances noch beisammen, um die Begleitung des Leichnams zu machen.

Jetzt gab man am Felsenpaß das Zeichen, dem Zuge den Weg zu öffnen, und die Wache ließ die Brücken nieder. Doch wurde in der großen Sicherheit, worin man sich befand, die Masregel versäumt, welche sonst in der Gewohnheit war, nämlich einen Theil der Ankömmlinge zuvörderst über die erste Brücke zu lassen, und diese sodann wieder aufzuziehn, ehe die folgende erhoben ward, und so von einer zur andern. Das Gefolge des Leichenzuges war bekannt und nicht zahlreich genug, um von ihm, hätte es auch tückische Absichten genährt, etwas zu fürchten; sonst entdeckte sich außerhalb der Felsen Niemand, die Brücken sanken also alle nieder, langsam und feierlich ging der zusammenhängende Kondukt fort.

Flore wartete seiner, in tiefer Trauer, von ihren Höflingen umgeben; in einiger Entfernung standen Truppen mit gesenkten Waffen und rührten ihr dumpfes Spiel. Feierlich war die Anordnung.

Alonzo gab auf den Zug wenig Acht, sondern hatte sich während der Zeit zu Coutances begeben. Was meint ihr, sprach er zu diesem, wird eure Landsmännin noch daran denken, diesen reizenden Aufenthalt zu verlassen, nachdem sie hier so sicher, und keine Feinde mehr fürchtend, thronen kann?

„Vermuthlich dennoch. Ein geheimer Zug ins Vaterland zieht sie unwiderstehlich an. Und vielleicht kann sie ihm nun um so eher folgen. Denn was hindert sie nun, eine starke Bedeckung auszuwählen, und mit dieser ihre Reise anzutreten?“

Hm — wer weiß, wäre das Volk dabei gleichgültig. Es dürfte die Regierung nicht gern wieder verändert sehen, weil das nicht ohne Erschütterungen erfolgt.

„O da helfen Erdichtungen.“

Ich gestehe offen, daß ich gern den übrigen Abend meiner Tage hier verlebte.

„Auch ich. Jemehr die Spuren der Barbarei ausgetilgt werden, jemehr verdient dies Land den Namen eines Paradieses.“

Bewerbt euch um die Liebe eurer Landsmännin. Großen Anspruch habt ihr auf ihren Dank. Das Volk wünscht sie vermählt zu sehn. So ist ihr Sein an Darkulla zu fesseln. Ich deutete schon oft bei ihr dahin.

„Ich? Ihr wißt — — nein, nein!“

Ihr denkt immer noch an Isabellen, und das rührt mich innig. Allein sie schlummert im Grabe. Ihr seid jung. Denkt an die Prophezeihung, ihr würdet hier den Thron besteigen.

„Wie, an die Prophezeiung?"

Hier wurden sie durch den Anblick eines Getümmels unterbrochen, das sich da erhob, wo die Sultanin betend kniete, indem grade der Leichnam an ihr vorüber kam. Dies Getümmel war mit einem wilden unverständlichen Geschrei begleitet, und Alonzo und Coutances spornten ihre Thiere an, um dahin zu eilen.

Die Ursache dieser Bewegungen war folgende:

Langsam war der Kondukt durch den Paß gegangen, und wie das Ende desselben dem innern Ausgang nahe war, sahen die Wachen mit Schrecken und Befremdung, daß ein Trupp Beduinen vorwärts sprengte, um sich daran zu schließen. Man wollte abwehren, zu spät, sie hatten sich dieser Gelegenheit, einzuschleichen, mit vollem Glück bedient, schon waren die vorderen über alle Brücken, ein zahlreicherer Schwarm drang nach, die Wachen sahen sich geworfen, und jene dehnten sich im Innern aus.

Alles flüchtete in einen nahen Wald, Coutances flog zu den Truppen, um sie heran zu führen. Er war aber zu schwach bei der Gegner Menge, mußte vorerst auch auf einen Rückzug bedacht seyn, um die jüngst Zerstreuten in einer vortheilhaften Stellung zu sammeln. Unter dieser Zeit wuchs die Zahl der Beduinen immer stärker an.

Flore berathete mit Alonzo. Ohne Zweifel meinte dieser, sind diese Reuter von dem geschlagenen Heere Gigis, und sie treibt wilde Abentheurerei umher. Es ist großer Unfug von ihnen zu fürchten, wenn hier nicht kräftig widerstanden wird. Man traf also alle Anstalten, ein zahlreiches Heer in kurzem beisammen zu haben.

Da die Zerstreuten noch keinen weiten Weg zurückgelegt hatten, so fanden sie sich, nachdem ihnen Boten nachgeschickt waren, bald wieder ein, und Coutances konnte daran denken, dem Feinde die Spitze zu bieten. Flore und Alonzo blieben beim Heere, theils, um die Tapferkeit aufzumuntern, theils weil der Weg zur Hauptstadt durch die herumschwärmenden Feinde unsicher gemacht war. Von den Anhöhen, auf welchen nun Coutances die wieder zusammen gebrachten Truppen ordnete, erblickte man bald darauf die jetzt auch in regelmäßige Schlachtordnung gestellten Feinde, die durch die Ebene zum Kampf heranzogen. Coutances rückte ihnen entgegen, und bald standen die Heereslinien in einer geringen Entfernung von Einander.

Ein Herold erschien vor der Mitte, und gab das Verlangen nach Unterhandlung kund. Coutances ritt ihm mit Bedeckung entgegen, und fragte, was den Haufen so vermessen machte, in dies Land zu dringen?

Der Herold erwiederte: Bist du Feldherr?

„Ich bin es!"

Sultanin Gigi fordert dich auf, die Waffen zu strecken!

„Diese Aufforderung darf mir Niemand thun. Aber deine Sendung, Herold, beginnt auch noch mit einer Lüge. Gefangen ist deine Sultanin."

Dorthin wende den Blick. Die hohe Gestalt mit der weissen Feder auf dem Helm ist Gigi. Willst du kämpfen, so sind wir bereit. Aber noch soll ich dir vorschlagen, von beiden Theilen die Waffen ruhn zu lassen, bis Gigi Bothschaft an deine Sultanin geschickt hat.

„Nicht fern ist sie von hier. Sie soll durch mich erfahren, was an sie zu bestellen ist. Doch ihr Räuber wollt nur Zeit gewinnen. Schon zu lange hauset ihr hier. Von Kuku schon seit ihr geschlagen. Vor mir streckt das Schwerdt, oder keiner wird lebend davon kommen."

Nicht mögt ich wagen, dies an Gigi zu bestellen. Mache aber erst deiner Sultanin kund, was ihr Gigi sagt: „Ich komme in dies Land, Wohnplätze für mein Heer zu finden. Es giebt deren noch genug hier. Gieb mir meine mir lange verweigerten Caffern, vor allen Mustapha und Osmann, von denen ich weiß, daß sie noch leben, dann wollen wir friedlich zusammen wohnen. Gleich zum Zeichen des freundlichen Willens muß aber das Heer mir die Waffen liefern, und dann auseinanderziehn."

Coutances war nicht wenig verwundert. Der Antrag, erwiederte er, ist Nene nicht zu machen. Wer würde auch mit treulosen Beduinen einen thörigten Bund eingehn. Die Caffern, wovon du sprichst, befinden sich wohl unter dem Szepter ihrer edlen Gebieterin.

Indem kam Flore selbst herzu, und vernahm den Antrag des Herolds mit Verwunderung. Ich begreife nicht, rief sie, wie mir von Gigi eine Sendung zukommen kann, die ich gefangen weiß; wäre es aber, so sage ihr: sie soll ihre Krieger die Waffen niederlegen lassen, und sich selbst mir als Geissel übergeben, dann sage ich Freundschaft und Wohnplätze zu. Wo nicht, so entscheide das Schwert.

Der Herold eilte kopfschüttelnd hinweg, und kehrte nach einer Stunde wieder. So entbietet meine Herrin der Sultanin von Darkulla, sprach er: Mich jammert des Blutes, das in dieser Fehde strömen soll, doch giebt mein hoher Sinn nicht nach, und räumen kann ich dies Land nicht mehr, denn das meinige ging verloren, und überlegene Feinde harren draußen meiner. Es mag aber der Feldherr des Heeres sich gegen mich in tapferem Zweikampf stellen, ich bin bereit, in Person das Schwert gegen ihn zu ziehn. Sinkt er, so gebiete ich im innern Darkulla, trifft mich der Tod, sind meine Beduinen Nenes Sklaven.

Ich nehme die Ausforderung an, schrie Coutances. Flore wollte abmahnen. Laßt mich, laßt mich, versetzte er, um so unblutiger wird die Entscheidung nahen. Er wartete nicht erst ab, was die Sultanin aufs Neue einwenden wollte, sondern spornte den muthigen Barbarhengst, und flog vor die Linie hinaus.

Gigi von der andern Seite, ersah ihn kaum, als auch ihr Thier angetrieben wurde. Kaum schien sein Huf den Staub zu berühren. Der Reiterin Schwerdt glänzte im Schein der heissen Sonne, hoch wallte der Federbusch an ihrem Helm empor.

Beide kamen sich näher. Gigi trug einen Wurfspieß in der rechten Hand, und wußte so fertig damit umzugehn, wie ein Beduin. Da sie nun aber auf funfzig Schritte heran war, rief sie: Wie? kein Neger, ein Weisser führt dies Heer? Wohlan, Europäerwaffen! Sie schleuderte den Spieß hin, und zückte einen breiten Degen. Coutances hatte den Griff des seinigen schon in der Hand, und hob ihn hoch über den Kopf, einen wüthenden Streich damit auf die Gegnerin zu führen.

Bis auf wenige Sprünge sind sie sich nah, da blicken sie einander an, und in plötzlicher Erstarrung reißt jede linke Hand den Zügel zurück, jede rechte läßt die Waffe sinken. Dennoch stehen die Rosse dichte zusammen, weil der Sprung sich nicht jähling anhalten läßt. Bald darauf eilen beide, hinab vom Sattel zu kommen, und sinken sich in die Arme.

Die Heere, in deren Angesicht das vorgeht, staunen, Flore, wenig von den Kämpfern entfernt, sagte zu Alonzo: Coutances umarmt die Feindin, er ist ein Verräther, oder — oder —

Kein Verräther! ruft dieser aus, und flieht bestürzt zu dem Paare. Da sprengt auch von jener Linie ein Beduin herzu. Auch mir eine Umarmung, ruft Alonzo, die stattliche, mehr herangewachsene schöner gewordene Heroin erkennend, auch mir Isabelle, und reißt sie Coutances weg. Da greift der Beduin in des Franzosen Hand. Erinnerst du dich des Mannes, Frank, dem du in der Wüste das Leben rettetest? Ich sagte dir Lohn zu, endlich kann ich zahlen. Coutances fiel ihm an die Brust.

Flore, die von fern die umarmende Gruppe sah, eilte auch hinzu, da stellte Alonzo die Tochter, Coutances die Geliebte, Gigi Vater und Geliebten vor, daß jeder Funke der Kriegesflamme erstarb. Daß die Weiber, welche durch das Gerücht schon lange Antheil aneinander genommen hatten, auch sich in den Arm fielen, ahnet der Leser schon, aber es sollte die Gruppe noch dichter werden. Denn von der andern Seite kam Musa, einen Esel führend, worauf ein sehr gebrechlich scheinender Kranker saß. Es war Perotti.

An dem Fleck, wo der Zweikampf hatte vor sich gehen sollen, wurde ein prächtig Zelt aufgeschlagen, worin die Gesellschaft Erfrischungen nahm, und sich ihre Begebenheiten mittheilte. Beide Heere traten zu einander über, und wurden köstlich bewirthet.

Siebentes Kapitel.
Erläuterungen.

Wie kam aber Gigi, die Gefangene, zu Freiheit und Heeresmacht? Das sind wir bereit zu erzählen.

Der Leser entsinnt sich, daß der dankbare Imar zugesagt hatte, des Franken Edelthat zu lohnen. Er sah wohl ein, daß es nur durch Gigi geschehn konnte, und verlor sie nicht aus dem Gesicht. Ihr heldenmüthiger Charakter griff kräftig in die Begebenheit, da er sie durch die Flucht befreit hatte, und ihre alle Beduinen bezaubernde Schönheit, gab ihr die Gewalt über die Herzen und den Herrscherstab in die Hand. Denn die wilden unstäten Krieger hatten das Weib nur verhüllt, schwach und ängstlich gekannt, die alles für sich gewinnenden Reize, die kühne unternehmende Natur der trefflichen Spanierin, durch die viel eingewebte Romantik ihres Schicksals entwickelt, kamen ihnen wie etwas Zauberisches vor, und sie erblickten eine Seherin, eine Prophetin in ihr. So viel vermögen Schönheit, Kraft, Verstand!

Da sie nun ihre Plane zur Kultur des eroberten Landstrichs entwarf, die freilich poetischer empfunden, als genau auf die mögliche Ausführbarkeit berechnet waren, sollte Imar ihr auch den Vater und Geliebten zur Stelle schaffen. Daher seine Reise nach Egypten. Doch war ihm strenge untersagt, ihren europäischen Namen kund zu thun, sie wollte eine Szene des unerwarteten Erkennens vorbereiten, ob sie schon nicht glaubte, die Verkettung würde dahin gedeihn, daß sie noch einst dem Geliebten im Zweikampf gegenüberstände. Dies war auch so ein romantischer Sinn. Wir wissen nun, warum Imar jederzeit ein Geheimniß barg, selbst mußte er Isabellens Tod behaupten, so prüften sich auch Treue und Anhänglichkeit.

Uebrigens zog er häufige Nachrichten von den beiden Lieben ein, war auch selbst im innern Darkulla, wenn es schon, wie wir wissen, nimmer gelingen wollte, sie zu den Beduinen zu bringen. Imars Vater starb unterdessen.

Da nun endlich die Unterhandlung mit Perotti angeknüpft, und die Schlacht verloren war, sollte dieser bekanntlich die Gefangene an Floren liefern. Imar aber sammelte von den zerstreuten Beduinen einige Tausend Mann, und zog mit diesen in einiger Entfernung neben Perotti her, der auf seinem Wege genau beobachtet wurde. Jener hatte sich auch eine Unterredung mit Musa möglich gemacht, und weil dieser sich unerkannt unter Perottis Gefolge mischte, gegen den er seinen alten Haß trug, so empfing Imar von des Italieners Beginnen jede Nacht Kunde. Der veränderte Weg, und die trotzig rohe Sprache desselben entgingen ihm also ebenfalls nicht.

Als er nun an jenem Tage, wo er sich seiner ganz werth betragen, den Marsch vollendet hatte, und die Zelter aufgeschlagen waren, ließ er Isabellen zu sich bringen, hohnlachte: Du bist, wenn du schon einem Volke gebotest, meine Sklavin, und endlich will ich afrikanische Rechte an dir gültig machen. Die Arme wollte verzweifeln, daß sie sich nicht den Tod geben konnte. Er spottete frech. Eben ging es so weit mit dem ruchlosen Beginnen, als Waffenlärm und Mordgeschrei draußen ertönten. Der Himmel erbarmt sich, sendet mir Rettung, rief Isabelle. Rettung erwiederte Imar, der eben mit Musa ins Zelt stürzte. Die Beduinen hatten die Neger überfallen, und sich zu Meistern der Dinge gemacht.

Man trug Sorge für die schwer Geängstete, aber Perotti kam diesmal nicht mit so gelinder Strafe davon, wie er es bei anderen Unthaten gewohnt war. Der Araber behandelte ihn im Geschmack des Landes. Die böse Lust soll dir vertilgt werden, rief er. Eine Art Chirurgus begleitete ihn, der auf dem Fleck, und mit rascher Geschicklichkeit eine Operation an dem Italiener vollzog, wie man sie in seinem Vaterlande zum Behuf der Musik, und in den muselmännischen Reichen, der Haremssicherheit wegen kennt. Es versteht sich aber, daß Isabelle damals das Zelt schon verlassen hatte.

Ihr alter Muth kehrte ihr bald zurück, und der Rath, sich nach dem innern Darkulla zu wenden, fand Gehör. Musa wußte, daß Sultan Kukus Leichnam durch den Felsenweg würde gebracht werden, und Imar baute darauf den listigen Anschlag, mit hineinzudringen.

Der Bote, den Perotti abgeschickt hatte, war unterwegs von Beduinen aufgefangen worden, und langte darum nicht bei Floren an, wenn seine Briefe schon destomehr Licht über des Italieners Vorsatz warfen.

Isabelle hätte nach dem inneren Darkulla eilen müssen, auch, wenn sie das Herz nicht dahin zog, denn Uebermacht hatte schon die Beduinen ausgemittelt, und verfolgte sie. Doch einmal durch den Weg, zog man die Brücken auf, und wachte so sorgsam, daß nichts weiter zu befürchten stand. Das Uebrige wissen wir.

Achtes Kapitel.
Die neuen Freundinnen.

Isabelle bat Floren jetzt dringend um Vergebung, daß sie mit listiger Gewalt in ihr Reich gedrungen war.

Diese lehnte die Höflichkeit auf das artigste ab, entschuldigte den Schritt durch den Zug des Herzens und den Drang der Umstände.

Isabelle machte das Kompliment: Wie Flore nur befehlen sollte, und sie wäre bereit, gleich wieder hinauszuziehn.

Flore machte das Gegenkompliment: wie sie ihr unendlich vielen Dank zu sagen hätte, denn ihre Ankunft gewähre ihr das Glück, einer lange sehnlich gewünschten Bekanntschaft.

Isabelle dankte für ihre Güte, und sprach: wenn ich bleiben darf, werde ich mich und meine Beduinen ganz unter eure Befehle stellen. Ihr seid Herrin!

Flore antwortete: Seid es mit mir! Wohnplätze giebt es genug, und die reizendsten von der Welt. Noch um eine zwiefache Zahl kann das innre Darkulla bevölkert werden, seitdem die letzten Kriege so viel Leben raubten. Nun blühe der Oelzweig immer. Tragen wir nur Sorge, daß Harmonie unter den beiden Nationen besteht. Ist irgendwo der schöne Traum des Abt St. Pierre zu verwirklichen, so laden die Dinge hier dazu ein.

Diese sinnigen Gegenartigkeiten führten zum Wechselvertrauen, und dies bald zu großmüthiger feuriger Freundschaft. Flore redete davon, wie sie es bald bei den schwarzen Machthabern im äußeren Darkulla dahin bringen wolle, daß alle Beduinenhaufen, welche noch zerstreut umherschwärmten, ungehindert in das Felsenland gelassen würden, wie auch die Weiber und Kinder in den noch übrigen Lägern. Das erweckte allgemeine Freude unter den Arabern. Dann schlug sie vor, bald nach der anmuthigen Hauptstadt zu eilen, womit Isabelle sehr zufrieden war. Von dort, sprach Flore, leitet sich alles wegen der Ansiedlungen am besten, ich kann euch auch anständiger bewirthen, und dann — vor allen Dingen — ein Geschäft, bei welchem ich auch die Sorge mit Niemand theilen werde — vor allen Dingen muß ich Anstalt zu einem hohen zärtlichen Feste treffen, das doch wohl bald gefeiert werden wird. Nicht wahr, schöne Isabelle?

Isabelle lächelte hoch erröthend. Coutances schlug die Augen nieder, eine Bewegung, welche ein Franzos nicht leicht macht, er müßte denn wahrhaft verliebt seyn.

Da das innre schöne Darkulla von vielen Teichen und kleinen Seen durchschnitten war, die durch Ströme und Kanäle verbunden wurden, so bediente sich das Sultanshaus zu Reisen, die eben keine Eile hatten, einer schwimmenden Insel, wie es deren auf den Gewässern viele gab. Sie waren nicht, wie in China, künstlich verfertigt worden, sondern die Natur selbst hatte Stücken Torfmoor vom Lande getrennt, durch Winde war nach und nach mehr Erde hinauf geweht, wie auch Saamenpflanzungen. Wer sich ein so liebliches Eiland zugeeignet hatte, machte es durch schattige Bäume, edle Früchte, Lauben von Blumen und Trauben noch lieblicher. Eine inländische Gattung von Schwänen, sehr empfänglich für Unterricht, wurde erzogen, diese kleine Inseln, an die man sie mit Guirlanden von Lotosranken band, gemächlich fortzurudern.

Nichts entzückender wie so eine Reise. Man schifft sich ohne alle Sorge für Unterhalt ein, von Bäumen aller Farbe, mit Blumenduft jeder Art bewillkommt. Am Fuße dieser Bäume verflechten sich erquickende Melonen, Bignonias, saftige Trauben ranken von Zweig zu Zweig hinauf, und bieten dem Pilger freundliche Labe dar. Grotten, Wölbungen und Hallen, bildeten Gesträuche mit Blumengewölken überhangen. An den Zweigen, die sich liebkosend zu den Wellen beugen, zieht man köstliche Meerspinnen, Austern, und andre buntfarbige Schaalthiere hinauf, in dem dichteren Geflechte fanden die Reisenden ohne Mühe die erlesensten Gattungen der Fische. Auf den balsamhauchenden Wipfeln der Bäume setzt sich Geflügel aller Art, das der Gefahren nicht gewohnt, kaum nachlässig weghüpft, wenn eine menschliche Hand ihm naht, man würde also auch thierische Nahrung nach Bedarf finden. Allein die ganze Empfindung ist den Wanderern zu harmlos gestimmt, als daß sie tödten könnten. Frommen Braminen gleich, dienen nur Früchte zu ihrer Nahrung, und so gewürzhaft, so in Fülle des reinsten Nahrungsstoffes, wie diese sind, würde auch ein Lukull, wenn er von den Schatten wiederkehrte, hier vergnügt sein, für seine Pfauenzungenragouts entschädigte ihn eine Cocosnuß mit einem Gemisch aller öhligten balsamischen Fruchtkerne und edler Würzen, das hier sogleich anzufertigen ist, und seinen Falerner, unter Consul Torquat gepreßt, würde er vergessen, wenn er hier eine nektarische Traube in eine Muschel drückte.

Das Eiland, welches Flore hier zur Reise bestimmte, glich ungefähr an Umfang und Gestalt der Remusinsel in Rheinsberg, nur daß die südlichen Früchte dort prangten. Wer also zu Rheinsberg war, kann sich ein desto vollkommneres Bild von jener entwerfen, und urtheile, ob Flore, Isabelle, Alonzo, Coutances, und die treuen Diener bequemen Platz darauf fanden. Der Untreue sollte im Anfange nicht mit, fand aber hernach Milde, wie der Verfolg darthun wird.

Ende des sechsten Buches.

Potpourri.
Glossen über eine Weisung des Jesuiten Balthasar Gracian.

„Elegante Gelahrtheit, diese vor allen Dingen suche der ächte Weltmann sich anzueignen. Kunde von den Gegenständen der Zeit, Witz im gültigen Augenblick, angenehme Wendungen; sie vollenden, zeichnen aus vor der Menge, Alltagsform. Bisweilen bringt eine hingeworfene Deutung, eine leichte feine Geberde mehr Eindruck zu Wege, als der tiefe Unterricht weiser Lehre. Die Kunst der Unterhaltung wucherte Vielen reichlicher, wie die gesammte Ausbeute der sieben freien Künste.

Alcid errang mehr Triumphe durch sein Betragen, wie durch den Heldenmuth. Der Kraft, welche seinen Lippen entfloh, wich jene, womit er die furchtbare Keule schwang. Hier tilgte er rohe Ungeheuer, dort schlug er edle Geister in Banden. Es giebt eine gewisse freundliche Hofmanier, eine gewisse trauliche glückliche Kennerschaft, welche allenthalben beliebt, allenthalben gesucht machen. Doch nicht das Buch, nicht die Schule erziehen dir diese Bildung. Sie muß im Tempel des guten Geschmacks, auf der Bühne des höheren verfeinerten Lebens geärndtet werden. Ihre lieblichen Geistesblüthen sind — Allgemeine Vertrautheit mit den Weltereignissen — mit dem Ton des Tages — die Gabe fein zu beobachten, bei den Großthaten der Fürsten, den seltsamen Verkettungen des Geschicks, dem Unbegreiflichen in der Natur. Ein Register sammelt sie von der reinsten Poesie in den Dichtungen, des Antheilwürdigsten im Neuen, des Gedachtesten in der Philosophie, des Treffendsten in der Satyre. Sie kennt die moralische Angeln, um welche sich das Leben dreht, die Tiefen der Vernunft, der Leidenschaften Gewalt und Schwäche des Willens, am gründlichsten aber die Individualität derjenigen, welche eben in dem Trauerlustspiele der Welt die Hauptrollen geben. Jeden ihrer Charakterzüge verzeichnet ihr aufmerksamer Fleiß. So unterrichtet sie sich von der räthselhaften Eigenheit dieses Monarchen, von dem befremdenden Widerspruch, in welchem jener Große mit sich selbst steht, von Schwäche des andern; mittelst dieser prüfenden seelenkundigen Zergliederung, lernt sie den Schleier von der Wahrheit, und ihr Urtheil über die Dinge heben. Ganz besonders aber halte sie ein Kabinet von kernhaften Aussprüchen, sinnigen Anekdoten, schneidenden Einfällen, Witz, Scherz und Laune. Man kann sich das alles, man kann sich die Sentenzen eines Philipp II, die Apophthegmen eines Carl V, so haushälterisch einspeichern, daß die Geistesgegenwart jede Unterhaltung kräftig zu würzen vermag. Doch bei dem Gebrauch des fremden Geistes wache Vorsicht. Nicht immer gefällt noch, was einst gefiel. Die Ansichten sind verrückt, oder auch die Grazie ging in der Zeit unter. Dem Reize der Neuheit seine Huldigung. Wer alt Silber losschlägt, muß den

Arbeitslohn einbüssen. Nicht genug, daß der Diamant strahle, die Mode darf auch nichts gegen seine Fassung einwenden. Pedanten und Orbile bemächtigen sich der verjährten Schöngeisterei."

So weit Gracian. Man fühlt wohl, daß er ein Ideal zeichnet, denn wirklich dürfte ihm kein Künstler im Weltton vorgekommen sein, der diese Forderungen sämmtlich erfüllt hätte. Ueberhaupt bedienen sie alles oder nichts. Mehr wie ein Menschenleben, das anhaltendste Zeitopfer, gänzliche Abgeschiedenheit mögten nöthig sein, ihnen im vollen Sinn nachzukommen. Und wo bliebe denn die Praktik des Umgangs, wo wäre anzuwenden, was der Forscher erbeutet hätte. Aber einen, da — wo die Kritik nicht fühlbar ist — glänzenden Schimmer ins Leben zu rufen, wird hier eher gelehrt. Geschieht alles so obenhin, daß der Glaube für sich gewonnen wird, so ist die ganze Weisung auch das Reskript zu einem ächten Ex omnibus aliquid, ex toto nihil.

Und so ist es gewiß von Hundert Weltmännern gebraucht, und mit Erfolg gebraucht worden. Gracian wurde besonders in Frankreich oft aufgelegt und beliebt, denn in Spanien mogte die Zeit, für welche solche Regeln taugen, ziemlich vorüber sein. In Frankreich waren sie aber unter Ludwig XIV, dem Regenten, und Ludwig XV. recht an ihrer Stelle.

Doch mit Ludwig XVI. veränderte sich die Szene. Das Hofleben, und der Ton der französischen Residenz, nahmen, bis auf wenigen geheimen Intriguengeist, einen einfacheren Charakter an. Die ernsthafter gewordene Literatur trug das ihrige dazu reichlich bei. Wie die Montesquieu, J. J. Rousseau, Rainal gelesen wurden, galt das Wissen bei Männern, nicht mehr sein Schein, so wie um diese Zeit der flatterhafte Stutzer in den solideren Elegant überging. Es ist merkwürdig, daß Mercier in dem alten Gemälde von Paris, über die letzte Anwesenheit Voltair's in der Hauptstadt sagt: Er hätte während der dreißig Jahre, wo er Paris nicht gesehn, den Ton der Gesellschaft verlernt, die Sucht: de paroître ingenieux à chaque instant habe Befremdung erregt. Allerdings hatte sich die Würdigung des Menschen gewaltig verändert, und eine so armselige Weisheit konnte nicht mehr gefallen. Und Voltaire hatte sie selbst kräftig verdrängt.

In der Revolution schrie die Noth um Kraft, und fand sie. Ihr Impuls zum schnellen bedachten Handeln, zur Selbstbeherrschung, zur Ergebung in die Nothwendigkeit, zum eiligen epikurischen Erfassen der Freude, wenn sie sich einmal darbeut, und zur stoischen Geduld im Leiden, ist sichtbar auf jeden Franzosen abgeprägt, er ist durchaus der Mann der That geworden, der Mann des Schimmers kann nicht mehr gedeihn, er hat wahrlich mehr Melancholie im Charakter aufgenommen, wie der Britte, und jene angenehm faselnden mit Epigrammen glänzenden Marquis, mit der bunten Außenseite einer Erudition, wie Gracian sie will, finden sich schon lange nicht mehr in Frankreich.

Aber der Deutsche, gern und verspätet den Nachbarn jenseit des Rheines nachäffend, hat manches von jenem alten Ideal gerettet, da es dort schon untergegangen war. An deutschen Höfen sahe man genug, wenn gleich verunglückte Kopieen jenes Originals, und da mit dem Haß der französischen Staatsumwälzung, dort und hie Deutschheit affektirt wurde, zeigte man Vorliebe für vaterländische Geisteswerke, und das Zeichen der Vielbelesenheit kam in Gebrauch. Elegants und Damen mußten gelehrt scheinen, wenn sie Anspruch auf den Ton des Geschmacks machen wollten. So haben wir denn nun den Schimmer des Wortes von den Franzosen eingetauscht, und die That von Ehedem dafür hingegeben.

Aphorismen.

Wo Geniemangel fühlbar wird — es gilt von Fürsten, Völkern, Individuen — suche man dagegen Wahrheit zu erkennen. Nur auf diesem Wege ist einiger Ersatz für die Entbehrung zu finden.

* *
*

In der Familie lieben Eltern die Kinder ohne Ursach, diese, welche Ursach hätten, jene wenig. Umgekehrt lieben im Staatsverein die Kinder das Vaterland, und werden nicht geliebt.

Der Großstädter, den sein Luxus ermüdete, kann das Köstliche im Landleben nicht mehr umarmen, seine Kraft ist dahin, so wie der Landmann, der spät in die Residenz kömmt, seine Kraft nicht mehr so zerstören kann, bis er diejenigen Freuden der Verfeinerung, deren Genuß Schwäche bedingt, in sich aufzunehmen vermögte.

* *
*

Liebe für alte Gewohnheiten, ist meistens nur Trägheit, sich in neue zu fügen.

* *
*

Den Beinamen: Groß, verdient ein König, der mit einem Volke von geringen Fähigkeiten kühne Unternehmungen vollbringt; er kömmt einem Volke zu, wenn trotz der Mittelmäßigkeit seines Regenten die Angelegenheiten vortheilhaft gehn.

* *
*

Willst du Ehre — ehre!

Siebentes Buch.

Erstes Kapitel.
Beginn der Reise.

Schon am Ende des sechsten Buches war die Rede von dem schwimmenden Reiseeiland, das unsre Europäer in Afrika tragen sollte. Sie begaben sich nach dem Ufer, da saß Perotti bleich und matt, er war bereits vorangegangen. Flore und Isabelle, da sie an ihm vorüber schritten, errötheten und sahen weg, Coutances warf einen Blick des höchsten Zornes auf ihn, und Alonzo fragte finster: was er da wolle?

Mich mit einschiffen, gab er zur Antwort. Das Gefolge legt den Weg auf Eseln zurück. Mein Zustand fordert Bequemlichkeit.

Wie frech seid ihr aber, euch hier noch vor den Fürstinnen zu zeigen. Zu viel Mitleid und Großmuth, daß sie nicht die Todesstrafe über euch verhängten. Verbergt euch, daß man euch gar nicht bemerkt, der Gedanke an immerwährenden Kerker dürfte doch ganz nahe liegen.

„Man kann mich nicht ungehört verdammen. Wir treiben hier alle Abentheurerei. Das Geschick erhebt, wie es eben fällt. Den Mangel an Recht muß die Klugheit ersetzen, und klug handelte ich immer, nur nicht mit dem Glücke im Bund. Nach dem Recht ist Isabelle meine Sklavin, ich fordere Todesstrafe für Imar und Musa wegen der Gewaltthat, und gewiß vergebens, denn es wird jenen freundlich geschmeichelt. So ungerecht ist man, und will mir Haß aufbürden. Flore hat mir für alles, was sie wurde, Verbindlichkeiten. Wenn ich sie damals von Musa nicht loskaufte, war es nur eine billige Rache für ihren leichtsinnigen empfindlich verwundenden Spott. Dadurch bestieg sie den Thron. Ich rettete ihr Leben, und wurde meines Amtes entsetzt. Wars nicht recht, daß ich ohne sie nach Europa entfliehen wollte?“

Coutances fing an Mitleid zu fühlen, Flore hatte etwas von seiner Rechtfertigung gehört, Imar und Musa baten vor, man war überall heiter gestimmt, und so durfte er denn das Eiland mit besteigen, und die Männer sorgten für seine Pflege.

Coutances sprach: Dankt dem Himmel für das, was Imar an euch thut. Nun ist mein Zorn entwaffnet, sonst hättet ihr den Dolch längst im Busen gefühlt.

Hm — erwiederte Perotti — es ist damit auch so gar übel nicht. Wem die Liebe entrissen wird, dem geht ein Kelch vorüber, der oben mit holdem Nektar, unten mit dem herbesten Gallentrank gefüllt ist. Wer unter euch berühmt sich, nicht eine Rechnung mit Amor schließen zu können, wo Wonne und Verdruß rein aufgehen. Und die sind noch die Glücklichsten, viele haben für eine Minute der Extase, Jahre von Pein und Reue zu zählen.

Alonzo, Imar und Musa schwiegen, aber der feurige hoffende Coutances übernahm sehr beredt Amors Vertheidigung. Eine reine, treue Liebe, triumphirend in Hymens Tempelhallen, wird doch mit Entzücken schwer die Waage heben.

Ha ha ha ha! lachte der Italiener, als ob sich das nicht auch berechnen ließ. Tausend Meilen hoch in den Aether hinauf, reiche die Leiter, auf deren höchsten Stufe du jetzt stehst, so wirst du doch nach Tausend Genüssen, wenn nicht ehe, wieder auf der platten breiten Erde stehn. Also hast du jeden Genuß mit einer Meile schmerzlichem Verlust bezahlt. Erfahre, erfahre nur zuvor!

Nun, sagte Alonzo, so haben wir dir mindestens eben so viel Glück zu wünschen, als wie dich beklagen, und solltest du nicht minder Minister werden, ist dein Anspruch auf die Oberhauptstelle der Eunuchen vollkommen gerecht.

Zweites Kapitel.
Fortsetzung.

Man war eingeschifft, die Schwäne zogen. An der einen Seite stand eine wunderschöne Laube, von tausend Blumenzweigen geflochten. Hier nahmen Isabelle und Coutances Platz, und waren gar nicht da wegzubringen, so viel hatten sie sich zu sagen, so wenig kümmerte sie, was weiter um sie vorging, so ganz gnügten sie sich nach Art der Liebenden. Bald erzählten sie einander von der traurigen bangen innigen Sehnsucht, die sie gefühlt, wie sie vom Wiederverein wachend und schlummernd geträumt, wie sie unter den Sternen des Nachthimmels Zeichen der Liebe gesucht, aus den Mondstrahlen, die durch die Cocospalme winkten, Hieroglyphen der Liebe geflochten, im Liede der Luftsänger Gruß der Liebe vernommen hätten; dann schwuren sie sich wieder, daß die Phantasie, welche die reitzendsten Gottheiten der Griechen erfand, die Heiligen, welche den Himmel offen gesehn, nicht die Wollust empfunden hätten, welche sie nun empfänden, wieder beisammen zu sein. Ein Theil freute sich über den leicht gefundenen schönen Ausdruck des andern, und seine hochfliegende poetische Uebertreibung, die aber den Funken der Beredsamkeit wieder aus dem eignen Herzen schlug, daß die Hyperbeln zu Schaaren Leben traten[3]. So daß ältliche Männer, die es angehört, tödliche Langeweile empfunden hätten, nicht aber ältliche Frauen, denn in Weibes Brust sterben die Erinnerungen an die schöne Liebe nicht, und wecken die Theilnahme.

Flore unterdessen nahm mit Alonzo mancherlei Abrede über die Feierlichkeiten, die sie veranstalten und die Ausführung eines Entschlusses, der den Feierlichkeiten folgen sollte. Mit Imar und Musa wurden die Masregeln überlegt, wie die Weiber und Kinder der Beduinen sicher hereinzuschaffen, und denn die bräunlichen und schwarzen Einwohner so zu befreunden, und zu verbrüdern wären, daß Abneigung und Eifersucht keinen Raum gewönnen. Musa brachte eine Sendung an die Machthaber draußen in Vorschlag, welche eine Entsagung Florens auf die Länder außer den Felsen kund thäte, worauf jene denn wohl zur Willfahrung ihres Verlangens geneigt sein würden. Flore war vollkommen damit zufrieden. Imar meinte: eine ähnliche Botschaft müsse von Seiten der noch immer gefürchteten Gigi geschehn, und dem Reiche Habesch ohne Vorbehalt auf andre Zeiten abgetreten werden, was ihr Schwert einst erobert hätte, so würde man die Weiber und Kinder, welche in ihren Händen wären, gern ziehn lassen. Flore konnte zusagen, daß Isabelle freudig einwilligen werde, Musa und Imar erboten sich aus eignem Antriebe, die Rollen der Abgesandten zu übernehmen, womit Flore auch Ursache hatte, einverständig zu sein.

So verstrich die Zeit, und die blühende und fruchttragende Barke glitt weiter auf der klaren Silberfluth. Unterhielt man sich nicht, so labten die köstlichen Genüsse, welche das wandelnde Paradies darbot. War man da ersättigt, schweiften die Blicke nach den Ufern umher, und einer machte den andern aufmerksam, auf die immer erneute Abwechslung der Aussichten, auf die Verschönerung der Gegenden, je näher es zur Hauptstadt hinging, auf die zauberische Wirkung bald der Morgenröthe, bald der Abendsonne, bald des traulichen Mondlichts, bald der hellstrahlenden Planeten und großen Fixsterne, deren Licht, wegen der südlichen Klarheit der Luft, weit verklärter leuchtete, wie im gemäßigten Erdgürtel. Und das alles wurde von Menschen genossen, denen von Außen Freude des Schicksals lächelte, und in deren innerer Welt die Harmonie der Zufriedenheit tönte. Glückselige Tage!

Indessen besuchte Kaiser Joseph II. einst eine Abtei an der Donau. Das Kloster, oder vielmehr der Klosterpallast, ist auf einer Erhöhung gebaut, die hart an die Donau reicht. Der katholische Clerus hat bekanntlich von jeher viel Geschmack in Anlage seiner Niederlassungen offenbart. Aus den Wohnzimmern entdeckt das Auge eine Pracht der Aussicht, welche jeden fühlbaren Ankömmling hinreißen muß. Joseph, entzückt und begeistert, sagte dem Abte: Ich beneide sie! Was befremden konnte, da es ja nur bei dem Kaiser stand, die geistlichen Herrn wo anders zu siedeln, und ein Lustschloß aus dem Kloster zu machen. Der Abt antwortete ziemlich trocken: man wird es gewohnt, Ew. Majestät.

So erging es, mit Ausnahme der Verliebten, auch unserer Reisegesellschaft. Paradies, immer Paradies, toujours perdrix, das frommt endlich der menschlichen Natur nicht, und es ist daher sehr ersprießlich, daß die Hoffnung einer himmlischen Wonne, die vermuthlich dauernder ist, uns winkt, wenn wir einst die seligen Gefilde beziehen sollen. Sie sahen sich also nach anderem Vertreib desjenigen, was der Mensch widersprüchlich so heiß liebt, der Zeit, um. Besonders Flore, sie war ohnehin derjenige Theil unter allen, den die Gegenwart am wenigsten kettete, und der die meisten Wünsche in die Ferne trug.

Da wurde denn also Signor Perotti, der keck und unverschämt ihr wieder nahte, mit Schwänken beliebt, und bat nicht umsonst, um die Stelle des Reisespasmachers. Man entdeckte sogar noch manche unbekannte Talente bei ihm, so konnte er aus der Tasche spielen, und wußte von dem, was ihm aus der Physik bekannt war, einen so erlustigenden Gebrauch zu machen, wie sein berühmter Landsmann, der sehr in Eifer gerieth, da ein Professor in Berlin seine Wunder erklärte.

Unter andern mußte er denn auch Fragmente aus seiner Lebensgeschichte erzählen, die bunt genug ausfielen. Auch mahnte ihn Flore, daß er ihr einst habe von der Reise Nachricht geben wollen, die er in die unbekannteste Tiefe von Afrika gethan, nach dem Abentheuer in Darfur, Isabellen suchend. Er entgegnete: Es wurde zeither immer vergessen, da aber die gegenwärtige Muße besonders einladet, so mögt ihr vernehmen.

---

[3] Ein gewisser deutscher an Bildern vorzüglich reicher Dichter heirathete, mit Fülle der Liebe. Doch nach kurzer Zeit — kam es zur Scheidung. In seinem Namen wurde folgende Elegie gefertigt:

Eh noch des Torus heilige Fakkel mir glühte,

Wehte Zephirs Athem im Blumenthale Ciane,

Blüthen des Schleedorns Lenzgesträuche Ciane,

Rankten Veilchen die zarten Gewebe Ciane,

Flöteten Amsel und Prognens Schwester Ciane,

Zitterte Luna durch dunkle Platanen Ciane,

Plätscherte Seeschaum an Promentous Vorland Ciane,

Rauschten Wogen an Lemans Gestade Ciane,

Flochten die Moose auf Bevais Felsen Ciane,

Tönte Echo in Klosterruinen Ciane,

Lächelten Sterne im Aetherplane Ciane.

Ach! da aber des Torus Fakkel entglühet,

Hymen verstrickt die rosenumdufteten Bande,

Da die Sympathie verkettet das Lichtpaar der Psychen,

Die mit Hohn der Gräber die stolzen Busen erfüllten,

Und er floh, der schönste elisischer Träume,

Ach! da braus'te der Seesturm um schroffe Klippen Ciane,

Heulte Orkan in nächtlichen Oeden Ciane,

Wimmerte Uhu aus Warteklüften Ciane,

Krächzten Raben um bange Kerker Ciane,

Flüsterten schaurig an Gräbern Cypressen Ciane,

Aechzten Geister im Nebelthale Ciane,

Sangen der Tiefe Gnomen im Hohngelächter Ciane,

Zürnten Bären auf Grönlands Eisflur Ciane,
Glimmten Lampen in Todtengrüften Ciane,
Thürmten Lavinen aus Schnee den Namen Ciane,
Flammten Schlakken im Krater Aetnas Ciane,
Grinzten Schädel in Murtens Beinhaus Ciane,
Klirrten mit Kettengeräusch Verbrecher Ciane,
Wanden sich Schlangen der Eumeniden Ciane,
Bellte Cerberus Mund mit dreien Zungen Ciane!

Drittes Kapitel.
Perottis Erzählung.

Da ich mich heimlich, und nicht ohne Gefahr von jenem Sultan entfernt hatte, durchzog ich mehrere Länder der Schwarzen, wo ich fast dieselben Thorheiten wie in Darfur wiederfand. Rohheit, närrische Titel, tolle Ceremonie, lächerlicher Stolz, dummer Aberglaube, Mißtrauen und Haß gegen Fremde, waren fast überall Sitte und Charaktergrundzüge. Dagegen nahm ich dort auch manche Kraft, manche Tugend wahr, die man in Europa vergeblich suchen würde. Den vielen Hindernissen, die ich vorfand, begegneten Keckheit und Charlatanerie mit Glück. Charlatanerie ist überhaupt ein Wort von weiterem Umfange, und achtbarerer Bedeutung, wie es im gemeinen Leben verstanden wird. Nicht nur der Pfuscher in der Heilkunde, auch der große Arzt, nicht allein geringe Künstler, auch berühmte Weisen, der volkerziehende Staatsmann, der völkererschütternde Held, versehen sich mit ihrem Nimbus, und gemeinhin würden sie sonst zu wenig leuchten. Charlatanisiren heißt: sich geachtet machen, und geschieht das, trägt man die Schuld an sich, redlich ab.

Es lohnte nicht, meine in diesen Reichen gesammelte Erfahrungen alle aufzuzählen. Ich übergehe sie, um bald zur Hauptsache zu kommen, die euch aber ohne Zweifel, Staunen abdringen wird.

Ich war über den Niger gegangen, und verfolgte meinen Weg gen Süden hin. Die Reiche Azarad, Terga, Zuenziga, hatte ich schon gesehn, was ich an den Ufern des großen Stromes sah, entfernte sich unbedeutend von dem Gewöhnlichen, darum ging es immer weiter. Nahe an der Linie ward ich endlich einen neuen in keiner Erdbeschreibung gedachten Strom inne, der den Nil, den Senegal, den Niger ungemein an Breite übertrifft. Kaum reicht das Auge von einem Ufer zum andern hinüber, doch vermuthe ich, daß dies mächtige Gewässer sich endlich in den Sand verliert, sonst würden die Küstenfahrer, die Ausströmung ins Meer doch wahrgenommen haben.

Dem sei wie ihm wolle, ich bekam Lust über den Strom zu setzen, allein es fehlte mir durchaus an Hülfsmitteln zu meinem Vorhaben, denn eine Wüste reichte, so weit das Auge sah, an das Gestade, und kein Fahrzeug ließ sich wahrnehmen. Ich kehrte also mit meinem Diener zurück, Negerwohnungen aufzusuchen. Es gelang. Nun fragte ich: wo man wohl ein Schiff finden mögte, über den großen Strom zu gelangen? Sie antworteten: Einmal sei kein solches Schiff vorhanden, ferner dürfe auch kein Lebender sich über seine Fluthen wagen, jenseit hause der Teufel, der die Seelen der Verdammten dort erwarte. Die Väter erzählten sich, daß einige Verwegene auf zusammengefügten Brettern hinüber gerudert wären, doch kein Menschenkind habe je ein Gebein von ihnen wieder gesehn.

Es versteht sich, daß dieser platte Aberglaube nur mein Verlangen noch mehr aufreizte. Ich machte den Negern große Versprechungen, wenn sie mir ein Canot bauten. Es war ein gutmüthig Völklein, einige daraus wurden durch den Gewinn bestimmt, und man fällte einen dicken Baum, den wir mittelst scharfer Kieseln aushöhlten. Nun schafften wir ihn auf einem Dromedar bis ans Ufer, und aus einer Binsenmatte wurde ein kleines Seegel gefertigt. Steuer und Ruder zimmerten wir, so gut es gehn wollte.

Ich lohnte die Schwarzen ab, die mich als ein überirdisch Wesen ansahn, und vor mir anbetend niederfielen, als ich die Keckheit in ihrem Angesicht vollzog, die gefürchteten Wogen zu befahren. Sie baten dabei naiv genug, ihres Volks im Guten bei dem Teufel zu denken, und die lieben Verstorbenen zu grüßen.

Der Wind blies so günstig, daß ich das Ruder gar nicht von Nöthen hatte, und bald war ich dem Ufer drüben nahe.

Wohl ergriff mich bei diesem Anblick Staunen. Ich kam aus Gegenden, wo die Völker kaum eine Lehmwand an ihren Häusern zu kneten wußten, hier aber stiegen feste Steinmauern und majestätische Thürme empor. Der Anblick war mir so überraschend, daß ich nicht wußte, ob ich meinen Augen trauen durfte. Am Lande kamen mir, was meine Befremdung vermehren mußte, einige weiße Männer entgegen, die ich hier wohl nimmer vermuthet hätte. Sie trugen Waffen, woraus ich schloß, sie müßten den Eingang in die Stadt, welche vor mir lag, bewachen. Ich betrog mich nicht, wurde angehalten, und befragt: woher ich käme, und welche Geschäfte mich nach der Stadt führten?

Ich verstand sehr viele Wörter in ihrer Sprache, wenn ich mich gleich nur dunkel erinnerte, wo ich sie einst mogte gehört haben. Auf einer meiner Reisen aber gewiß.

Die Männer waren eben so gut befremdet wie ich, einen fremden Weissen zu sehn. Sie sagten, daß ihnen bekannt sei, drüben über dem Strome wohnten dunkelfarbige Menschen, von denen so leicht sich keiner herüber wage, da die Erfahrung sie wohl belehrt hätte, daß keiner wieder zurückgelassen würde. So ist unsre Vorsicht, setzte der Eine gutmüthig hinzu, denn die Nachkommen des Belisarius sollen nicht entdecken, daß unsere Väter in diese versteckten Gegenden flüchteten.

Die Nachkommen des Belisarius? rief ich verwundert, indem ich mich so viel als möglich ihres Idioms bediente, und ihnen also auch verständlich ward. Welchen Zusammenhang hatten eure Väter mit diesem unglücklichen Heerführer? Unglücklich? antwortete der Andere, wem gelang mehr, was er unternahm? Ihm mußte selbst der tapfere Gilimer weichen, unser Ahnfürst, dessen Namen wir noch führen.

Ich kramte aus, was ich von der Geschichte des Belisarius wußte, wie man ihm einen so üblen Lohn gereicht habe, auch kein morgenländischer Römer mehr zu fürchten sei, da Justinians schwache Nachfolger endlich den Türken hätten weichen müssen. Dann drang ich aber mit vielen Fragen ein, wie man doch hier noch die Nachkommen eines so lange verstorbenen Helden fürchten könne?

Ich erhielt zur Antwort: Unsre Vorfahren, die sich Vandalen nannten, hatten mit einigen anderen Völkerschaften aus Germanien, in Afrika ein Reich gestiftet, welches blühte. Allein sie wurden durch Belisarius angegriffen und geschlagen. Wer der Gefangenschaft entweichen wollte, mußte sich entschließen zu fliehn. Sie nahmen den Weg nach der Mitte von Afrika, und ihre Nachkommen haus'ten dort in Ruhe. Dieser Strom ist die Gränze unsers Landes, nach den Schwarzen hin. Ein altes Gesetz verbietet den Gilimeriern, so nennen wir uns, nicht über den Strom zu gehen, und der Fremde, der zu uns kömmt, darf nicht wieder weg, daß unser Aufenthalt nicht verrathen werde.

Das nicht wieder weg sollen gefiel mir ganz und gar nicht, indessen dachte ich, irgend eine List wird wohl Hülfe gewähren. Dann fuhr ich mit meinen Erkundigungen fort, ob in dieser Weltgegend noch andere Völker wohnten? O ja, hieß es, mehrere, die eben wie unsere Väter, bei Kriegen im Alterthum flohn. Es giebt Celtiberier und Alt-Carthager, einst durch Scipio verjagt, Vercingenten, die sich vor Julius Cäsar retteten. Alle diese kamen früher an, wie unsere Ahnen, wohnen auch tiefer südlich, wir bekamen das Gränzland.

Und diese Völker, leben sie in Verbindung unter sich?

O ja, antworteten meine Begleiter, wir handeln, wir schließen Bündnisse, wir führen Krieg —

Krieg! Also doch auch Krieg? rief ich. Ists doch, als ob er gar nicht aus der menschlichen Natur zu tilgen wäre. Wo man nur hinkömmt, hört man von Krieg. Wohlan, setzte ich hinzu, würde mir es denn erlaubt sein, eine Reise durchs Land zu machen? Ich bin neugierig, sehe die Fremde gern.

Ich wurde zum Befehlshaber des Ortes gebracht, der mir nach manchen Schwierigkeiten einen Paß ertheilte.

Viertes Kapitel.
Was Perotti unter den Gilimeriern sah.

Ich trat nun die Reise ins Innere des Landes der Gilimerier an, und theile gedrängt mit, was ich unter dem sonderbaren Volke sah.

Wie ich meinen Paß empfangen hatte, sagte mir der Ausfertiger: ich würde das weiseste von allen Völkern, nicht nur in Afrika, und auf dem Erdenrund, sondern von allen Wandelsternen sehn. Ich nahm das erst für eine Redensart, nach afrikanischem Zuschnitt, allein die Folge belehrte mich, daß die Gilimerier ihre feste Ueberzeugung mit so triftigen Beweisgründen stützten, daß der Zweifler gern ehrerbietig verstummte.

Da man übrigens von Wandelsternen sprach, und sie bewohnt voraussetzte, hatte ich gleich den Beweis, das Volk müsse gedacht haben, ein Beweis, der sich auch oft genug wiederholte. Die Gilimerier sind Vieldenker, Hoch- Tief- Lang- und Breit-Denker, nur zum Handeln kommen sie über das Denken spärlich.

Ich wollte zuerst die Hauptstadt sehn, und fragte nach ihrem Namen. Man sagte mir: Es ist ein wenig zweifelhaft, die Hauptstadt der Gilimerier zu bestimmen. Nun antwortete ich, es wird doch Jedermann bekannt seyn, wo der Sitz der Regierung, des Landesoberhauptes, der Mittelpunkt der Wissenschaften und Künste, und des Handels ist?

Der Mann, mit dem ich noch immer redete, kratzte den Kopf, und meinte: So eigentlich wäre der Sitz der Regierung in Urkundia, aber so eigentlich auch nicht, übrigens würde sie dort, so viele Jahrhunderte ihre Blüthe geprangt hätte, nicht mehr gehandhabt.

Nun, erwiederte ich, so will ich nach Urkundia, denn Handel, Wissenschaften und Künste werden mich durch ihren Anblick entschädigen.

O, Handel giebt es dort gar nicht, fiel mein Gilimerier ein.

Ich. Sonderbar, ich sollte glauben, die Weisheit deutete aus manchem Grunde darauf, den Mittelpunkt des Handels und der Regierung zu vereinen, aber —

Der Gilimerier. Wissenschaften findet ihr in Urkundia gar nicht. Da müßt ihr nach Plapria, oder besser, nach Klinklingia, Künste sucht in Lekria, Plapria, allenfalls in Zigzig und andern Orten.

Ich. Also meint ihr, daß von solchen Trennungen etwas Ersprießliches ausgehn werde?

Der Gilimerier. Allerdings! Unsre vielen hohen Schulen sichern noch mehr die Freiheit des Denkens. Die Tiefe der Wissenschaft, die Höhe der Spekulation, das sind die Punkte, wo die Gilimerier sich vereinen.

Ich. Nun gut, wo wohnt denn also das Landesoberhaupt?

Der Gilimerier. In Lekria.

Lachend trat hier ein Andrer hinzu. Was, in Lekria wohnte das Landesoberhaupt? Ha ha ha ha! Wie lange wurde ihm dieser Anspruch schon geschmälert, und nun — nun — entsagte der Welik nicht selbst? Der Erste war übel mit jener Einwendung zufrieden. Er wollte entgegnen und hub an: Die Gilimerier —

Chilimerier heißt es, unterbrach ihn ein Dritter, und nun erhob sich ein hitziger Streit, worin jeder Theil Beweise für die Güte seiner Aussprache, und Rechtschreibung des Volksnamens, mit ermüdender Weitläuftigkeit auskramte. Gemach, unterbrach ich die erhitzten Köpfe bald, ein Volk, das sogar darüber nicht Eins ist, wie es heißt, kann schwerlich wohl in Sachen von Gewicht zusammenklingen. Doch, ich werde das ja alles näher sehn.

Hier reiste ich ab, und kam nach einer ziemlich weiten Reise in Lekria an.

Es ist eine sehr große Stadt, von entzückenden Umgebungen, doch eben keiner schönen Bauart. Der Gassen Volksgedränge, die wohlgenährten Körper und ruheverkündenden Gesichter sprechen den Reisenden zuerst an. Viele Tempel sind auch in Lekria zu sehn, und an feierlichen Tagen wird der Cultus darin auf eine rührende und erhabene Weise vollzogen. Ich erkundigte mich bald nach der Natur dieses Gottesdienstes, und erfuhr, daß die Gilimerier den Crodo anbeten, der aber in den Ober-, Mittel- und Unter-Crodo abgetheilt ist. Daneben aber verehrt man die Freja, den Büsterich, und noch eine Menge kleinerer Büsterichs, was eigentlich verstorbne Gilimerier sind, die sich als Heroen der Frömmigkeit auszeichneten, und eine Art Apotheose empfingen. Zufolge des weiten Abstandes, welchen die Demuth sich maas, betet sie wenig zum Crodo, sondern wendet sich an die Büsterichs, welche Vorbitte leisten sollen. Die Druden kann man in jeder Gestalt zu sehn bekommen. Man kann sie sich auf den Stufen einer großen Pyramide denken. Die unterste zeigt meistens unmanierliche Gesellen aus dem Pöbel, in ekelhafte Lumpen gehüllt, den Bettelsack neben sich. Sie wird für die verdienstlichste gehalten, aber Söhne von Geburt oder Mitteln verirren sich selten zu ihr. Auf der andern wird man schon artige Kleider und rauchende Tafeln gewahr, und hübscher Leute Kind läßt sich aufnehmen. Von der dritten strahlen Tressengewänder und köstlich Tempelgeräth, dampfen pikante Saucen, duften würzhafte Weine entgegen. Dann sieht man höher hinauf Druden, welche wieder Druden mancher Art unter sich, daneben über ergiebige Ländereien zu gebieten haben. Die Geschäfte bei ihrem Amte muß ein Unterdrude um ein Geringes versehn, und sie pflegen des Lebens. Hier treten Grauen der untern Klassen schon mit Vergnügen ein, und weil mit der Drudenstelle das Incommodum verbunden ist, daß man keinen weiblichen Mund mit den Lippen berühren darf, so wird eine Art Flor dazwischen gelegt, der aber kaum zu merken ist. Ferner erblickt man Druden, die nicht nur Städte, Dörfer, und Ländereien von großem Belang unter sich haben, sondern auch Soldaten zu Pferd und zu Fuß halten, deshalb ihre Residenz der Sitz eines sehr kriegerischen Fürsten zu seyn scheint. Vornehmere Grauen, ja die nachgebornen Söhne des Weliks drängen sich zu den einträglichsten zu diesen Stellen. Von dieser Art Druden giebt es die meisten in Gilimerien (oder man fand sich mit einer Ausnahme allein da) wenn schon die Crodoische Religion auch in vielen Ländern gilt. Noch höher stehen die Druden, welche den Drududu, d. i. den Oberfürsten aller Druden zu kühren haben. Es giebt viele unter diesen Aemtern, wohin nur eine vorgeschriebene Edelbürtigkeit nicht nur des Kandidaten, sondern auch einer gewissen Zahl seiner begrabenen Verwandten gehört, doch immer nur auf den oberen Stufen, zu den untersten kann nahen, wer Lust hat. Endlich ganz oben steht der Drududu, im glänzendsten Pomp. Bei dem allen, haben die letzteren Zeiten Ereignisse mit sich geführt, welche sowohl dem Drududu, als den übrigen Druden, Macht, Einfluß, und Reichthum bedeutend schmälerten.

Meine Aufnahme in Lekria war gastfreundlich. Ohne empfohlen zu seyn, machte ich da und dort an öffentlichen Orten, Bekanntschaften, und ward bald in dies, bald in jenes Haus geladen. Die Essen, welche man auftrug, die Weine, die man mir vorsetzte, waren ausgesucht. Dazu giebt es in Lekria vortreffliche Schauspiele, und dicht dabei hinreissend schöne Lustwandelgänge. Es würde mir ohne ein Paar Widrigkeiten, ein bezaubernder Aufenthalt geworden sein. So aber höre man weiter:

Wie gut ich immer aufgenommen war, so langweilten mich oft die Gesellschaften. Denn die Damen (sehr liebenswürdig, was die Sache empfindlicher macht) wandten sich frostig von mir, und unterhielten sich mit jungen Herren desto feuriger. Die Männer redeten, außer wenn sie zu Essen mahnten, wenig, oder auch es waren Alltagsgespräche. Da ich mich nun genau von der Gilimerier Weisheit unterrichten wollte, so ergriff ich verschiedentlich das Wort, und lenkte eine Unterhaltung über religiöse, philosophische oder politische Gegenstände ein. Da that nun Einer, als verstände er mich nicht, ein Andrer blickte mich mit Mißtrauen an, und brachte etwas Gewöhnliches zur Sprache, ein Dritter sagte wohl gutmüthig: Lassen wir das an seinen Ort gestellt sein, und leeren die Flasche! Hin und wieder fand ich denn aber doch offnere, und sehr unterrichtete Männer. Diese ließen das gescheuteste Urtheil, was man nur erwarten kann, hören. Einen solchen fragte ich denn auch einst: Worin besteht aber die so gerühmte Weisheit der Gilimerier? Er gab mit Lachen zur Antwort: Das erörtre im Allgemeinen wer Lust hat, nur in Lekria und dem ganzen Gebiete des Groß Weliks, besteht die Weisheit darin, die Weisheit von dem Volke entfernt zu halten, so entgeht es ihren Gefahren.

Seit einiger Zeit hatte ich bemerkt, daß mir ein nicht eben übelgekleideter Mensch, folgte. Auf Spatziergängen lustwandelte er in einer Nebenallee, trat ich in ein Erfrischungshaus, saß er bald an einem andern Tische, so Ueberall. Dies bewog mich eines Tages an ihn hinan zu gehn, und zu fragen: Ob er etwa ein Anliegen an mich habe, das er zu eröffnen zaudre? Sehr höflich verneinte er, und empfahl sich. Am andern Morgen erhielt ich eine Ladung zur Stadtobrigkeit, wo mir auch sehr höflich angedeutet wurde, ich hätte binnen vierundzwanzig Stunden die Stadt, und binnen acht Tagen das Land zu räumen.

Ich mußte gehorchen, und ging nach Urkundia, einem räucherichen alten Neste. Hier brachte ich erst die Staatsverfassung der Gilimerer genau zu meiner Kenntniß, denn da eine Menge kürzlich brotlos gewordener Schreiber, um Beschäftigung bei mir anfragte, ließ ich nur den Wunsch, unterrichtet zu werden, fallen, und sie überschrieen Einander, mir zu willfahren.

Einer darunter ward erkieset, und gab mir folgenden Unterricht!

Nichts, so weit sie im ungemessenen Kreise umherspähn, nichts weiseres hellen die Strahlen der Sonne auf, sahen es nicht in den Tagen der Vorzeit, werden es nicht wieder erblicken, bis der Bau der Dinge zusammenfällt — als die Staatsverfassung der Gilimerier. Der ärmsten Pflüger Rechte sind mit treu republikanischer Waage gewogen, aber die der Edelbürtigen auch. Nirgends baut der Staat eine so rein symmetrische Spitzsäule. Der Großwelik thront oben. Drei Druden, zugleich Unterweliks folgen, dann fünf andere. Diese acht (in neueren Zeiten wurden sie noch vermehrt) wählen Jenen, und legen ihm Papiere vor, die er feierlich zu beschwören hat. Wo gäbe es eine weisere Vorsicht bei Besetzung der höchsten Würde? Dann folgen die anderen Weliks verschiedenen Ranges, mit Gebieten von weiterem oder geringerem Umfange, die Städte mit eigner Verfassung, ja die Dörfer. Dreihundert Stäätlein, jedes Einzelne mit sattsam zugetheiltem Maas von Freiheit, bilden den Gesammtstaat. Ein immerwährender Bodd (leider vor Kurzem durch gewisse Umstände unterbrochen, doch wer weiß wie lange?) in Urkundia gehalten, repräsentirte alle Stände, machte aller Theile urherkömmliche Rechte gültig. In drei Kammern auf verschiedenen Bänken versammeln sich die ehrwürdigen Stellvertreter, der weiseste —

Ich unterbrach: Aber guter Freund, wohin hat denn die Weisheit dieser Einrichtung euch gebracht? Herrschten immer Gemeinsinn und Einigkeit?

Ach, gab der Urkundianer zur Antwort, darum schrieb man ja Papierstöße, die, würden sie in eine Säule gethürmt, an den Mond reichten. Natürlich erwiederte ich: Und reichte sie in die Sonne, sie erfüllte nie ihren Zweck, denn euer Bodd mußte auseinander gehn, manche Gegend eures Landes, durch die ich kam, ist von fremden Kriegern besetzt.

Ach, fiel der Andre ein, das that Gewalt von Außen.

Und ich entgegnete wieder: Also eure so unendlich weise Staatsordnung verlieh euch dennoch keine Mittel, der Gewalt von Außen zu widerstehn?

Der Andre. O sie wären wohl da gewesen, hätten nicht einzelne Glieder sich der gemeinen Sache entzogen.

Ich. Und das litt euer Oberhaupt?

Der Andre. Seine Macht war nicht groß genug, sie zu zwingen.

O tiefe Weisheit! brach ich lachend aus, die weder den Einzelnen Liebe einzuflößen, noch ihr Urtheil über die Vortheile der unentbehrlichen Einigkeit aufzuklären vermag, und am Ende dem Haupte nicht Kraft giebt, das Nothwendige zu erzwingen! Ha ha ha!

Dies nahm mein Mann ergrimmt auf. Bestände nur noch unser Staatsobergerichtshof, rief er, ich würfe euch einen Prozeß an den Hals, der dreihundert Jahre währen sollte!

Er spielte mir demungeachtet noch an dem Abend einen Possen. Vermuthlich mogte er in Bürgergesellschaften davon erzählt haben, daß ich die Weisheit der Staatsform ein wenig spöttisch in Zweifel gezogen hätte, und die Urkundianer, in Ehrfurcht gegen das ehrwürdig Gepriesene aufgesäugt, schlugen mir die Fenster ein. Ich eilte davon, und wandte mich nach Klinklingia auch Lyrtonia genannt. Unterwegs berührte ich noch manche Gegenden, wo rechts und links kleine Drudenpalläste standen, allein sie waren zum Theil den Druden abgenommen worden. Auch dachte man schon gar sehr auf Reinigung des Crodoismus, dessen Lehren durch die Druden eigensüchtig und mißbräuchlich verfälscht worden waren. Ich hörte: vor Jahrhunderten habe man gar blutige und schaudervolle Bürgerkriege in Gilimerien geführt, indem der Süd und der Nord in einigen Glaubenspunkten von einander abwichen. Das fand ich nun wieder nicht der gerühmten Weisheit angemessen, da dergleichen Dinge bei kaltem Blute, und mit Gründen, nicht aber in Kampfwuth und mit Waffen abgemacht werden sollten. Noch weniger aber, daß am Ende man auf halbem Wege stehn geblieben, und alle Metzelei umsonst gewesen war. Denn die Trennung blieb, und mußte nach so wahnsinniger Erbitterung, in einen geheimen forterbenden gegenseitigen Haß übergehn. Demungeachtet wurde der

Friede, der diese Trennung befestigte, und stärkte, wie ein Meisterstück der höchsten Weisheit gerühmt. Doch was ist nicht weise bei den Gilimeriern.

Ich kam nach Lyrtonia. Eine kleine unansehnliche Stadt, in der Nähe zwei oder drei artige Anlagen. Hier, sagen die Gilimerier, sind die ersten Schöngeister der Nation, ein lebendig Pantheon der Musen, der Grazien, des guten Geschmacks, und was weiß ich.

Allerlei Bekanntschaften wurden bald gemacht. Man mußte mir auch die Werke der dortigen Poeten reichen, und ich entsagte für einige Zeit meinem Italienischen Geschmack, der freilich längst über alle schulrechten Formen lachte, und sich nur bei den Improvisatoren auf dem Molo zu Neapel oder Sanct Marco in Venedig ergötzt. — Der eine davon gefiel mir ganz ausnehmend, er war so lebendig, mannigfach, anmuthig, beschäftigte zugleich das Urtheil, wenn er alle Gefühle angenehm aufregte, und die lieblichsten Gestalten in die Einbildungskraft trug. Ich wurde zu einem Caffee geladen. Hier fing ich an, über das Gelesene zu reden, und erklärte: wie ich jenem Dichter vor allen, laut meiner Empfindung, den Vorzug einräumen müsse. Ich meinte, die Lyrtonianer würden es nicht allein sehr verbindlich aufnehmen, ihren Mitbürger so durch meinen Ausspruch geehrt zu sehn, sondern auch alle damit übereinstimmen.

Plötzlich aber ward auf allen Gesichtern eine Veränderung kund. Hier ein Paar vergrößerte Augen, dort ein offner Mund, bald ein Zug der Satyre auf den Wangen, bald eine Hand, die das Lachen versteckte. Einige schlugen die Hände über den Kopf zusammen, und ich hörte ein: „Aber kann man so zurück sein?“ flüstern. Einige junge Männer zügelten den Blick der Verachtung gar nicht weiter, und drehten mir naserümpfend den Rücken hin.

Das nahm ich übel, und fing meine Meinung an zu vertheidigen. Man ließ mich aber nicht zu Wort. Veraltet sei der Dichter, rief der Eine. Seine Gedanken da und dort entlehnt, ein Anderer. Er wolle überall mit Umfang von Gelehrsamkeit prunken, ein Dritter. Dann kamen Alle darauf: ich müßte durchaus unerfahren in der neuesten Geschmackslehre sein, und fragten: ob ich denn nimmer eine Vorlesung gehört hätte, bei — —. Ungeduldig unterbrach ich sie mit einem Wörtlein des Moliere, aber man achtete nicht weiter auf meine Rede, sondern verließ das Zimmer, gleichsam als fürchte man, mit einem so rohen Barbaren in Gemeinschaft zu bleiben. Die Abgehenden ließen auch wohl ein verächtliches Pfeifen hören.

Hm, dachte ich, im Schulzwang des Geschmackes liegt doch auch eine so gediegene Weisheit nicht, und begab mich von dem Oertlein, wo mir die Ehre widerfahren war, ausgepfiffen zu werden, weg.

Mein Weg ging nun nach einer nahen sehr hohen Schule, in dem Bezirk von Lyrtonia, und in den engsten Verbindungen mit der Poetenstadt. Hier, sagten die Weisen, ist der Weisheit Tabernakel. Kaum hatte ich den Fuß ins Gasthaus gesetzt, als ich nach dem berühmtesten Lehrer der Philosophie fragte. Da drüben ist sein Hörsaal, war die Antwort. — „Kann man wohl eintreten?“ — Es steht einem Fremden frei.

Gleich war ich hinüber. Vor eben nicht vielen Zuhörern stand ein Mann, der so wenig repräsentirte, vielleicht noch weniger wie ich, Signor Perotti. Aber von viel gewaltigerer Stimme war er, wie ich es besonders seit einem gewissen Zeitpunkte bin. Der Saal war ohne Schmuck, hatte sogar ein dürftig Ansehn, das that jedoch der Weisheit keinen Abbruch. Mein Mann schloß heute seinen Vortrag, da er nach einer andern Lehrstadt ziehen wollte. Ich hörte nur die letzten Worte noch. Sie klangen ungefähr: „So hab ich ihnen denn das einzig wahre, nur wahr mögliche, nothwendig ewige System der Weltweisheit dargestellt. Ich bewies unumstößlich, daß alles vor mir, den Pfad des Irrthums wandelte, die Nachwelt kann nur meinen Weg einschlagen. Sie sind geweiht, gehn sie, und lehren die Menschheit!“

Diese hohen Worte ließen mich bedauern, nicht des Mannes ganzen Vortrag gehört zu haben. Ich klagte das dem Gastwirth, den ich unter Büchern und Papieren vergraben fand. Zu meiner nicht geringen Befremdung war er Mitarbeiter an einem großen kritischen Institut, das alle Werke des Geistes richtete. Er tröstete mich, und versprach, um ein Geringes, die geschriebenen Hefte von der Lehre, welche ich wünschte, herbeizuschaffen. Mich einstweilen zu unterhalten, las er mir eine Kritik über ein neu erschienenes Buch vor, womit er war beauftragt worden. Nie hab ich so viel hämischen Witz, Gallsucht, und in stattliche Worte gekleidete Grobheit gepaart gefunden. Wirklich, ich mußte diesen Meister loben und verachten. Doch noch nicht ganz war er zu Ende, als jemand anpochte. Es war ein Bote von Lyrtonia, mit einem Briefe an den Kunstrichter. Ehrerbietig erbrach er ihn. Ach, wandte er sich, nachdem er hineingeblickt hatte zu mir, das ist ein Anderes, ja ja, das ist ein Anderes, und stellte sich flugs an das Schreibepult.

Ich verstand ihn nicht, und begab mich auf mein Zimmer.

Unter Andern hatte ich erfahren, daß in einigen Tagen ein neuer Lehrer der Weltweisheit, an dem Platze des Mannes, welchem ich das Ohr geliehn hatte, erscheinen würde. Dies wartete ich ab, indem ich mir die Zeit mit Spaziergängen in den gar anmuthigen Gegenden vertrieb. Der Tag kam heran. Ich saß vor dem Lehrstuhl. Der Weise trat auf, und hub an: „Alles was mein Vorgänger gesagt hat, ist nichtig, ich erkläre ihn für einen grundlosen Schwätzer, noch gab es keine Weltweisheit, hier aber ist eine:“ Nun zählte er eine Art Buchstabenrechnung auf, womit er der menschlichen Denkkraft Anschaulichkeit zu geben strebte, und vertiefte sich so in Unverständlichkeit, daß ich gern davon lief. Zu Hause nahm mich mein kritischer Gastwirth in sein Zimmer. Hören sie nun meine umgeformte Kritik, sprach er. Mir kam ein Wink von bedeutender Hand zu, da galt es, in einen andern Ton zu fallen. Jetzt hatte er eine Lobschrift gefertigt, die nicht preisender, ausschweifender, ja kriechender sein kann, lachte hoch auf während ihrer Mittheilung, und erwartete mein Bravo über seine Gefügigkeit, das ich ihm freilich nicht versagen konnte.

Ich hatte genug, und schlug die Straße nach Zigzig ein. Hier sind die Haupt-Bücherniederlagen der Gilimerier, auch bringt man auf den alljährigen Buchmarkt mehrere Tausend neue Werke. Wie mußte ich staunen, als ich in die weitläuftigen Läden trat! Die Abtheilungen aller Materien, machte allein eine ziemliche Schrift, die Aufzählung aller vorhandenen Bücher, ein ungeheures Werk in vielen Bänden. Was giebt es Gutes unter dem Neuesten, fragt ich: z. B. der Religion? Der Buchhändler gab mir einige Sachen in die Hand, und ich blätterte. Sie vergriffen sich, sagt ich, das sind ja Sätze gegen den Crodoismus. Vielleicht Freigeistereien. — Nein, nein! — „Ich habe wenig Zeit. Auch etwas von neuerer Aufklärung!“ — Eine Menge neuer Schriften lag vor mir. Ich sah hinein. „Aber mein Herr, ich empfange immer das Entgegengesetzte. Hier find ich ja nur das Lob der Büsterichs und Druden.“ — Ich versichere, daß das die neueste philosophische Moral ist.

Nun konnte ich nicht umhin, die Fabrike im Allgemeinen sehr zu loben, denn Veränderung der Waare ist allerdings ein vortrefflicher kaufmännischer Grundsatz.

Ich verließ Zigzig, um so früher, als die durch den Ruf der großen Stadt Plapria oder Martialia entflammte Neugierde mich trieb, und nach wenigen Tagen, zog ich in ihre langen perspektivischen Straßen.

In der That, überall viel blendende Pracht, und eine so regelvolle Ordnung der schönen Gebäude, wie ich nirgends sah. Zugleich aber auch das Bild des Elends. In allen Häusern Sieche. Die Aerzte viel beschäftigt, eben so viel die Leichenwagen. Die Stadt war schon einige Jahre in Feindes Händen, und die Truppen der Eroberer kosteten ihr viel, obschon ihre eigenen Erwerbsquellen versiegt waren. Ich bedauerte die Einwohner.

Ich ging indessen auch in die zahlreichen Buchläden, und ließ mir die Neuigkeiten zeigen. Fast nichts wie Schriften über Politik und Kriegskunst. Hm, merkte ich an, wenn ihr es so gut versteht, wie man Bündnisse knüpfen, und den Kampf führen soll, warum ging doch euer meistes Land verloren? Der Buchhändler erwiederte: Ach ein anderes die Theorie, ein anderes die Ausführung. Ei, das sollte kein anderes sein, gab ich darauf, Ausführbarkeit ist ja eben die Eigenheit einer guten Theorie.

Ich ging hierauf nach einem Caffeehause zu frühstücken. Da kam ein Mann mit freudigem Gesichte hereingesprungen, und rief: Die Feinde verlassen die Stadt in einer Viertelstunde! Das erweckte große Freude. Ich nahte ihm gesprächig, und fragte: Um Vergebung, welche Gründe bewegen den Feind dazu? — „Gründe? Gründe? was weiß ich!" — Ohne Gründe ist die Erscheinung denn doch nicht denkbar. Ihr Wort in Ehren, aber noch glaube ich es nicht. — „Sie glauben es nicht, halten es also auch mit dem Feinde?" — Wie sollt ich, der Fremde aus ferner Weltgegend, der so wenig mit dem einen als mit dem andern Theile in Verbindung steht. Allein ich urtheile nach gesunder Vernunft. Politische Ereignisse können es allerdings dahin wenden, daß der Sieger ihr Land räumt, von denen muß aber doch erst die Rede mit Ueberzeugung sein. Sonst meine ich, ist es gar nicht rathsam, sich mit Gerüchten zu schmeicheln, deren Täuschung doch bald offenbar wird, denn seit den Vierundzwanzig Stunden, daß ich in Martialia bin, hat man wohl schon sechsmal den gewünschten Abzug jener bewaffneten Macht prophezeit, aber falsch. — „Ei Herr, sie sind kein Patriot, das geht aus allen ihren Reden hervor!"

Ein Mann, der ein inländischer Krieger von Rang sein sollte, fiel ein: „Nun, ists denn nicht einmal Zeit, daß die *** zum *** gehen?" Er bediente sich derber Worte. Ich dachte: Ein Ausbruch des Zorns gegen die, von welchen man geschlagen und gefangen wurde, erklärt sich leicht. Allein es war nicht blos der Zorn. Die Meinung des Mannes ward in der Fortsetzung seines Gespräches offenbar. Denn er ließ sich nun weitläuftig über die Feinde aus und das bald, indem er mit Gründen zu beweisen strebte, sie wären ohne Kriegskunst, Ordnung, Mannszucht, Tapferkeit, bald mit der verächtlichsten Spötterei über ihre Formen, sie lächerlich zu machen suchte. Man lachte ihm lauten Beifall.

Ich, etwas befremdet, konnte nicht umhin, den Antheil fortzusetzen. Freilich hätte ich klüger gethan, zu schweigen. Aber mein Herr, rief ich, in aller Welt, was gewinnen sie, wenn sie ihren Ueberwinder herabwürdigen? Je mehr ihnen das gelingt, je tiefer müssen sie ja mit sinken. Ich dächte, ich würde meinen glücklichen Feind auf die stolzeste Höhe hinauf rühmen, das zöge mich immer ein gut Stück nach. Mindestens glänzte ich als kluger Würdiger. So gäbe es wenigstens mein Takt mir an.

Hilf Himmel! wie übel erging mirs!

Einer warf mir Injurien an den Kopf, der andre gar das Glas. Da ich mich neuerdings auf das Vernünftige in meiner Behauptung steifte, kams dahin, daß ich unter Prügeln zur Thür hinausgeworfen wurde.

So hatt' ich denn auch ein Pröbchen der Weisheit in Martialia, und eilte über Hals und Kopf nach dem großen Handelsorte Derbia. Hier findet man enge schmutzige Gassen, hohe hölzerne Häuser, alte Tempel. Die

Einwohner scheinen nicht so fein, nicht so klug wie die in Martialia, doch so viel ein flüchtiger Blick, oder die eigne augenblickliche Erfahrung urtheilen können, möchte ich behaupten: sie wären mehr, als sie scheinen, denn ich hörte keine ungesunden Urtheile, und bekam noch weniger Prügel.

Das geschäftige Leben, von welchem man die Zeichen in einem großen Hafen, weitläuftigen Speichern und andern Dingen sieht, stockte eben gewaltig, die Schiffe waren meistens abgetakelt, die großen Waarenläger verschlossen.

Ich fragte nach der Ursache einer so betrübten Lage der Dinge. Seufzend gab mir ein Kaufmann zur Antwort: Seit vielen Jahren wüthet ein Krieg zwischen den Carthagern, welche einst vor Scipio dem Römer in die Tiefe von Afrika flohn, und den Vercingenten, welche Cäsar vertrieb, und deren ihr fast allenthalben in Gilimerien gesehn habt. Welchen Vorwand man auch hat gültig machen wollen, so ist doch die Hauptsache immer gewesen, daß die Carthager allein Vortheil von gewissen köstlichen Fruchtpflanzungen ärndten wollen, die nur auf einem vor wenigen Jahrhunderten erst entdeckten Landstrich gedeihn.

Und wem gehört denn dieser Landstrich? fragte ich.

Der Derbianer erwiederte: Als er hinter Gebürgen und Wüsten ausgemittelt wurde, ging hin wer da wollte, den fast kindisch schwachen Einwohnern Land zu nehmen und anzubauen. Die Celtiberier, die Vercingenten, die Carthager und andere.

Ich. Die Gilimerier griffen ohne Zweifel doch auch zu?

Der Derbianer. Die Gilimerier nicht. Sie kauften die seltene Frucht von anderen.

Ich. O Himmel, warum versäumten sie denn die Gelegenheit, machten sich abhängig von anderen, verloren im Handelsgleichgewicht — denn ich ahne schon, wie es hat kommen müssen.

Der Derbianer. Auch fertigen die Carthager viele Waaren besser an, wie wir. Sonst holte sie Derbia, und gewann dabei sowohl, wie beim Handel mit den seltenen Früchten.

Ich. Warum lassen die Gilimerier irgendwo etwas besser fertigen, als bei sich? Zeigt ihnen denn hier ihre Weisheit nicht die Mittel an? Warum nehmen sie vom Ausländer lieber, wie vom Einländer, gesetzt es fehlte auch die volle Güte?

Der Derbianer wurde etwas hitzig, verbat allen Tadel der Art und führte mich in seine Bibliothek. Nirgends, rief er, giebt es schätzbarere Werke über

Handel und Kunstfleiß, da sehen sie diese stolze Reihen klassischer Bände, und verstummen sie!

Ich machte eine tiefe Verbeugung gegen die Bücher, und eine gewöhnliche gegen den Kaufmann, dann ging ich aus seinem Hause.

Fünftes Kapitel.
Was Perotti unter den Carthagern sah.

Nun dacht ich: so hab ich denn das weise Volk gesehn, das die vortrefflichste Staatsverfassung ersann, aber nichts an dem alten ehrwürdigen Bau ausbessern wollte, bis er zusammenstürzte; dessen Väter sich um Satzungen des Crodoismus erschlugen, aber wo bei den Enkeln, die Druden aufgeklärt, und die Philosophen orthodox wurden; das seine Kriegskunst und Tapferkeit mit Glück gegen sich selbst wandte, aber uneinig dem Auslande unterlag, das, wie über alle Dinge, von Handel und Kunstfleiß die herrlichsten Theorien kennt und ausgesogen wird. Eigentlich tragen die Söhne der Väter Schuld, und der Apfel pflegt dann auch nicht weit vom Stamme zu fallen.

Ich wollte die Carthager sehn, und ließ mich über den Strom zu ihnen hinübersetzen. Es war eigentlich alle Verbindung aufgehoben, doch fand ich heimlich Mittel, auf ein koarthagisches Fahrzeug zu kommen, deren die Menge auf dem Strom umherschwammen.

Der Schiffer der mich fuhr, rief: Verdamm mich Crodo, ihr kommt ins Land der Freiheit und Großmuth! Nirgends auf Erden gilt der Mensch so viel, wie bei uns. Wir sind ein Volk von Weliken[4].

Das klingt hoch, erwiederte ich.

Bald waren wir hinüber. Es ging zur Hauptstadt. Die Dörfer unterwegs, waren sehr nett gebaut, aber außer Knaben und Greisen, selten ein männlicher Einwohner zu entdecken. Dazu paßten in Büschen und hinter Hügeln, gewaffnete Männer auf, die, wenn sich eine Mannsperson zeigte, sogleich auf sie eindrangen, und sie fortführten. Nicht sowohl die Güte meiner Pässe, sondern, wie es schien, meine Jahre, und mein schwächlich Ansehn, machten, daß ich, auch schon angepackt, wieder losgelassen wurde.

Ich hatte einen Mann am Strande getroffen, der wie ich, nach der Hauptstadt Nodnol wollte, und mit ihm Reisegesellschaft gemacht. Er war, so wie der Schiffer, von dem Lande der Carthager eingenommen. Natürlich fragte ich ihn: was es mit der sonderbaren Menschenjagd für eine Bewandniß habe? und wurde unterrichtet: daß man die aufgegriffenen Männer auf den Prahmen brauche, die theils Waaren verführten, theils die Prahmen andrer Völker wegnähmen, die auch Waaren laden wollten.

Ich murmelte das Wort Freiheit zwischen den Zähnen, und erkundigte mich bei meinem Reisegefährten, der ein Kaufmann war, und Ghlt hieß, welche Satzungen und Gebräuche denn der Carthager Anspruch auf den Namen des großmüthigsten Volkes begründeten. Herr Ghlt antwortete:

Erstens hat das Land Gesetze, welche die niedrigsten Tagewerker dem vornehmsten Mann gleichstellen, Niemand darf ohne Wissenschaft aller Welt im Kerker gehalten werden, durch seines Gleichen wird der Verbrecher gerichtet, keine Peinfrage, keine Marterstrafe. Ueber die Religionen herrscht die vollkommenste Duldung. Die große Hauptstadt, zu der wir bald kommen, und die wenige Nebenbuhlerinnen auf dem Erdball hat, zählt nicht allein eine große Menge von Armen- und Waisenanstalten, die der öffentliche Schatz unterhält, sondern es giebt auch, durch den Beitritt edelgesinnter Bürger, in allen ihren Theilen, Stiftungen, zu unentgeltlicher Heilung armer Kranken. Mehr als ein Dutzend Gesellschaften zu Abhelfung allerlei Noth, Leiden, Gefahr, eine für unvorsätzliche Schuldner, eine zur Aufmunterung guter Gesinde, eine gegen Laster und Unsittlichkeit, eine zur Verhütung von Verbrechen und falschen Spielen, und noch viele andere.

Das läßt sich hören, sagte ich, und wurde eben gewahr, wie große Geldsummen auf ein Fahrzeug geladen wurden. Man sahe zugleich Bedeckung von des Weliks Leuten dabei. Welche Bestimmung mögen diese Schätze haben? fragt ich wieder, und Ghlt antwortete mir: Das ist Geld, welches wir unseren Bundesgenossen senden, damit sie den Krieg wider unsere Feinde um so nachdrücklicher führen können. Schon mehr als funfzehn Jahre erhalten wir einen weitschichtigen furchtbaren Krieg unserer Bundesgenossen, und die Kosten gehen uns dennoch immer wieder ein. Nicht nur das großmüthigste, sondern auch das klügste, entwurfreichste, im Handel Allen überlegene Volk, sind die Carthager. Es gab sonst auf der Nähe ein kleines aber zum Handel gar bequemes Ländchen, dessen Einwohner durch Fleiß und Sparsamkeit mehrerer Jahrhunderte, ungeheure Reichthümer gesammelt hatten. Wir nahmen ihm aber zuletzt seine auswärtigen Besitzungen, seine Prahmen, sein Gewerbe, und die vielen Gelder, die es uns geliehn hatte, bekam es nicht zurück. So mußte es verarmen, und wir triumphirten auf seinem Ruin. Da sind unsre Nachbarn, die Vercingenten. Einst waren sie auch im Handel geschäftig, und boten uns im Kriege die Spitze. Sie geriethen aber einmal in innre Noth, da paßten die Carthager den Zeitpunkt ab, und wurden im Handel ihre Meister. Die Celtiberier hatten wir Lust zu berauben. Sie ließen eben Prahmen mit Silber von ihren Bergwerken kommen. Mitten im Frieden nahmen wir sie weg, und kündigeten dann Krieg an. Jetzt darf sich auf den Strömen, die das kultivirte Afrika umfließen, kein Prahmen sehen lassen, oder wir nehmen ihn weg. Unser Handel soll allein gelten, wir finden Mittel, allen Kunstfleiß der übrigen Völker zu vernichten, und da wir so die Preise nach Willkühr stellen können, saugen wir nach und nach all ihr Mark aus.

Ich schlug die Hände über den Kopf zusammen. Also gegen einen ins Wasser Gefallenen, gegen einen Schuldner seid ihr großmüthig, und den Völkern seid ihr Räuber und Mörder?

Ach, rief Ghlt, das ist vaterländische Tugend!

Wir langten nun bald in Nodnol an. Es ist in der That ein Ungeheuer von einer Stadt. So viele Schiffe sahe ich nie beisammen, wie auf dem Strome, der ihren Hafen bildet, die Waarenvorräthe, die Kaufmannsspeicher, übertrafen an Größe und Weitläuftigkeit, auch die gespannteste Erwartung, viele ansehnliche Prachtgebäude, Monumente des Staatsreichthums, viele geschmackvolle Anlagen im Kleinen, Belege des hohen Wohlstandes der Einzelnen, wurden überall sichtbar. Das Menschengewühl setzte in Erstaunen. Allein es entdeckte sich auch bald, daß man weit mehr Waaren besaß, wie man loszuwerden hoffen durfte, viele Läden waren ohne Beschäftigung; eine unerhörte Menge von Arbeitern aller Art, mit bleichen verhungerten Gesichtern, fragte vergebens nach Arbeit; Noth und Elend boten in den entlegenen Winkeln ein gräßlich Schauspiel dar, und die Unsittlichkeit hatte eine schauderhafte Höhe erreicht.

Aber wo sind denn nun die Reichthümer, welche ihr von allen Seiten erpreßtet? fragte ich meinen Begleiter. Sind sie in die Hände weniger Einzelnen gekommen, welch Heil wird dem Volke davon? Er stockte, und sagte mir, ich sollte in den großen Pallast gehn, wo die Gesetzgebung und Staatshaushaltung öffentlich gehandhabt würden, da würde ich über die großen Angelegenheiten Licht empfangen.

Der Rath wurde befolgt. Ich hörte dreierlei verhandeln. Einmal die Nothwendigkeit neuer Auflagen, wobei die älteren aufgezählt wurden, deren fast auf allen Lebensbedürfnissen bestanden, so daß ein Einwohner dieses Landes, die Abgaben zu erschwingen, mehr als die Hälfte seiner Vermögenseinkünfte geben, oder mehr als die Hälfte seiner Zeit, um diesen Zweck arbeiten mußte. Leibeigne zur Hälfte, waren also diese gepriesenen Freien. Eben bewilligte man eine Abgabe auf das Trinkwasser. Dann wurden die nothwendigen Summen zur Erhaltung der Kriegsprahmen für das laufende Jahr gefordert. Sie waren so hoch, daß ich wohl begriff, wie das meiste, was dies Volk von anderen im Handel gewann, auf dem Wege der Auflagen den Einwohnern wider abgenommen werden mußte, um jene große Kosten zu bestreiten. Endlich kam die Schuld der Nation zur Sprache. Sie betrug weit mehr, als den Werth des Landes, mit Allem was darin ist. Also war man nicht reich, sondern arm, nicht nur arm, noch weniger. Der Wucher baute eigentlich doch nur das Unglück der Menschen, wie riesenhaft er auch seine Spekulationen anlegte.

Ich begab mich vor die Stadt hinaus. Da sah ich ein Lager bei dem anderen, überall Waffenübung. Was bedeutet dies? fragte ich einen Spaziergänger.

Das sind unsere Freiwilligen, gab er zur Antwort.

„Und wozu versammelt ihr so viel Jugend? Entzieht dem Ackerbau so viele Hände?“

Aus Furcht vor einem Angriff der Vercingenten, die über den Strom kommen mögten. Schon Jahre lang sind wir so in Bereitschaft. Noch Jahre lang werden wir es fortsetzen müssen. Wohl ist es nothwendig. Die Vercingenten können sechs Mann stellen, wo wir einen stellen, sind fertig im Landkriege, wir müssen auf unsrer Hut sein, daß wir die Ufer vertheidigen.

„So viel Angst, Sorge, Mühe, Verbrechen und Gewinn, der am Ende doch wieder in Nichts zerfließt. Und wenn nun den Vercingenten es dennoch einmal gelänge, den Fuß siegreich ans Land zu setzen?“

Dann würden die Vornehmsten und Reichsten entfliehen. Mögten die Feinde das Land hinnehmen.

„Und das Land würde seinem Unheil überlassen, die Schuld wäre quitt? — Adieu Land der Carthager! Ich habe das Land der Freiheit, Großmuth und der Handelsherrlichkeit gesehn.“

---

[4] Königen.

Siebentes Kapitel.
Was Perotti unter den Vercingenten sah.

Nichts Eiligers hatte ich zu thun, als mich aus dem Lande der Freiheit und Großmuth zu entfernen. Ein Räuber, der ein stattlich Pferd ritt, plünderte mich noch unterwegs, und da ich alles hingab, war er in der That so großmüthig, mir das Leben zu lassen. Gut daß ich mir durch einige Gaukelkünste Etwas wieder erwarb, sonst wäre ich in die drückendste Verlegenheit gekommen.

Ich ließ mich zu den Vercingenten übersetzen. Eigentlich sollte es nicht sein, doch mit Geld läßt sich Vieles möglich machen.

An dem Gestade der Vercingenten sahe ich große Vorkehrungen, um in das Land der Carthager zu fallen. Es lagerte ein Heer, viele Fahrzeuge waren bereit, über den breiten Strom zu setzen. Doch sagte mir ein Vercingent ins Ohr: Wer weiß, ist es Ernst damit, wir richten aber schon genug aus, wenn die Carthager in Furcht gehalten werden. Sie sind dann genöthigt, alle Kräfte zur Bereitschaft des Widerstandes anzuspannen.

Ich erfuhr im Lande, daß die Vercingenten vor mehreren Jahren sich genöthigt gesehen hätten, eine Regierungsveränderung vorzunehmen. Das ging niemand etwas an, wie ihnen selbst. Allein mehrere auswärtige Mächte waren mit gewaffneter Hand aufgetreten, und hatten begehrt, sie sollten die alten Formen herstellen. Das hatte nun Partheiwuth und innere Noth aufs höchste gebracht. Nichts war mehr zu verlieren, alles zu gewinnen. Darum stand die Nation in voller Kraft auf, ihr Recht zu behaupten. Wenn alles auf dem Spiele steht, muß sogar der Muthlose verwegen sein. Genug, die Kraftsumme, welche jetzt in Thätigkeit kam, brachte neben einer, dem Kriege günstigen geographischen Lage die erstaunenswerthesten Wirkungen hervor, und besser stand noch der Vercingenten Spiel, als ihre Feinde sich schlecht mit einander vertrugen, und oft ihre Lust daran hatten, wenn der heimlich gehaßte Bundesgenoß Unfälle erlitt. Wie glorreich sie aber auch kämpften, und jeden Krieg mit Eroberung krönten, die Carthager (wir wissen schon warum) bewirkten durch ihr Gold ihnen immer neue Kämpfe. Zuletzt wurden die Vercingenten der Sache recht gewohnt, der Krieg war ihr Element, und sie machten sich von einem Lande nach dem anderen Meister.

Eben da ich nach der Hauptstadt reis'te, sah ich auf den Landstraßen bald Wagen mit erbeuteten Waffen, bald Siegeszeichen aus einer eben gewonnenen Schlacht, bald lange Reihen Gefangener, die aus der Fremde gebracht wurden.

Sehr begierig war ich, ihre Hauptstadt zu sehen, und der Wunsch wurde mir bei den vortrefflichen Wegen und Anstalten zum schnellen Fortbringen der Reisenden bald gewährt.

Ihr Umfang ist ebenfalls beträchtlich, wenn sie sich gleich durch Schönheit der Straßen und Wohnhäuser im Allgemeinen nicht empfiehlt. Kömmt man übrigens nach dieser Stadt, so wird man (mit Ausnahme einiger Gegenstände, die bald zur Berührung kommen sollen) nichts weniger meinen, als daß dies der Mittelpunkt eines kriegerischen und immerfort in Krieg begriffenen Landes sei. Nichts wie üppige Vergnügungen überall. Schauspiele in allen Gegenden der Stadt, die leckersten Gastereien bei den Großen, eine Menge Lustgärten, die den raffinirtesten Lebensgenuß darbieten, Spiel- und Tanzhäuser ohne Zahl. Nicht in Soldatentracht geht hier der Held, der vielleicht mit Wunden bedeckt ist, und jenseit der Gränze vor Kurzem vielleicht Wunder der Tapferkeit verrichtete. Im weichlichen Stutzeranzuge sieht man ihn, von köstlichen Salben duftend, von Schöne zu Schöne fliegen, Musik, Gesang und Galanterie treibend. Was die Historie von einem Sybaris, einem Capua spricht, bleibt bei Weitem gegen das sinnentrunkene Leben zurück, das die Vercingenten in ihrer Hauptstadt führen, und die Schätze, welche man den Feinden abnahm, werden hier zu den feinsten Schwelgereien angelegt. Ich fragte in den Buchläden, welche Werke am meisten Leser fänden, und mir wurde ein Lehrgedicht über die leckere Kochkunst genannt. Und gleichwohl darf ein solcher Prasser nur zu den Heeren gerufen werden, so scheut er wieder keine Mühseligkeit, und theilt Mangel, Noth und Gefahr, mit dem niedrigsten Krieger auf die geläufigste Weise.

Ich konnte mich nicht genug verwundern, wie das, was sonst die Menschen zu allem Kräftigen und Muthigen abspannt, hier gar keine nachtheilige Wirkung äußerte, und sah mich dann ein wenig nach den Mitteln um, welche die Vercingenten anwendeten, um das Feuer des Kriegsgeistes bei ihren Bürgern nicht verglimmen zu lassen.

Was ich aber da sahe, lockte mir wieder ein neues Staunen ab. Denn Gemüth und Einbildungskraft waren hier nach allem, was darin anschlagen, reizen, begeistern kann, so in Ueberblick und Lenkbarkeit gebracht, als wären sie sichtbare fühlbare Räder einer Maschine, die man nach Gefallen in Bewegung bringt. Eine dichterische Spannung war über das gesammte Soldatenhandwerk gebracht, daß jeder Krieger nichts Edleres, Höheres fassen konnte, wie die Waffe. Alle Künste strebten, das Herz in den Banden der Begeisterung fest zu halten, der Feldherr hatte Aussicht, in großen Marmorstatüen, Untergebieter der Truppen in Büsten und Gemälden, der Geringste in goldener Namensschrift an Ehrensäulen auf die Nachwelt zu kommen. Man feierte phantastische, verbrüdernde, ermuthigende Feste, bei Versammlung der Heere, an Tagen berühmter Siege. Dem Alter der

Hülflosigkeit des Kriegers, winkten bequeme Versorgungen. Der Lohn für den besondern Muth war ausschweifend. Der Neugeworbene konnte hoffen, schon im künftigen Jahre eine bedeutende Stufe zu erklimmen, die Krieger von Rang erlangten neben Ehrenzeichen und Schätzen, oft Land und Leute, wurden herrschende Grauen, wohl gar Weliks. So viele Aussaat mußte denn wohl mit Frucht wuchern, und nichts wunderte mich mehr, als wie die Feinde der Vercingenten, die das System solcher Anreize nicht kannten, nicht in Ausführung bringen wollten (auch nicht mehr konnten), doch immer Sieg hofften. Ohne ein Wunder vom Himmel blieb er, alle Umstände zusammengenommen, denn doch nicht denkbar. Einige waren aber auch klug, und wandten sich auf die Seite derer, die sie doch einmal nicht zu bezwingen verstanden.

Uebrigens ist es blos eine gewisse Kürze des Entschlusses, welche die Vercingenten zu dem Gipfel der Größe erhebt. Was ihnen gut dünkt, thun sie gleich zur Stelle, haben sie geirrt, ändern sie geschwind wieder ihren Weg. Liegt ein Stein vor ihnen, dieweil andre ihn messen, und weitläuftig über die Mittel berathen würden, ihn wegzuschaffen, sprengten sie lange darüber weg. Wer tiefe Ueberlegung, lange Berechnungen ihrer Plane, hartnäckige Ausdauer an einem Vorhaben bei ihnen suchte, würde sehr irren, überall nur kurzer muntrer Entschluß, das nächste zu thun. Und das führt sie denn um so weiter als ihre Nachbarn träge im Handeln sind. Außerdem, so viel Abgeschliffenheit ihnen eigen ist, mag ich nichts mit ihnen zu thun haben, außer bei den Tafeln der Großen ihrer Hauptstadt.

Ich gerieth bald in armseelige Umstände. Denn indem ich täglich in den vornehmsten Gasthäusern schmauste, und niedliche Mädchen dazu einlud (ein Fehler, in den ich wohl nun nicht mehr fallen dürfte) ward mein Geld bald rein all. So gern ich das lustige Treiben fortgesetzt hätte, mein Erwerb langte nicht, da es viel feinere und geschicktere Gaukler gab. Ich sang zuletzt in die Guitarre, gewann aber auch da nichts, und lief, Schulden nachlassend, davon.

Achtes Kapitel.
Perotti endigt seine Erzählung.

Mit Mühe erreichte ich das Land der Celtiberier. Diese waren einst arbeitsam, stolz, großherzig, dichterisch gewesen, allein Reichthum hatte Trägheit über sie gebracht, und der Aberglaube hatte, durch frühere politische Leitung so dick und dunkel die Geister umnebelt, daß wer nicht den Druden jedes Mährchen aufs Wort glaubte, verbrannt wurde. Ich gewann indeß ansehnliche Geschenke, da ich den Crodoismus annahm, und hielt mich länger nicht auf.

Nun kam ich noch zu manchen anderen Völkern. Unter andern ins Land der Hinkenden. Hier konnte Niemand grade einhergehn, den Fehler aber zu verstecken, tanzte man beständig. Die Kapriolen mit gebrechlichen Beinen nahmen sich sonderbar genug aus, ob man gleich nun die Lähmung nicht entdeckte. Ich ging natürlicherweise aufrecht, und ohne Sprünge zu machen, einher, da hättet ihr das Lachen sehen, das Spotten hören sollen. Es blieb dabei nicht, ich wurde auch mit Steinwürfen abfertigt. Dies Land der Hinkenden kam mir vor, wie ein gewisses, wo es scheint, die Menschen wüßten gar nicht das nächste evident klare Urtheil auszusprechen, sei es nun aus einem wirklichen Hindernisse in der Gehirnmasse, das den einfachen Gedanken immer unterbricht und verschiebt, oder aus einem gewissen Dünkel, dem das Grade gemein dünkt, und die Umschweife vornehm. Genug, um das Uebel zu verstecken, bedienen sie sich der philosophischen Tanzkunst, und schweben immer zur Höhe empor. Wehe, wer nun ein gesundes Urtheil, das sich nach Gebühr, auf dem Erdboden erhält, unter ihnen gültig machen will! Er wird ausgezischt, gegen ihn geschrieben, man bewirthet ihn mit Schimpf, ja es kann dahin kommen, daß er in den Kerker wandern muß. Und so schlechte Progressen auch die philosophischen Hinker machen; so sehr ihre Sprünge sie auf dem Wege zurückhalten; wie sie ermattet keuchen, wo sie bequem vorwärts dringen könnten; sie weichen dennoch nicht von der beliebten Methode.

Ich sah auch noch ein Volk von lauter Harlekinen, über die man nicht lachte, von lauter tragischen Poeten, deren Nüchternheit keine Thräne rief. Endlich aber ward ich der Streiferei müde, und begab mich nach dem Gilimerischen Städchen, wo ich zuerst über jenen Gränzstrom setzend, angelangt war. Ich forderte die Erlaubniß, mich wieder zurückbegeben zu dürfen. Doch umsonst. Heilig hielt man das Landesgesetz. Die übrige bewohnte Welt soll nichts von diesen verborgenen Völkern erfahren, und deshalb wird kein Fremdling von ihnen gelassen. Man sagte mir: ich müsse mich auf Lebenslang ansiedeln, wo? stände in meiner Willkühr.

Zum Glücke aber ist die Luftschifferei unter ihnen noch unbekannt. Ich verfertigte ins Geheim einen Ball, wartete günstigen Wind ab, und flatterte so nach der Wüste. Wie sahn die Bewohner mir nach! Man wird wie von einem Wunder von meiner Abreise sprechen.

In der Wüste hatte ich meine Schätze verborgen, die, welche ich einst dir verwahrte, und die mir der ruchlose Musa abnahm, waren dabei. Ich hatte nur eine mäßige Summe mit über den Strom genommen.

Mein Diener war krank zurück geblieben, und zur Pflege bei einem alten Neger gelassen worden. Ich fand ihn hergestellt. Wir nahmen die Schätze, die Kameele, die der Neger auch hatte füttern müssen, und begaben uns zurück. Mich traf das Unglück, den Spähern des Musa in die Hände zu fallen, oder vielmehr das Glück, denn nun konnte ich dir, hohe Nene, treue Dienste leisten. Was mir Armen sonst widerfuhr, ist dir bekannt.

Hier schloß Perotti seine Erzählung, aber Flore maß ihr wenigen Glauben bei, und äußerte unverholen, sie hielte alles für unverschämte Erdichtung.

Achtes Kapitel.
Sie kommen in der Hauptstadt des innern Darkulla an.

Die Schwäne zogen rüstig, der Wind half, und so sahe man denn bald den Blumenpallast der Hauptstadt liegen. Flore zeigte ihn Gigi von fern, doch diese blickte nur mit flüchtigem Auge dahin, sie beschäftigte die holde neugeborne Liebe.

Als das Reiseeiland endlich dem Gestade des Pallastgartens nahe war, rief Flore den alten Alonzo auf die Seite. Schon während der ganzen Reise, fing sie an, denk ich darauf, wie ich das Beilager der Liebenden auf eine neue, noch nicht erhörte Weise feiern lassen will. Alles in unsern Schicksalen ist außerordentlich, so muß es auch diese Feier sein. Aber ich bin ohne Erfindung, nur Gewöhnliches fällt mir bei, wissen sie nichts auszudenken?

Und sie fragen noch? erwiederte der Hispanier. Wir steigen alle vom Eiland, bis auf das Paar, ich spreche einen eiligen Vater- und Priestersegen, sie bestätigen ihn obrigkeitlich, und wir stoßen sie wieder ab. Sie mögen nun drei Tage für sich umherschwimmen. Kann ein junges Paar seliger sein?

Recht Alter, Recht! entgegnete Flore, nach drei Tagen holen wir sie von dem Eilande ein, und dann eine große Feier durchs ganze Land.

Man befand sich schon bei der Auffuhrt. Perotti, Imar und die Diener wurden voran in die Stadt geschickt, Flore hatte einige rosenfarbne Veilchen in einen Kranz gewunden, und schmückte die rabenschwarze liebliche Locke Isabellens, unerwartet damit. Alonzo, heiligen Ernst auf der Stirne, hieß die beiden niederknien. Sie thaten es betroffen, vor einem Hügel von gediegenem Goldstaub, auf den der Strahl des eben über das Palmengebüsch emporschwebenden Vollmonds glänzte. Alle Abendviolen des Eilands hatten eben die duftenden Busen geöffnet.

Seegen vom Himmel auf dies neue Paar, sprach Alonzo mit freudebebender Stimme, das ich an Priesters Statt hier verbinde.

Seegen! rief Flore, zog den Alten hinüber, und stieß mit einem kleinen Stabe an die Insel, den Schwanen zugleich ein Zeichen gebend. Die verständigen Thiere wandten sich um, und ruderten still wieder in den großen silberklaren mondbeglänzten Teich. Ein leiser Zephyr stieg zugleich auf, und blies in die breiten Cocosblätter und den Jasmin, die Seegelstelle vertraten, und ein zahlreiches Heer von Nachtigallen, fing ein holdes Lied an zu flöten, Isabellen und ihrem Erwählten das heiligste Epithelam.

In drei Tagen Widersehn, riefen Jene den frohbestürzten, entzückten, Neuvermählten zu, deren Wonne verstummte.

Alle Trauben an den Thyrsusstäben, verwandelten sich in ätherischen Nektar, aus jeder Frucht ward Ambrosia Elysiums. Luna umstrahlte mit Verklärung, im Dufte der Blumen athmeten sie Götterwahn, Philomelens Gesang hob sie in die Sphären der Unsterblichkeit. Ein Gott und eine Göttin von lauter Himmel umgeben, schwammen sie auf dem Eiland dahin. Keine Fabel, denn trugen sie nicht den Götterfunken der Liebe im Busen, hier von dem entzückend freundlichen Schicksal zur flammenden Apotheose erzogen?

Ende des siebenten Buchs.

Potpourri.
Erfinderische Träumereien.

Manches Ding auf Erden bringt dem Geschlechte der Sterblichen, alleinigen Nutzen, es müßte denn offenbarer Mißbrauch im Spiele sein, manches wird wenigstens eben so oft heilsam wie nachtheilig, die entschiedenen Schädlichkeiten können meistens unter besonderen Umständen Vortheile bringen, wie unter andern Gifte, in der Aerzte Hand. So leicht aber wird keine Sache ein so sichtbares empörendes Uebergewicht des Bösen zeigen, wie das Schießpulver. Ganz überflüssig wäre es, dieser Behauptung noch die kleinste Rednerblume anzuflechten, sie überzeugt genug in vollkommner Einfachheit, denn das versteht sich wohl, der Gesichtskreis soll hier nicht gelten, in welchen der Widerspruch den Helden führen könnte, welcher durch die Mönchserfindung seinen Ruhm erweitert. Auch den oft gehörten Satz: die Kriege sind jetzt weniger blutig, als da noch mit Lanzen und Pfeilen gestritten wurde, weisen wir billig zurück. Held und Krieg werden hier nicht bedungen, sondern Menschenwohl.

Bei dem allen könnte das Pulver, vermöge seiner Gewalt, und bei schwierigen weitläuftigen Arbeiten, höchst ersprießliche Dienste leisten, ja auf andern Wegen ganz unerreichbare, unglaubliche romanhafte Zwecke, ließen sich im Bunde mit dieser Titanenkraft umarmen, wenn wir mehr Aufmerksamkeit auf diesen hochwichtigen Gegenstand wendeten.

Vor allen Dingen müßte die Materie wohlfeiler dargestellt werden, und das könnte geschehn, wenn wir den Salpeter, wie in Frankreich, mehr aufsuchten. Dann ist auch zu gewissen Zwecken gar nicht nöthig, daß es mühsam und kostspielig auf den Mühlen zubereitet werde, der Zusatz von Kohle, nothwendig, sobald vom Schießen die Rede ist, kann vielleicht unter gewissen Umständen, zum Theil, oder ganz wegfallen. Salpeter und Schwefel verlieren ohnehin durch ihn nur an Stärke. Lavoisier fand freilich die Explosion ohne den Zusatz zu furchtbar, und die Materie schwierig und gefährlich zu handhaben, allein das beweiset nicht, daß sich dazu nicht bequeme Mittel ausfindig machen liessen, und mit der erhöhten Vorsicht, wird die Gefahr vermindert.

Der Ackerbau, die Bergwerke, der Handel, alles was große mechanische Kräfte braucht — wo ein Hauptstoß bedungen wird, da ist doch alle Mechanik gegen das Pulver wie eine lahme Matrone zu betrachten.

Einem schlechten Acker, den der Landwirth in nutzlose Brachen abtheilen muß, wäre oft durch eine gänzliche Umwühlung aufzuhelfen, bisweilen liegt nicht tief unter dem Sande, eine Ton- oder andre fruchtbare Erde, wüßte man sie hinauf und den Sand hinunterzubringen, beide allenfalls nur zu mischen, so würde der Acker an Ergiebigkeit, folglich an Werth, ansehnlich gewinnen.

Das sogenannte Rajolen wird jetzt in Gärten angewendet, auf dem Kornfelde selten, es ist dem Landmanne zu kostspielig, es fehlt auch gemeinhin an hinlänglichen Menschenarmen dazu. Vielleicht würde es schon bei dem gegenwärtigen Preise des Pulvers wuchern, sich seiner zur Totalumwühlung schlechter Aecker zu bedienen, wie viel mehr, wenn erst eine gewisse Wohlfeilheit erzielt würde, was, wie wir eben zeigten, gar wohl möglich ist. Der Prozeß wäre dann folgender. Man baute eine Art Ramme mit Rädern, die dann auf lange Zeiten, und von einer ganzen Ortschaft zu benutzen wäre. Mit dieser würde ein spitzer Pfahl in angemessenem Abstand, sechs oder acht Schuh tief, in schiefer Richtung in die Erde geschlagen. Dann hätte man von einer eigens dazu bereiteten schlechten Pappe, mit etwas Holz gegen den Erddruck gesichert, Schachteln mit Pulver gefüllt. Diese würden nun in das schiefe durch den Pfahl gebohrte Loch niedergelassen. An den Schachteln befände sich von derselben harten Pappe eine Röhre, die bis auf den Erdhorizont hinausginge, und durch welche ein in Schwefel und Salpeter getränkter Faden lief. Sodann drückte und schüttete man die Erde mit Vorsicht zu.

Die Masse Pulver müßte eben hinreichen, einen Trichter Erde zur Höhe zu sprengen. Läge sie sechs Fuß tief, so würde der Trichter, laut den Erfahrungen der Minenlehre, zwölf Fuß im Zirkeldurchschnitt bekommen. Alle zwölf Fuß müßten also auch Löcher eingesteckt werden. Die in einen Punkt verbundenen Faden zündete man an, so würde das Feuer zu jeder Schachtel laufen, und die allgemeine Sprengung von Statten gehen. Die obere Erde ginge zuerst in die Luft, würde also auch die Steigekraft zuerst wieder verlieren, und zurückfallen. Die untere, ohnehin unmittelbar durch den Anstoß getroffen, dränge durch die obere Lage, und sänke später nieder. Dadurch also bekäme der Landmann diejenige Erde, welche sechs Fuß tief gelegen, oben, wenigstens mischte sie sich sehr stark mit der anderen. Wäre sie von besserer Güte, so könnte das Grundstück nun vielleicht noch einmal so viel werth seyn, wo nicht, so wäre bei der frischen ausgeruheten Erde, immer einer Brache zu entsagen, und das gäbe schon einen ansehnlichen Gewinn.

In einem flachen Lande unterstützt nichts so die innere Gemeinschaft, wie Kanäle, auch von dem Nutzen, den sie als Bewässerungsmittel für das Land haben, weggesehn. Wie anmuthig wird auch das Leben in Holland durch sie. Statt in anderen Ländern, bei einer Reise man sich, dem immer doch unbequemen Wagen, vertrauen, sich zu Pferde setzen, oder den Weg beschwerlich zu Fuße zurück legen muß, miethet man dort einen Platz in der Postgondel. Es ist ein wandelndes Haus. Man sitzt im netten, in der Hitze kühlen, bei rauher Luft erwärmten Zimmerchen, fühlt kein Stuckern, fürchtet kein Umwerfen, und die Landschaft draußen zieht still vorüber.

Alle niederen Lande könnten mit Kanälen durchschnitten, alle Flüsse von Belang, mit Hülfe der Schleusen durch sie verbunden sein; bis jetzt macht das aber ganz unerhörte Kosten, nur sehr wirthliche Regierungen können von Zeit zu Zeit daran denken. Mehren wir aber erst den Salpetergewinn, und bereiten eine rohe wohlfeile Sprengemischung, dann legt man in dichten Abständen Minen, daß ein Zirkel in den andern greift, und wirft sich so einen Kanal aus der Erde. Die Hauptsache ist mit dem Wurfe geschehen, die Ungleichheiten des Randes werden mit dem Spaten gehoben, und nun für die Bewässerung Sorge getragen.

Um viele nahmhafte Städte wird die Gegend der fehlenden Abwechslung wegen angeklagt. Die Kunst hat durch Jahrhunderte gestrebt, das Schöne darzustellen, sie prangt in stolzen Monumenten, und lockt des Wanderers staunende Blicke an; allein die Väter wählten die Lage ohne Geschmack, eine stiefmütterliche Natur steht mit einem öden Kontrast gegen die Herrlichkeiten von Menschenhand da, und nur desto freudenlosere Empfindungen ergreifen das Herz, wenn man vor Thoren eines neuen Athens lustwandelt, und vielleicht eine unbildliche charakterlose Fläche anblicken muß! Was haben sich unter andern die Umgebungen von Berlin, durch den sinnreichen Verfasser der Parallele: Wien und Berlin, müssen Bitteres sagen lassen! Petersburg, Moskau, Warschau, Kopenhagen darben an Bergen in der Nähe, die eine schöne Landschaft bilden könnten. Was würden nicht auch Paris und London dadurch gewinnen!

Die alten egyptischen Könige hätten sich nun freilich unter solchen Umständen bald zu helfen gewußt. Wer Pyramiden erbaute, oder den See Mäotis ausstechen ließ, bei dem hätte es wohl nur einer Erinnerung bedurft, und bald würde sich ein kleiner Ossa oder Pelion emporgethürmt haben. Nur im Geschmack der Neueren liegt so etwas gar nicht, besonders weil sie so selten etwas für die Nachwelt thun wollen; die Erndte kann immer nicht rasch genug auf die Saat folgen. Aber freilich, wer denn auch einmal von der kleinlichen Gemeinregel abweicht, erscheint bald wie eine Art Wunderthäter, und die Fürsten, welche ihre Regierung nur als Pfründegenuß ansehn, und das Lob ihrer Ruhe, am liebsten von der Schmeichelei hören, sinken bald zu Boden, wenn es einem unter ihnen in gutem Ernste beifällt, das Leben der Unsterblichkeit zu widmen.

Einen Berg, oder eine Bergreihe darzustellen, hat aber so abschreckende Hindernisse nicht, wie die Einbildungskraft im ersten Augenblicke träumt, wenn man sich der Salpeter- und Schwefelkräfte bedient, und daneben (das brauchte freilich keiner Erinnerung) die Kosten nicht scheut.

Hier folgt die Art der Sprengung, welche Schreiber dieses zu einem solchen Ende erdacht hat. Er mögte sie gern durch Zeichnungen erläutern, aber der Verleger spricht achselzückend vom — Zeitalter.

Man legt neben der Stelle, wo ein Berg entstehen soll, in einer nach Maasgabe gekrümmten Linie eine Minenreihe an, deren Trichter zur Hälfte ineinander greifen müssen, ladet und zündet. Nun wird die Erde nach beiden Seiten zum Theil weit versprengt, zum Theil dicht am Rande des entstandenen Grabens hingeworfen werden. In diesem aber, der Seite des projektirten Berges gegenüber, gräbt man (bedient sich des Erdbohrers vielmehr) dann wieder eine Reihe in den Rand, so daß die kürzeste Linie nach diesem, nicht nach dem oberen Erdhorizonte geht. Jetzt wird man Herr über die Sprengung, und kann sie beliebig nach der Stelle des Berges leiten. Wie die Erde dieser Minenreihe nach ihrer Bestimmung geworfen ist, fällt der Erdhorizont nach und ein neuer schiefer Gang wird gebildet. In diesen scheidet man wie zuvor ein, und wirft seine Hälfte weg, wodurch ein abermaliger neuer Rand sich darbietet. So wird nun in der Widerholung alle Erde aus der Tiefe der anfänglichen Miene fort, und nach der Bergstelle geschafft. Die Ladung wird so abgepaßt, daß vorerst eine neue und niedrige Fläche erzielt wird, welche die nöthige Unterlage giebt. Gedieh das weit genug, beginnt ein neuer Hauptgraben, von dem aus eine anderweitige Lage fortgenommen wird. Daß der Aufwurf schmaler zur Höhe steige, müssen die Verhältnisse der Ladung bewirken. Das Wasser in der Tiefe wird vorerst durch hydraulische Mittel entfernt, dann aber noch mit den nächsten Flüssen in Verbindung gesetzt, daß man nicht nur einen Berg, sondern zur größeren Verschönerung auch einen See daneben erziele.

Mit Hunderttausend Thalern ließe sich schon viel sprengen. Manches Prachtgebäude kostet mehr und bringt doch bei weitem den Eindruck eines Berges an seinem Orte, nicht hervor. Wirthlichkeit muß es aber noch weit wohlfeiler bewirken können.

Bei Berlin, in der Gegend der sogenannten Jungfernhaide, zum Wedding und Gesundbrunnen hin, ein großer gekrümmter See, mit Wiesen diesseits, mit einer stattlichen, bepflanzten, in verschiedenen Kuppen sich endenden Bergreihe jenseits, ein andrer See zwischen Tempelhof und Schöneberg, der den Templower Berg, mit seiner Erde spitz erhöht, einige kleinere Anlagen auf der nordöstlichen Seite — würde die Landschaft da nicht bald einen anmuthigen, ja romantischen Charakter empfangen? Und die dann entstehenden, entzückenden Aussichten, von den Höhen über die große Stadt!

Ohne diese Theorie hätte dergleichen, wenn gleich nicht so vollkommen, mit Menschenhänden zu Stande gebracht werden können, wären seit dem siebenjährigen Kriege die vielen müßigen Soldaten außer dem sogenannten

Dienst auf diese Weise beschäftigt worden. Und welche Kunststraßen hätten sie in einem solchen Zeitraume anlegen können!

Aber freilich, sie mußten ihre Kraft allein der Waffenübung zuwenden — um das Vaterland einst mit hohem Nachdruck zu vertheidigen.

Letztes Buch.

Erstes Kapitel.
Wie Flore den Zustand der Dinge vorfand.

Flore hatte ihre Residenz eilig verlassen, und wenig Vorkehrungen wegen des Regiments während ihrer Abwesenheit gemacht, doch fand sie alles mit Treue und Gewissenhaftigkeit verwaltet. Der alte Darkullaner hatte viele Glieder des Divans mit den Einzelgeschäften beauftragt, und so war alles in der Ordnung gegangen.

Am anderen Morgen nach ihrer Rückkunft ließ sie sich Bericht erstatten. Es war überhaupt lange nicht geschehn, und die unbeständige Sultanin etwas nachläßig gewesen. Die vormaligen Divanglieder zeigten mit einigem Nachdrucke der Stimme an, daß, was sonst nimmer in Darkulla erfolgt war, viele Bürger Einander um Schuld und Rückstände verklagt hätten. Gewöhnlich sei der Gegenstand irgend ein gekauftes und noch nicht bezahltes Kleidungsstück. Ja, es habe sogar ein Darkullaner den andern erschlagen, um ihm einen köstlichen durch die Caffern gefertigten Mantel zu nehmen; demnächst wären die Knechte sehr schwierig gegen ihre Herren, fast täglich liefen da Beschwerden ein. Sie wollten bei großer Dürre (sonst gabs keine Ackerverrichtungen, als daß man säete und ärndtete) kein Wasser auf die Gefilde tragen, darüber sei manche Frucht untergegangen, auch das Gold nicht aus den Flüssen waschen, daß also die Herren der Sultanin nicht so viel Gold als sie sollten, entrichten könnten, und also ein Ausfall in den Einkünften vorhanden sey. Sogar habe es von einem neuen Aufstande gegen die Regierung verlauten wollen, was aber noch bei guter Zeit unterdrückt worden wäre.

„Ihr wollt mich überzeugen, daß Laster im Gefolge meiner Neuerungen entstanden sind. Zufolge der menschlichen Natur, ist es schwer zu vermeiden, die Güte der Gesetze vermag aber viel dagegen. Wartet nur noch kurze Zeit, ihr werdet euch einer trefflichen Regierung freuen!"

Jetzt traf Flore Anstalten zu dem bevorstehenden hohen Feste. Alonzo und Perotti mußten alle ihre Erfindung aufbieten. Wie Cäsar das ganze Volk von Rom speiste, sah man Dürftigkeit, gegen die Fülle, welche hier herbeigeschafft wurde. Cäsar hatte aber keinem Darkulla zu gebieten.

Auf einem schönen Anger, nahe an der Stadt, wurden in Eile lauter kleine runde trockne Teiche gegraben, und mit Perlmutter und breiten Muscheln fest ausgelegt. Dann füllte man sie, entweder mit dem trinkbaren süßberauschenden Blumenthau von Darkulla, mit dem frischgepreßten Most der edlen wilden Reben, mit der Milch der Angoraziegen, die auf den duftenden Hügeln weideten, mit einem Sorbetähnlichen Gemisch, oder dem ausgedrückten Saft von Himbeeren, oder Ananas.

Zwischen diesen Bassins (auf denen, in der Manier des Lord Russel, Knäbchen und kleine Mädchen auf großen Muscheln herumruderten, und die Gäste bedienten) wurden nun Lauben gebaut, aus lauter mit der Wurzel eingegrabenen Fruchtbäumen und Weinranken, daß Pomonens Ueberfluß auf die Rasentische niedersänke.

Noch leitete man überall kleine Bäche durch, in welchen Austern, roh und gebraten, wie alle Arten Fische, auf die leckerste und verschiedenste Weise zugerichtet, geschwommen kamen.

Gebraten Geflügel aller Art, dem sowohl die Schwingen gelassen, als auch mit kleinen Bläschen voll brennbarer Luft versehn waren, flatterte umher; so liefen Haasen, Kaninchen, Rehe völlig zubereitet zwischen die Lauben, denn die brennbare Luft half ihnen fort.

In der Mitte des Angers steckte an einer Zeder von ungeheurer Länge, ein weisser Elephant, und wurde bei einem gewaltigen Feuer gedreht. In seinem Bauch befanden sich drei bis vier Ochsen, die wieder Ziegen oder Rehe in den Eingeweiden hatten, worauf Lämmer, Spanferkel, Eichhörnchen folgten, zuletzt kam immer eine kleine weisse Maus, von besonders zartem Geschmack.

So trugen andre Vorrichtungen Strauße von ausnehmender Größe, denen Schwan, Pfau, Gans, Fasan, Papagoi, Waldschnepfe, bis zum Zaunkönig einverleibt waren.

Eine Giraffe lag auf einem Rost von Mastbäumen, und ein kleines Wäldchen war allein zu dieser Feuerung umgehauen.

So war alles in Bereitschaft gesetzt worden, als die Neuvermählten drei Nächte, und drei Tage, der Einsamkeit auf ihrer schwimmenden Insel gehuldigt hatten.

Gegen Abend ließ Flore das Volk berufen, hielt eine innige Rede, und ließ sich das allgemeine innige Versprechen geben, daß man mit dem, was sie anordnen würde, zufrieden seyn wolle. Das Volk sah die festlichen Anstalten, wallte von Liebe über und verhieß.

Nun steuerte Flore nach dem Eilande, das eben nicht weit vom Pallastgarten schwamm. Das junge Paar wollte gar nicht glauben, daß schon drei Tage geschwunden waren, stritt, bat um Verlängerung seiner Einsamkeit, aber Flore willigte in nichts. Das Volk ist zum Feste versammelt, sprach sie, nun gelte die allgemeine Freude.

Coutances und Isabelle mußten folgen, so schwerfällig ihr Tritt auch war. Sie wurden vorerst in den Pallast geführt, um sich zu schmücken, dann ging es in Begleitung des Hofes, der hohen Staatsdiener, der Garden, und allem was den Glanz des Gefolges mehren konnte, zum Gefilde hinaus.

Der Mond ging diesen Abend später auf, daher war es dunkle Nacht. Den Neuvermählten kam es schon sonderbar vor, in die Finsterniß geleitet zu werden, doch das Zeichen einer Rakete, und ein bewundernswürdiges, jeder Erwartung spottendes Schauspiel, überraschte ihre befremdeten Blicke.

Nicht weit von der Hauptstadt befand sich nämlich ein hoher spitzer Berg, dessen Inneres viel Schwefeladern enthielt. Alonzo war darauf gefallen, einen Vulkan daraus zu machen, der dem Mahle am Feste leuchten sollte. Mit Hülfe einer großen Menschenmenge, hatte man den Berg also bis auf den Schwefel gehöhlt, und noch Harz, Pech, Salpeter, Eisenschlacken u. s. w. in großer Menge hineingeworfen, auch dergleichen Materien die Fülle daneben unter Schirmdächern aufgehäuft, um immer wieder Nahrung in den Krater werfen zu können. Damit auch keine Explosion, sondern eine Strömung erfolgte, wurde ein kleiner Bach hinein gelenkt, der den schnellen Ausbruch dämpfen konnte.

Da nun die Rakete winkte, zündeten die Männer, deren Obhut der Vulkan übergeben war, an, und ein dicker Feuerstrom, in allen Farben spielend, stieg majestätisch gegen den Aether empor, und erhellte die ganze Gegend. Nicht der Mittag stellt die Dinge klarer dem Auge dar, wie diese eindruckreiche, magische Beleuchtung.

Isabelle schrie bewundernd auf, Coutances erstarrte. Sie wußten nicht, sollten sie den Blick nach der Lichtsäule wenden, oder nach dem unübersehbarem Volke und den Anordnungen der Lust, oder nach der Stadt, deren Prospekt in dieser Helle etwas Hinreißendes zeigte.

Coutances, rief Flore, die alte Weissagung trifft ein, ihr seid Sultan von Darkulla. Euch und Isabellen übergebe ich Land und Herrscherstab, und des Volkes Zusage: meiner Verfügung froh zu begegnen, ward mir. Ihr kühner, alles hoffender, jedem Hinderniß spottender Geist, Isabelle, wird in Wonne schwelgen, diesem Volke edlere Bildung zu erziehn, und viel kann ein so warmer Wille umfassen. Für mich, die Schwächere, paßt das Riesenwerk nicht, und ich folge dem Zug ins Vaterland.

Isabellens Auge glänzte. Freundin, diese Großmuth — Coutances rief: Meine Ahnung!

Nichts von Dank, wo er mir nicht gebührt, fuhr Flore fort, Herolde verkündet meinen Willen! juble Volk deinen Gruß dem neuen Herrscherpaare!

Bald ras'te das betäubende Freudengeschrei, denn auch in Afrika fliegen die Herzen und Erwartungen neuen Regenten zu.

Dann nahm der Hof unter seinen Goldbaldachinen Platz, die Menge vertheilte sich in die Lauben. Der Schmaus, der stattliche, begann. Dann durchtönten tausend afrikanische Instrumente die Luft, und die freudetrunkenen Paare wirbelten im bachantischen Tanz dahin.

Der heiße Neger ist bei solcher Gelegenheit nicht so zu zügeln, wie der Europäer, besonders der verfeinerte, bei dem oft eigne Schwäche zur Polizei wird. Vom Mittelalter lesen wir aber, daß auch in unserm Welttheile bei Trunk und Tanz Gefahr für die Jungfrauen erwachsen sei. Dort aber ward es ungemein arg damit. Des Hofes Ansehn, die wenigen Eunuchen richteten nichts aus. Flore mußte sogar, des Aergernisses halber, zornig gebieten, daß der Vulkan mit seiner Feuerfontaine einhielt, wodurch die Sache freilich viel schlimmer ward.

Bei dem allen darf man hier nicht an das vom Tigellinus dem Nero gegebene Gastmahl, denken, wovon Tacitus im funfzehnten Buche der Annalen ein Gemälde liefert.

Der Hof kehrte auch, früher wie er es gedacht, zurück in den Pallast.

Zweites Kapitel.
Isabellens Entwürfe.

Am andern Morgen sprach Flore: Ich gebe nun alle Regentengeschäfte in ihre Hand, theure Isabelle, und rüste mich zur Reise. Eine gute Bedeckung nehme ich mit, das letzte worüber ich noch gebieten will.

Jene komplimentirte viel, Flore mögte doch noch da bleiben, sie mit Rath unterstützen, ihre ersten Einrichtungen prüfen, es war ihr sogar Ernst damit, denn Flore hatte sie gewonnen; diese blieb aber fest.

Es bedarf meines Raths nicht, schöne Hispanierin, sie haben den Gemahl und Vater. Auch ist das Volk eine Tafel von Wachs, die alle Eindrücke leicht empfängt. Spätestens nach drei Tagen umarme ich sie zum Letztenmale.

Isabelle weinte ein wenig, dann trocknete sie aber die Augen, und hub mit allem Feuer einer poetischen Projektantin an: Hören sie wenigstens an, was ich mit der Religion vorhabe. Ich denke eine neue zu stiften.

Flore versetzte: Das Volk ist noch offen dafür. Es geschah sogar Einiges die Bahnen zu ebnen.

Hören sie, fuhr Isabelle fort: die Darkullaner sollen den Unerforschlichen anbeten, dem alle Nationen, wenn schon nach verschiedenem Cultus, Altäre bauen, doch ohne Simbol, ohne Kirche, nur unter dem Dom des Sternenhimmels. Selten die hohe, öffentliche, rein geistige Verehrung, etwa beim neuen Jahr, nach der Erndte, am Stiftungstag der neuen Weihe. Damit aber die edlere Sinnlichkeit, einen Spielraum vor sich eröffnet sieht, damit die Künste in einen schönen Bund mit dieser Religion treten können, nimmt sie geheiligte Heroen auf, denen Tempel zu bauen, und Gebilde aufzustellen sind. Diese knüpfen das Erdenleben an das Göttliche, deuten, bestimmen, ordnen die Menschenpflicht. Christus ist einer der Hochverehrten; die Kindheit, die Freundschaft, der Brudersinn, die Aufopferung sind sein Gebiet. Heiter werden seine Tempel erhöht, die rührenden Szenen seiner Legende mag die Kunst darin abbilden. Das Kind empfängt dort Unterricht, und wird mit dem Jugendkranz entlassen; Feinde werden dahin geführt, sich zu versöhnen. Trost und Stärkung schöpfen hier Unglückliche, denn auch die Unsterblichkeit verbürgt der Heilige. Maria, die schöne, sanfte, milde, ist die Harmonie der Liebe. Ideale sind ihre Gemälde, die Dichtkunst legt ihre erhabensten Erfindungen, von Bildners Hand verwirklicht, an ihren Altären nieder. Jünglinge und Mädchen, deren Herz spricht, mögen hier flehen. Das Eheband wird hier geknüpft. Moses ist der Heros des Rechtes. In seinen großen ersten Tempeln werden die Gesetze ausgehängt, die Richter, seine Priester, halten Gericht. Daß das Recht ein Theil der Religion werde, scheint mir passend und heilsam. Auch Mahomed ist ein Heros dieser Religion, denn ich muß ja meinen Darkullanern begegnen. Ihm gehöre der Krieg. Gilt es das gute Recht, das Vaterland zu vertheidigen, dann werde sein sonst geschlossener Tempel geöffnet, der Kämpfer heiligt seine Waffen vor den Bildsäulen des Furchtbaren, und der begeisternde Streitgesang ertöne.

Was meinen sie, wenn einst Maler, Bildhauer und Dichter in Darkulla erstehen, wird nicht diese Religion hohe Schönheit gewinnen, kann sie nicht gute edle Menschen erziehn? Das bürgerliche Gesetz sei innig damit verwebt, nur Greise die Priester, daß allem Mißbrauch vorgebeugt wird.

Flore war gerührt, umarmte die Freundin, wünschte das herrlichste Gedeihen, und zog sich dann auf ihr Zimmer zurück.

Hier fing sie heftig an zu weinen. Wie, sprach sie zu sich, mein Geschick ist so verwickelt, so sonderbar, aber oft komme ich doch mit so guten Menschen, mit so wichtigen erhabenen Dingen in Beziehung. Was bin ich gleichwohl? Eine Verworfene!

Aechte Magdalenenthränen, die sie aber ehrten, strömten reichlich von ihren, aus Rührung bleichen Wangen nieder.

Ja Flore, du warst einst eine Verworfene, aber eine überaus unglückliche Erziehung, die deine guten Anlagen untergrub, widrige Umstände, böses Beispiel rissen dich in den Abgrund. Eine andere an deiner Stelle, die jetzt vielleicht eine freundlichere Fügung, zum achtbaren gerühmten Weibe machte, hätte auch sinken müssen. Richte dich auf, du hast in dieser Büßung viel Schmach von der Tafel deiner Erinnerung weggetilgt! Richte dich auf, du hast auch viel Gutes gewirkt, und der Wille, der jetzt in deinem Busen lebt, ist fromm und tadellos! Die Reue verdient Lob, aber sie vergifte nicht die heitre Laune, die in so manchem Sturm des Lebens dich über den Wogen erhielt.

Nun, zu sehr ist das Letztre auch nicht zu fürchten. Flore ist eine Pariserin. Schon trocknet sie ihre Thränen.

Drittes Kapitel.
Abreise von Darkulla.

Vierundzwanzig Elephanten ließ Isabelle mit Goldstaub beladen. Wozu so viel? rief Flore? Ist des Plunders nicht genug in Darkulla? gab die Sultanin zur Antwort.

Werde ich auch mit den Elephanten durch die Wüste kommen? fragte wieder die Exsultanin. Alonzo rief: Nehmen sie noch vierundzwanzig. Zwölfe mögen Fütterung, zwölfe Wasser tragen. Nun wurden dreihundert Darkullaner, und dreihundert Beduinen, lauter stattliche treubewährte Männer, zur Bedeckung ausgesucht, ohne die Elephantenknechte. Den wackern Imar bestimmte Coutances zum Befehlshaber über die Krieger. „Ich stehe dafür, der Araber wird den Durchzug erzwingen, wo man ihn verweigern will."

So wurde nun die Reise angetreten, und der Hof geleitete Floren bis an den Ausgang der Felsenkette. Hier schied man ohne Sentimentalität, aber nicht ohne Thränen.

Floren ward sonderbar, wie der Weg sie nun immer weiter führte. Der Himmel ihrer Hoffnungen war geröthet, und auch nicht, sie verließ Darkulla gern, und auch ungern, Wehmuth und Zufriedenheit wechselten, ein fortwährender Streit der Empfindungen. Doch wie sie nach einigen Tagen beim Zurückblicken keine Felskuppe des verlassenen Landes mehr sah, da zog es sie entschiedner vorwärts, und sie war beruhigt, daß sie die schönste Natur des Erdbodens, und die Freunde nicht wieder sehn würde. —

So war Flore denn vom innern Darkulla entfernt. Der Leser suche aber das reizende Land auf keiner Karte, er wird es nicht durch Guidotti, Houghton, Mungo Park, Borheck oder Forster beschrieben finden; es liegt zu versteckt, und ist den Geographen entgangen. Das große Darkulla findet er wohl; so gut wie Louisiana, aber nicht die Gegenden, wo Chateaubriants Atala wandelte.

Es währte jedoch nicht lange, so erwarteten unsere Reisende herbe Unfälle. Die Häupter des Landes außer den Felsen, erhielten Kundschaft von ihr, und den Reichthümern, mit denen sie von dannen zog. Sie meinten: es sei Unrecht, das Köstliche so in die Fremde zu schleppen, kamen mit gewaffneter Hand, und fielen sie am Wege an. Es gab einen hartnäckigen Kampf. Imar führte tapfer und kräftig an, hatte aber das Unglück, tödtlich mit einem Pfeile verwundet zu werden. Flore gerieth außer sich vor Bestürzung, und theilte nun selbst die Rollen des Trauerspiels aus. Brav fochten ihre Streiter, aber nach großem Verlust an Mannschaft, hinderten sie der Feinde Beute doch nur zur Hälfte. Zwölf goldbeladne Elephanten gingen verloren.

Flore beweinte Imar, waffnete sich des eingebüßten Reichthums wegen aber mit Philosophie, und zog weiter.

Sie kam ohne neuen Unfall mit den zwölf übrigen Thieren bis Darfur. Auf der Gränze forderte man Eins als Abgabetribut für den Sultan Abdelrachman. Die Begleitung war geschwächt, die Forderung nicht zu verweigern. In der Residenz lud sie aber der Herrscher zum Mahl, und redete wie ein welker Salomo über die Nichtigkeit der Erdengüter.

Am Ausgang des Reiches Darfur, baten sich die Mauthner abermals einen Elephanten aus. Fahre hin, dachte Flore, kaufe ich doch mit dem Rest noch eine ganze Gasse von Paris.

Doch es sollte noch viel schlimmer gehn. In der großen Wüste konnten die Thiere, bei aller Aufmerksamkeit für sie, und allen reichlichen Vorräthen, nicht ausdauern. Es sank Eines nach dem Andern zu Boden, die Ladung war nicht fortzubringen, mußte da im Sande liegen, und was das ärgste war, so ließ sich auch nicht daran denken, sie ein Andermal mit Kameelen abzuholen. Denn wenn die Elephanten, die entkräftet, nicht eben behende sind, hinsanken, gingen meistens die Kisten, worin der Goldstaub gepackt war, entzwei, der Wirbelwind der Wüste ergriff ihn — dahin flog der Welt Herrlichkeit.

Eine starke Seele erschüttern die tückischen Angriffe des Schicksals wenig, auch der Leichtsinn giebt einen erprobten Balsam gegen seine Wunden. Flore jubelte, daß sie nur zwei lebendige Elephanten mit ihren Schätzen ins fruchtbare Land von Oberegypten brachte. Immer trugen sie noch genug, um in Paris unter den Reichsten zu glänzen.

Die Männer der Bedeckung lagen ihr hier an, entlassen zu werden. Der Rückweg ist lang und gefahrvoll, sprachen sie, wir werden im äußern Darkulla ohnehin uns zum Gebürge durchschlagen müssen. Kaufe dir hier Sklaven, die die Thiere führen, das Land ist bebaut, die Straßen sicher.

Schon seit mehreren Tagen hatte Unzufriedenheit unter ihnen geherrscht, und das wohl, weil bei dem großen Verlust, den Flore erlitten hatte, sie geringe Belohnung ihrer Mühseligkeit erwarteten.

Diese war sehr betroffen, doch indem sie am Ende gar Meuterei zu befürchten hatte, beschloß sie, den Männern zu willfahren, sobald sich nur etwas mehr Sicherheit auf dem Wege entdecken ließe.

Dieser Fall trat bald ein, denn Flore stieß auf einen Trupp französischer Soldaten, bei deren Anblick sie in lauten Ausruf des Entzückens ausbrach. Sie erfuhr, daß man vermuthlich Egypten räumen werde, da ließ sich denn also noch hoffen, unangefochten bis ans mittelländische Meer zu gelangen. Hätte Flore aber länger in Darkulla gezaudert, und wäre nach dem Abmarsch ihrer Landsleute in Egypten angekommen, würde schwerlich auch die Bedeckung von Negern und Beduinen sie gegen die wilden Ausbrüche des Hasses gesichert haben.

Sie kaufte, oder miethete sich vielmehr einige Sklaven, denen sie die beiden Elephanten übergab. Einen französischen Troßknecht nahm sie in Dienst, ihres Reitpferdes zu warten. Nun wurden einige Edelsteine an Moggrebinische Kaufleute veräußert, und ein Paar Kameele mit Lebensmitteln für die Afrikaner beladen, jeder von ihnen empfing ein reichlich Geschenk, und so wurden sie entlassen.

In dem Briefe an Isabellen, den sie auch mitnehmen mußten, sprach Flore nichts von ihren Unfällen, die Freundin nicht zu betrüben, wiewohl die Boten davon keinesweges werden geschwiegen haben, wenn sie glücklich zu dem Orte ihrer Bestimmung gekommen sind. Der letztere Umstand ist aber mit Recht zu bezweifeln, denn man hörte kurz darauf von einem neuausgebrochenen wilden Kriege zwischen vielen Völkerschaften gegen die Mitte dieses Welttheils. Darfur, Habesch, Bergu, und andre Reiche sollten Theil daran haben; da werden diese, ohnehin durch jenes Treffen, und Krankheiten in der Wüste, beträchtlich an der Zahl verminderten Krieger, wohl unter irgend einen wüthenden Schwarm gerathen, und umgekommen sein.

Viertes Kapitel.
Flore trifft den guten wohlthätigen Bei.

Die Soldaten, an welche Flore sich nun geschlossen hatte, nahmen den Weg gegen die Ruinen von Theben. Nach einigen Tagen erreichte man die bewundernswürdigsten Denkmäler, welche das ganze Alterthum der Gegenwart nachließ.

Wie staunten die Reisenden! Flore setzte sich zu einem Zeichner, auf ein Säulenstück. Dieser hatte Sonninis Reisen bei sich, und las der Gesellschaft folgendes Fragment daraus vor, welches die schon lebendig erregte Begeisterung noch mehr entflammte:

„Wir langten bald darauf in dem elenden Dorfe Karnack an, dessen Hütten den Glanz der prächtigen Ruinen, die um sie her liegen, nur desto mehr erhöhen würden, wenn etwas mit den Ueberresten von Theben, einer berühmten Stadt aus dem Alterthume, die Homerus besang[5], verglichen werden könnte. Eine Meile weiter hinauf liegt Luxor, das auch ein Dorf und auf dem äußersten Südende der Stelle erbaut ist, die diese berühmte Stadt auf dieser Seite des Flusses einnahm. Man hätte mehr Zeit, als ich hatte, und mehr Sicherheit haben müssen, als auf diesem Boden herrschte, der mit Ruinen und Räubern bedeckt war, wenn man die Trümmern, die die Unsterblichkeit den Anfällen der Zeit, und der Wuth der Barbarei entrissen hatte, genau und vollständig hätte untersuchen wollen. Nicht weniger schwer würde es sein, wenn ich die Eindrücke beschreiben wollte, die der Anblick so großer, so majestätischer Gegenstände in mir hervorbrachte. Es ergriff mich nicht eine bloße Bewunderung, sondern es überfiel mich eine Entzückung, die den Gebrauch aller meiner Kräfte aufhob. Lange blieb ich bewegungslos vor unnennbarer Wonne stehen, und fühlte mich mehr als einmal bereit, mich zum Zeichen der Ehrfurcht vor Denkmälern niederzuwerfen, die alle menschliche Erfindung, und alle menschliche Kräfte zu überschreiten scheinen."

„Obelisken, kolossalische und andere ungeheure Statüen, Zugänge, die durch Sphinxe gebildet werden, und durch die man noch hineingehn kann, obgleich der größte Theil von den Statuen zerbrochen, oder unter dem Sande vergraben ist; gewölbte Gänge von einer ungeheuern Höhe, wovon noch einer von 170 Fuß Höhe und 200 Fuß Breite vorhanden ist: unermeßliche Säulenstellungen, deren Säulen über zwanzig, und einige sogar ein und dreißig Fuß im Umfange haben; Farben, die noch durch ihre Schönheit in Erstaunen setzen; Granit und Marmor, die bei dem Baue in Menge verschwendet sind; ungeheuer große Steine, die von Knäufen getragen werden, und die diesen prächtigen Gebäuden zur Decke dienen; endlich

Tausende von umgestürzten Säulen, alles dieses nimmt eine Strecke von einem sehr großen Umfange ein.“

„Wie sehr sinken die so gerühmten Gebäude Griechenlands und Roms vor den Tempeln und Pallästen des egyptischen Thebens herab. Seine stolzen Ruinen sind noch imposanter als ihre prächtigen Zierrathen, und seine ungeheuer großen Trümmern sind noch ehrwürdiger, als ihre vollkommene Erhaltung. Der Ruf der berühmtesten Gebäude verschwindet vor den Wundern der egyptischen Baukunst, und wenn man sie würdig beschreiben wollte, müßte man das Genie der Männer besitzen, die den Plan dazu entworfen und denselben ausgeführt haben, oder man müßte so beredt als Bossuet schildern[6].“

„Der Araber, der zu Luxor-Ismain, Abu-Alis Befehlshaber war, und dem ich einen Brief von diesem Fürsten übergab, nahm mich sehr wohl auf, dann setzten wir uns zu Pferde, und ritten unter seiner Bedeckung, bei den Ruinen der alten Residenzstadt der egyptischen Könige herum. Ihre Pracht und ihre Größe übertrifft alles, was man sich vorstellen kann, allein neue Ereignisse jagten mich von den Ruinen weg, deren merkwürdigsten Theil ich untersuchen und zeichnen lassen wollte. Ich habe blos eine Zeichnung aufnehmen lassen können, die eine sonderbare Säulenstellung des Theiles von den Ruinen vorstellt, wovon das Dorf Luxor umgeben ist.“

Der Europäer, und nur der Alterthumskundige vermag den tiefen Eindruck dieser edlen Erhabenheit in sich aufzunehmen, doch ging das sonst nicht ohne listige oder gefährliche Störung an. Nun aber in Gesellschaft bewaffneter Soldaten wurde jede Nachforschung leicht, kein hoher Genuß vernichtet. Und hätte die Expedition der Franzosen, ganz gewiß noch einst folgenschwer, auch nichts bewirkt, als der gebildeten Welt all die herrlichen authentischen Werke über Egypten zu geben, so würde die Nachwelt sie schon mit Preis und Dank nennen.

Zwei bis drei Tage hielt man sich hier auf, bewunderte, maaß, zeichnete, beschrieb. Flore half die Meßkette tragen.

Am letzten Tage irrte sie allein ein wenig umher, bog um eine dicke Mauer, und wurde einige Menschen von dürftigem Ansehn gewahr, die ihr etwas Bekanntes zu haben schienen. Jene erschracken, und wollten sich verbergen, Flore ermuthigte sie, und fragte gutmüthig: ob sie ihnen worunter nützlich werden könne?

Auf den vernommenen Ton ihrer Stimme wandte sich der Eine von den Männern etwas rasch um, und blickte mit starrem Auge auf Floren. Diese ihrerseits prüfte, forschte näher mit ihren Blicken — siehe da! sie hatte den Bei vor sich, den gutmüthigen, der sie einst von Schmach und Tod gerettet, sie mit Geschenken und Freundschaft überhäuft hatte.

Sie freute sich hoch, aber mit Beben erkundigte sie sich; warum er doch, mit seiner wackeren Gattin (denn auch sie saß da, in einen einfachen Schleier gehüllt) und wenigen Knechten, sich an dem abgelegenen Orte befände?

Der Bei, nachdem er sich von seinem Staunen erholt hatte, erzählte ihr in Kurzen, wie er nicht nur durch die Zeitumstände von allem Einfluß, und allen Einkünften ausgeschlossen worden sei, sondern auch noch das herbe Unglück erlebt habe, auf jenem Landhause, seiner Schätze beraubt, ja bis auf die ersten Bedürfnisse an Kleidung, geplündert worden zu sein. Seine eignen Knechte hatten mit diebischen Arabern einen Bund geknüpft, sich nach der That entfernt, und vorher alle Gebäude in Brand gesteckt.

Waren die nicht dabei, welche mich geleiteten? rief Flore.

Ich vermuthe, diese waren die ruchlosen Anstifter, entgegnete der Bei.

„O das ist mir glaubwürdig genug. Auch an mir frevelten die Verräther."

Sie fuhr nicht weiter fort, sondern dem ersten Gedanken, der ihr Herz füllte, wärmte, fortzog, folgend, sprang sie zu ihren Elephanten. Sie waren schon beladen, denn man wollte aufbrechen. Hierher, Knecht, mit dem Einen! rief sie. Der verwunderte Bei sah sich plötzlich reich, seine Gattin empfing einen Kuß, und Flore war in dem Säulenlabyrinth verschwunden.

Da sie floh, und mit den Truppen fortwanderte, warf eine Stimme in ihrem Innern ihr vor: „Aber so viel! die ganze Hälfte!" und eine andre fragte: „Konnte ich weniger thun?"

Die erste mußte bald verstummen.

---

[5] Der deutsche Uebersetzer des Sonnini führt an: „Achilles sagt beim Homerus: Nie werde ich mich vom Agamemnon überreden lassen, ins Lager der Griechen zurückzukehren:

Böt er sogar die Güter Orchomenos oder was Theben

Hegt, Aegyptos Stadt, wo reich sind die Häuser an Schätzen.

Hundert hat sie der Thor' und es ziehen zweihundert aus jedem

Rüstige Männer zum Streit mit Rossen daher und Geschirren.

Ilias B. IX. 383. (nach Voß Uebers.)

[6] Eines Abends zog ich mich, den Geist mit den Wunderwerken, die ich gesehen hatte, angefüllt, in eine von den Hütten zu Luxor zurück, und las nochmals mit Enthusiasmus Bossuets Stelle durch, wo er nach Thevenots Erzählung, eine kurze Uebersicht von den Ruinen von Theben giebt. Man kann von Werken, die Ehrfurcht und Bewunderung

einflößen, nicht in einer erhabneren Sprache sprechen. Ich glaube meinen Lesern einen Gefallen zu erzeigen, wenn ich diese Stelle hier einrücke, die ihnen ohne Zweifel noch eine vollkommenere Vorstellung von Orten geben wird, die des Pinsels des französischen Redners würdig sind.

> „Die Werke der Egypter waren für die Ewigkeit gemacht. Ihre Bildsäulen waren Colosse, ihre Säulen unermeßlich groß. Egypten hatte seine Absicht auf das Große gerichtet, und wollte die Augen auf sich ziehn, indem es dieselben stets durch die Richtigkeit der Verhältnisse befriedigte. Man hat in dem Saib (man weiß, daß dies der Name der Thebais ist) Tempel und Palläste entdeckt, die beinahe noch vollkommen erhalten wurden, wo diese Säulen, und diese Statüen unzählbar sind. Man bewundert daselbst vorzüglich einen Pallast, dessen Ueberreste blos darum scheinen stehen geblieben zu sein, um den Ruf aller der größesten Werke zu vernichten. Vier Gänge die so weit reichen, als man sehen kann, und an deren beiden Enden Sphinxe stehen, die aus einem eben so seltnen Stoffe gehauen sind, als ihre Größe merkwürdig ist, dienen einer Halle, deren Höhe die Augen in Erstaunen setzt, zu Eingängen. Welche Pracht und welche Größe! Noch haben diejenigen, die uns dieses ungeheure Gebäude beschrieben haben, nicht Zeit gehabt, darin herumzugehn, und sie wissen nicht einmal, ob sie die Hälfte davon gesehen haben, alles aber erregte ihr Erstaunen."

„Ein Saal, der ohngefähr in der Mitte dieses prächtigen Gebäudes war, wurde von sechsundzwanzig Säulen getragen, die sechs Klaftern dick, verhältnißmäßig groß, und mit Obelisken untermengt waren, die so viele Jahrhunderte nicht haben niederstürzen können. Selbst die Farben, d. h. dasjenige, was der Macht der Zeit am meisten unterworfen ist, sind noch gut unter den Ruinen dieses bewundernswürdigen Gebäudes erhalten, und haben noch ihre ehemalige Lebhaftigkeit. So gut verstand Egypten allen seinen Werken den Charakter der Unsterblichkeit aufzudrücken."

Fünftes Kapitel.
Neues Unglück und Ankunft in Cairo.

Sie zogen ohne Abentheuer, und ohne Merkwürdigkeiten zu sehn, mehrere Tage fort; dann mußten sie sich über den Nil setzen lassen. Hier war es, wo die arme Flore eine neue schwere Tücke des Schicksals erfahren sollte. Es ging ihr genau nach der uralten Bemerkung, daß das Unglück nicht Einzeln zu kommen pflegt.

Die Fähre, welche am Ufer vorgefunden wurde, war nicht geräumig, das Commando mußte in zwei Abtheilungen eingeschifft werden. Der Elephant blieb zuletzt, und es machte große Mühe, bis er zu bewegen war, in das Fahrzeug zu steigen. Flore wollte nicht von ihrem Besitzthume entfernt sein, aber sie fürchtete die plumpen Bewegungen des Thieres, deshalb fuhr sie in einem kleinen Boote neben der Fähre her. In der Mitte des Stromes muß unseligerweise ein Nilungeheuer, Hippodamus genannt, an der Fähre in die Höhe springen, wie man wohl, die Ostsee beschiffend, plötzlich erscheinende Seehunde wahrnimmt. Der Elephant entsetzt sich, wird scheu, fängt an hin und her zu springen, dadurch verliert das Fahrzeug das Gleichgewicht, die Ruderer schreien auf, springen in die Fluth, sich durch Schwimmen zu retten, und das Fahrzeug schlägt um. Der Elephant geht sogleich, von seiner Last in die Tiefe gedrückt, unter.

Flore fing laut an zu lachen. So komme ich also wieder nach Cairo, wie ich auszog, rief sie. Aller Reichthum von Darkulla ist dahin, ich kann die ganze Hoheit von Darkulla einen Traum nennen, und anders soll sie auch in meinem Gedächtnisse nicht aufbewahrt werden.

Man kann nicht gefaßter seyn, wie sie es war. Andere hätten daran gedacht, durch Taucher, die Ladung des Elephanten suchen zu lassen, sie dachte aber: wer weiß, wohin der Strom das Thier wirft, wo find ich solche Leute, allein wäre ich mit ihnen nicht sicher, und die Soldaten müssen fort. Fahre hin Reichthum! Finde ich nur in Cairo, was ich noch zu fordern habe, läßt mich das Geschick Paris wieder erreichen, Ring einst wieder sehn, so will ich gern sagen: mir träumte einmal, ich wäre Sultanin von Darkulla.

Wenn das Verhängniß nur Reichthum nimmt, ist es noch milde genug, aber wenn auch die Freiheit verlohren geht, (wie Bajazeth, nachdem ihm Tamerlan alles genommen hatte, noch in den Käficht kriechen mußte,) dann wirds arg, und viel ärger, wenn man ein persischer Prinz ist, eine Hauptschlacht wider den Gegner verloren hat, gefangen wird, und dann die Augen hergeben muß.

Entstände die Frage: welchen Sterblichen nennt die Geschichte, der am bittersten verlor; so wäre man geneigt zu antworten: der liebende Abälard, da er durch die Greuelthat — — — — allein die ächt feinen Gemüther, die das Menschliche ins Göttliche zu versenken wissen, können antworten: Abälards Liebe verlor nicht, sie gewann. —

Die Ungewitter des Schicksals toben aber bisweilen aus. Ist ein ungeheures Weh, nach früheren großen, erlitten, darf der Mensch auf einen entwölkten Horizont hoffen. Flore kam nach Cairo, eilte nach ihrer vorigen Wohnung, und so lange sie auch entfernt war, so lange man nichts von dem gefangenen Ring gehört hatte, so fand sie alle ihre Habseligkeiten richtig wieder. Die bravgesinnten Kameraden ihres Mannes hatten sich der Aufbewahrung und Verwaltung unterzogen. Ja alle Rechnungsbücher, die die an die Truppen geleisteten Lieferungen aufzählten, alle Quitungen lagen an ihrem Ort. Es mangelte nicht an baarer Kasse, und Flore übersah bald, daß Ring über das aus Frankreich mitgenommne Kapital, mehr als Hunderttausend Franken, in gültigen Forderungen, ausstehen habe. Das war die Frucht vortheilhafter Einkäufe, emsigen Fleisses, und des Glückes bei dieser oder jener Unternehmung.

Jetzt waren die Forderungen nicht einzuziehn, doch Anweisungen auf Paris wurden dargeboten. Flore war damit vollkommen zufrieden, um so mehr, als sie hinlänglich mit Reisegeld versehn war.

Wie man die Papiere ausgefertigt hatte, beschenkte sie die redlichen Freunde, und eilte nach Alexandrien. Hier besuchte sie Coraims Eltern, und erzählte dem jungen Türken von Isabellen, Alonzo, Coutances, Perotti, der nicht wenig befremdet wurde, und nun um einen Roman reicher war, wenn er eine Gesellschaft durch Erzählungen vergnügen wollte.

Dann sahe sie sich nach einem Schiffe um, das nach Frankreich segeln wollte. Sie fand deren jetzt nicht, da die Engländer zu mächtig in den egyptischen Gewässern umherschwammen, doch lag ein italienischer Kauffahrer mit Ladung nach Triest im Hafen. Sie beschloß mit diesem ihr Glück zu wagen, und wurde bald einig wegen der Fracht. Es versteht sich, daß sie sich jetzt immer wieder der Mannskleider bediente. Doch wechselte sie den uniformmäßigen Rock, mit bürgerlichem Frack und Ueberrock.

Sechstes Kapitel.
Reiseabentheuer auf der Fahrt nach Europa.

Welche Gefühle, da Flore das Boot bestieg, welches sie nach dem auf der Rheede liegenden Schiffe tragen sollte! Welche Gefühle, da die Matrosen dort die Strickstufen hinabließen, und sie daran zum Verdeck hinaufstieg! Welche Gefühle, da bald darauf der Schiffskapitain zufrieden nach dem Wimpel empor schauete, und die Anker lichtende Winde rüstig gedreht ward!

Sanft theilte der Kiel die blauen Fluthen. Das Schiff ging vor einem Südostwinde von mäßiger Kraft, kein peinliches Schwanken, das die Seekrankheit ruft, behagliches Gefühl, nur die sich verkleinernde Küste, das Zeichen der eilenden Fahrt.

Noch am Abend sahe man wenig mehr vom Gestade des alten romantischen Egyptens, am Morgen, da Flore ihr Wandbett fröhlich verließ, und zur Cajüte hinaufstieg, erblickte sie nur Himmel und Wasser, Seemöven, und in der Entfernung einige englische Stationärs.

Der Schiffskapitain hatte Floren versprochen, im Fall die Engländer das Schiff visitirten, sie für seinen Sohn auszugeben, denn freilich konnte sie auf keine Freundlichkeit bei den Britten zählen. Jene Zusage beruhigte sie aber, denn der Mann hatte eine gewisse Biederkeit an sich, die ihr Zutrauen warb. Ihre Menschenkunde betrog sich aber.

Sie hatte ihm ein Märchen aufgebunden, nach welchem sie der Sohn eines alten französischen Offiziers sei, der in Egypten seinen Tod gefunden hatte. Der Seemann glaubte, bedauerte, und verhieß Wohlwollen aller Art.

Allein in einigen Tagen kam ein englisches Kriegsfahrzeug nahe heran, und gab das Zeichen die Seegel niederzulassen. Man mußte gehorchen, und eine Chaluppe brachte mehrere brittische Beamte, welche die Papiere des Kauffahrers untersuchen sollten.

Sie stiegen an Bord, fanden Frachtbriefe und Ladung richtig, und hatten nichts einzuwenden, da das Schiff nach einem neutralen Hafen segelte. Nun kam die Reihe der Passagiere. Die drei, welche außer Floren noch da waren, fanden keine Schwierigkeit, nun fragte der englische Offizier: wer ist der junge Mensch? Pässe vorgezeigt!

Es ist ein Franzos! rief der Schiffskapitän. Florens Knie zitterten. Die Britten ließen ihr God damm und French dog vernehmen, und kündigten ihr an, sie müsse gefangen mit auf das englische Schiff.

Die Arme war bis in den Tod erschrocken, und empört über die Treulosigkeit des Schiffers, da war aber wenig Zeit zu Ausrufungen, Verwünschungen und Klagen, sie mußte hinunter in die englische Chaluppe.

Meinen Koffer, rief sie, laßt mich doch mitnehmen, der Italiener läugnete, daß einer da sei, die Britten wollten sich nicht lange aufhalten, und ruderten davon.

Ein guter Genius der Vorsicht hatte Floren gerathen, ihre Papiere in einem Taschenbuche von Wachstaffent, ins Futter der Weste zu nähen, so hatte sie nun doch alle ihre Anweisungen auf Paris bei sich, und der treulose Wälsche fand in ihrem Koffer, außer einigen egyptischen Seltenheiten, und Kleidungen von geringem Werthe, nur wenig baares Geld.

Die Engländer wiesen ihr im unteren Schiffraum ihren Aufenthalt an, der freilich sehr naß, kalt, und unbehaglich war. Sie konnte nicht einmal fragen, was man mit ihr vorhabe, da sie nicht englisch verstand. Sie war übrigens nicht geplündert worden, auch ihr Geschlecht blieb unentdeckt. Eine Portion Schiffszwieback wurde ihr täglich gereicht, auch wohl Mittags ein wenig Stockfisch oder Sauerkraut.

Vierzehn Tage lang mußte sie dies traurige, ängstliche, ungewisse Leben aushalten, und selten wurde ihr vergönnt, ein wenig frische Luft auf dem Verdecke zu schöpfen.

Dann segelte das Schiff nach Morea, um Wasser einzunehmen. Dort befanden sich damals russische Truppen, und der junge französische Gefangene, den man nicht mehr mit sich herumschleppen wollte, wurde ihnen ausgeliefert.

Waren die Engländer rauh, waren es die Söhne Moscoviens noch weitmehr. Kaum hatte sie den Fuß ans Land gesetzt, als die Kosaken, welche sie ins russische Hauptquartier bringen sollten, ihr Stiefeln, Ueberrock und Hut nahmen. Sie gab noch die geringe Baarschaft von selbst hin, und bat kniend nicht weiter zu gehn, denn sie hatte nun alles zu fürchten.

Knieen, Flehen, Händeringen, das sind inzwischen Dinge, von denen man gar nicht billigerweise erwarten darf, daß sie auf Kosaken Eindruck machen sollten. Sie kommen ihnen im Kriege täglich vor, und es ist nothwendige Regel, daß Gewohnheit für die Eindrücke abstumpfe.

Doch gute Naturen plündern dennoch mit Güte. Sie mißhandeln nicht, und ziehen die Kleidung behutsam herunter, indem die Versicherung gegeben wird, es solle weiter nichts geschehen.

Im Anfang des letzten Krieges, den Oestereich mit der Pforte führte, empfingen die türkischen Soldaten, für den feindlichen Kopf, einen Dukaten, und suchten dann haushälterisch ein Sümmchen einzusammeln. Nahmen sie nun Kaiserliche gefangen, und diese wanden sich um Pardon, sagten die Leutseligen unter den Muselmännern: Fürchte dich nicht! Nur den Kopf!

Doch zu Floren. In dem gültigen Augenblicke, trat eben ein russischer Offizier daher, einen schönen jungen Mann in bürgerlicher Kleidung am Arme. Männer erkennen verkleidete Weibern nicht immer, wenn die weibliche Abweichungen der Gestalt nicht sehr scharf ausgesprochen sind. Aber ein verkleidet Frauenzimmer erkennt das andre auf den ersten Blick.

Darum wandte sich Flore auch nicht an den Offizier, sondern seinen schönen Begleiter, vermuthete aus der feinen Haltung, die französische Sprache würde verstanden werden, und rief: schöne Dame, retten sie mich, ich bin wie sie eine Verkleidete!

Der Offizier wurde roth, die andre Person blaß, doch stellte jener Befehle aus, die Kosaken mußten im Raub Einhalt thun, ja Ueberrock, Hut und Stiefeln zurückgeben, wofür er ihnen einige Rubel hinwarf.

Er erkundigte sich weiter. Flore fertigte einen kurzen wahren Abriß ihres Lebens, wo aber manches ausblieb, z. B. das Palais Royal, und das Königreich Darkulla; wie sie aber von ihren Begebenheiten bei der polnischen Legion sprach, erwiederte der Offizier: O davon sollst du mir noch mehr erzählen, ich bin auch ein Pole.

Flore wurde aus den Händen der Kosaken befreit. Ich verantworte alles, sprach der Offizier und nahm sie mit nach seiner Wohnung, in einem nicht weit von dem Ankerplatz, wo die Engländer lagen, entfernten Flecken.

Dort mußte nun Flore noch viel über den Krieg in Italien nachholen, und ihre Reise mit dem Herrn von Jalonski, ein Hauptmoment aus jener Zeit, kam auch zur Sprache.

Bei dem Namen Jalonski fuhren jene auf. Das ist mein Jugendfreund, rief der Offizier, mit etwas blassem Gesichte. Die andere Person erröthete, wie der Vollmond, wenn er dem Meere entsteigt.

Alles was Flore von dem Herrn von Jalonski wußte, mußte sie jetzt berichten; man nahm nicht nur den lebendigsten Antheil daran, sondern begegnete ihr nun mit lebhafter Auszeichnung, woran auch der bei ihrer Erzählung offenbarte Verstand Ursache war.

Sie bekam ein kleines besonderes Zimmer, und die Versprechung, man werde gewiß Sorge tragen, daß sie ungehindert und sicher nach Venedig oder Triest gelangte.

Schon da alles schlief, kam die andere Person noch auf Florens Zimmer, gestand, sie sei eine Verkleidete, und — Jalonski's erste Geliebte.

Wer denkt man, daß es war? Maria Gurowska! Joseph, der russische Offizier! Nach jenem Aufstand in Warschau hatte er russische Dienste genommen, und Marie geheirathet. Jetzt stand er schon eine gute Zeit in

Morea, empfand Langeweile, und schrieb nach Taurien, wo sich seine Gattin befand, sie mögte zu ihm kommen. Sie wählte Mannskleider.

Joseph und Maria Gurowska sind denjenigen bekannt, welche die Begebenheiten des Herrn von Jalonski lasen; wer die Lesereise durch gegenwärtiges Büchlein macht, und dem jene Begebenheiten fremd sind, wird auch mit den beiden Personen vertraut werden, wenn er sich jenes Buch aus irgend einer Leihbibliothek holen läßt.

Hier wird demnach auch ein Kritiker ausgesöhnt, welcher dem Verfasser einst den Vorwurf machte: er habe nicht berichtet, was aus Joseph und Maria Gurowska weiter geworden sei.

Siebentes Kapitel.
Fortsetzung.

Maria konnte immer nicht genug von dem guten Ignaz hören, und manche Thräne der Rührung perlte auf ihre holden Wangen nieder, wenn seine Unfälle berührt wurden.

Die Erzählung mußte nothwendig Sympathie unter den beiden Weibern erzeugen. Denn man kann verheirathet sein, und den andern Theil achten und lieben; eine Erzählung, die die Saiten der ersten Liebe berührt, ruft doch Melodien der Erinnerung, die den orpheischen Mund segnen lassen. So kettete sich Maria an Floren, und diese gehörte ihr, durch die Freude an ein solch Gefühl, und den Dank.

Sie wurden Freundinnen von neuer Zeitrechnung, aber innig.

Flore mußte acht Tage hier bleiben, und diese Zeit, ihr ohnehin angenehm gemacht, diente ihr dazu, sich von den Mühseeligkeiten auf dem englischen Schiffe zu erholen.

Dann fuhr eine Postjacht nach Corfu. Flore bekam gute russische Pässe und Empfehlungen, auch Josephs Diener mit, der unterwegs für ihre Bequemlichkeit sorgen, und ihr eine Gelegenheit nach Venedig oder Triest verschaffen sollte, die man in Corfu bald zu finden hoffte.

Man schied gerührt. Sehen sie einst Jalonski, rief Joseph, so sagen sie ihm: wenn schon unsere politischen Grundsätze sich trennten, mein Herz gehört immer noch dem Jugendfreunde! Maria wandte den Blick weg, sie konnte nichts sagen.

Das kleine Schiff, von Ragusanern geführt, ging immer längs der Küste, und lag nach einigen Tagen im Hafen von Corfu. Man fand noch an demselben Tage eine Brigg, die nach Triest steuern wollte. Flore miethete ihren Platz darauf, beschenkte den Diener Josephs und ließ Tausend Dank nach Morea entbieten.

Es gelang ihr, ein französisches Papier, mit einigem Verluste, bei dem Wechsler, dem sie durch Joseph empfohlen war, umzusetzen, folglich drückte sie keine Verlegenheit mehr.

Von jetzt an schien das Glück versöhnt, der Schiffskapitän, mit dem sie reiste, war ein redlicher Mann, die Passagiere gute freundliche Menschen; bis auf einen kleinen unerheblichen Sturm erzeigten sich Wind und Wetter vollkommen günstig, und bald lag die Brigg im Hafen von Triest vor Anker.

Flore begegnete jenem treulosen Schiffskapitän, der große Augen machte, sie in Triest zu sehn. Sie reichte eine Klage wider ihn ein, er stritt aber, und sie hätte vielleicht manche Woche harren müssen, um einem vortheilhaften Richterspruch entgegenzusehn, das schien ihr der Mühe nicht werth, und sie eilte weiter zu kommen.

Josephs Empfehlungen an den russischen Consul, waren auch in Triest sehr wirksam, man hatte die Güte ihr einen Paß zu geben, der sie einen Schweitzer nannte; so hinderte sie der Krieg zwischen Frankreich und Oesterreich nicht an ihrer weiteren Reise.

Sie ging erst nach Venedig, dann mit einem Vetturin nach Mailand. Eine Postkutsche brachte sie nach Turin, und hierauf wurden Maulthiere gemiethet, um über den großen St. Bernard zu gehn. Sie kehrte bei den gastlichen Vätern auf der Höhe ein, und ließ sich dann auf einem geflochtenen Palankin niederwärts tragen, denn das Ramassiren, oder auf kleinen Schlitten über den Schnee, bei den jähesten Abgründen vorbei, gleiten, (was manchen Engländern so viel Vergnügen macht, daß sie die Fahrt öfter wiederholen,) wagte sie nicht.

Die kalte Alpenluft war freilich sehr unbehaglich für Jemand, der aus der Mitte von Afrika anlangt, doch trug sie nur einen kleinen Schnupfen davon, der nichts zu bedeuten hatte, weil er bald verging. Denn freilich, vergeht ein Schnupfen nicht bald, kann er viel zu bedeuten haben. Tissot begegnete einem Edelmann, und fragte: wie befinden sie sich? Jener antwortete: Wohl, bis auf einen Schnupfen. O, rief Tissot, am Schnupfen sterben mehr, wie an der Pest. Er hatte Recht, da der Schnupfen, vernachlässigt, leicht die Wurzel gefährlicher Brustkrankheiten legt.

In Genf ruhete unsere Reisende nicht nur von den neuen Ungemächlichkeiten auf dem Meere und den Gebürgen aus, sondern sie legte hier auch feierlich das männliche Kleid ab, um es nie wieder anzuziehn.

Man wunderte sich nicht wenig im Gasthofe, bei der Verwandlung, und als Flore eine Kammerjungfer miethete, mit der es ans Nähen, und Cöffürenaufstecken ging.

Achtes Kapitel.
Endliche Ankunft zu Paris.

Da alles mit dem Costüme in Ordnung war, miethete Flore zwei Plätze auf der Diligence, und stieg mit ihrer Kammerjungfer, einer munteren Savoyarde, ein. In Lyon versah sie sich noch mit allerlei Putzwerk, um stattlich in die Vaterstadt einzuziehn, alles aber an ihr mußte den Stempel einer graziösen Ehrbarkeit tragen.

Außer daß die Gastwirthe unterwegs ziemlich dreist auf ihre Börse spekulirten, begegnete ihr nichts Erzählungswerthes auf dem Wege. Die Landstraßen sind gut, die Postillone fahren trefflich, der Ton ist in Frankreich voll Anstand gegen das andere Geschlecht, da können also die Frauen mit Bequemlichkeit und Dezenz reisen, wenn auch keine männliche Begleitung um sie ist, ein Schritt, bei dem es in Deutschland dagegen, Bedenklichkeiten genug giebt.

So rasch aber der Wagen fortgezogen wurde, je näher an Paris, je größer Florens Ungeduld. Feierlicher, heiliger wird die Heimath, wenn man aus einer weiten Entfernung zurückkehrt. „Werde ich von Ring hören? Ihn vielleicht gar finden? Werden meine Verwandten noch leben?“ Alle diese Fragen richtete sie ängstlich an das Geschick. —

Endlich erreichte man die letzte Post, auf der die Pferde unleidlich zu zögern schienen, ob sie der Postillon schon sehr eilig vorlegte. Endlich rollte die schwere Kutsche, mit Passagieren überfüllt, auch von dort weg. Flore setzte sich hinaus, auf das sogenannte Cabriolet, welches der Platz vor der Kutsche ist, um die freiere Aussicht nach der Stadt hin zu genießen, und sie eher wie von Innen zu sehn.

Oft täuschten sie Pappelbäume im Hintergrunde, die sie für die Thürme von Notredame, und wieder dicke Linden, die sie für die Dome von dem Pantheon, den Invaliden, oder Val de grace ansah. Endlich aber machte die Täuschung der Wahrheit Platz, die Zinnen lagen wirklich vor ihr, und von einem Hügel herab, war der ganze Prospekt, auf die breite, mit zahllosen, von Rauch und Dampf umhüllten, Häusermassen bedeckte Fläche. „Träumst du, Sultanin von Darkulla? Nein, da breitet Paris sich vor dir aus!“

Da sie nun in der Stadt angekommen war, und die Diligence vor ihrer Ausspannung anhielt, nahm Flore einen Miethswagen, und ließ sich in ein Hotel bringen. Bei Dame Beatrice, ihrer Tante, im Palais Royal vorfahren, das ging nicht mehr an. Auch über die Träume von Hoheit weggesehn, gehörte Flore zu der Zahl ehrsamer guter Frauen, und das Gesicht ward ihr immer heiß, wenn sie an die tiefe Vergangenheit dachte.

Sie hätte allenfalls den Abend erwarten, dann ins Palais Royal gehen, und zur Tante unbemerkt hinaufschleichen können. Aber auch das wollte sie nicht, aus Furcht, alte, nicht rühmliche Bekanntschaften, dort zu finden. Ihr Kammermädchen sollte übrigens auch ganz und gar nichts von einer gewissen Vorzeit erfahren.

Es wurde ein Lohnlakai zu Dame Beatrice geschickt mit der Ladung, sogleich ins Hotel N. N. auf das und das Zimmer zu kommen. Wer den Lohnlakaien schickte, das wußte er selbst nicht, die Bestellung war ihm unten im Hause gemacht worden, und die Tante sollte auch überrascht sein.

Das gab aber Anlaß zu einer sehr komischen Verwechslung. Dame Beatrice, nach einem Hotel berufen, was konnte sie meinen, das man von ihr wollte? Nicht doppelte Gänge zu haben, nahm sie gleich einige — Stickerinnen mit, die auch wohlgemuthet ins Zimmer traten. Darüber gerieth Flore in peinliche Verlegenheit, und es minderte die Freude des Wiedersehens. Zum Glücke aber kannten jene Novizen sie nicht, und wurden auf Florens Wink bald von der Alten beurlaubt.

Diese war außer sich vor Freude, verschwenderisch an Fragen, die keine Antwort erwarteten, und an Erzählungen, die nicht zu Ende kamen. Flore konnte keine Ruhe in ihr Gemüth bringen, und ehe man sichs versah, war Jene zur Thür hinausgesprungen und verschwunden.

Flore saß eine Weile allein auf dem Zimmer, und weinte, daß die Alte ihr nichts von Ring hatte sagen können.

Nach einer halben Stunde war Dame Beatrice wieder da, den Maître décrotteur, und den Virtuosen Martin an der Hand, welche das Vergnügen des Tages theilen, und die Heimgekehrte bewillkommen sollten.

Der Leser kennt diese beiden Ehrenmänner auch nur, wenn er die Geschichte des Herrn von Jalonski seiner Durchsicht würdig gehalten hat. Der eine, Florens Oheim, hatte eine Boutique am Pont neuf, wo für die Reinlichkeit der Schuh und Stiefeln Vorübergehender Sorge getragen wurde, der andere, sein Herzensfreund, ging Abends in den Gassen der Vorstädte umher, einen Ohrenschmaus auf einem Instrumente anzutragen, das auch das erklärteste musikalische Nichttalent in einer Stunde meisterhaft spielen lernen kann weil es nur eine drehende Bewegung fordert.

Ohne Umstände, nach Weise guter kleiner Bürger, fielen sie Floren um den Hals, und die vormalige Sultanin in Afrika, konnte sich nicht einmal der freudigen Ausbrüche erwehren.

Beklommen freundlich fragte sie: Was befehlen die Herren zu trinken? Blanc côte d'or? Hermitage? Vin vieux du Rhin? de Tokai?

Eh, eh! erwiederte der Decrotteur, zu theuer, viel zu theuer! Ein Glas Chablis oder Beaune. Oder eine Flasche Bierre de mars, sagte der Freund.

Flore schämte sich, und ließ Blanc côte d'or bringen, wobei sich die Gäste bedeutend ansahen, und den Wein kennerisch zum Munde führten.

Der Decrotteur begehrte etwas Brot, und eine rohe Zwiebel, sein Freund ein wenig Käse, Dame Beatrice äußerte Appetit auf ein Stück boeuf à la mode. Flore ließ ein Poulet normand au cresson, eine Capitolade aux truffes, einige Bécasses, compots de touts espèces, eine Menge von Cremen und Confituren auftragen. Jene kauten sehr hoch, und der vertrauliche Ton verminderte sich mit jeder neuen Delikatesse, womit Flore auch gar nicht unzufrieden war.

Bald gingen die beiden Männer, auch mit einem etwas steifen Komplimente, davon, denn ihre Geschäfte riefen.

Nun sprach Flore zur Tante: Ich kann es nicht mehr ansehen, Dame Beatrice, daß sie ihr Handwerk fortsetzen.

Jene erwiederte: Himmel! Es nährte mich doch so lange redlich, nichts anders habe ich gelernt.

Flore fuhr fort: Ich bin im Stande, für ihren Unterhalt zu sorgen. Es gelang mir, in Egypten etwas zu erwerben, und ich bringe Anweisungen mit, an deren Gültigkeit gar kein Zweifel besteht, da, wie ich schon unterwegs erfuhr, durch die Solidität der jetzigen Regierung der Staatskredit immer mehr befestigt wird. Ich kann auch meine Papiere bei jedem Wechsler loswerden. Und mit dem Landgütchen, was Ring und ich einst mit Papiergelde kauften, muß es gegenwärtig auch wohl stehn.

O ja, rief Dame Beatrice, es liegt Pacht für dich in Bereitschaft. Wolltest du es verkaufen, es würde ansehnlicher Vortheil davon —

Nein, nein, unterbrach sie Flore, wir ziehen zusammen nach Toury. Paris ist kein Ort für sie. Aufs geschwindeste geben sie alles auf, versteigern ihre Mobilien, und folgen mir.

Ei nun wenns so gemeint ist, sagte die Tante mit weinerlichem Ton, wenn du mich todt füttern willst, so geb ich die Geschäfte mit Vergnügen auf, die Zeiten werden so immer schlechter, es giebt Unserer zu viel, und die Welt ist bös, man wird auf allen Enden betrogen.

Flore trieb die Sache eilig und mit Nachdruck. Denn Paris, so heiß sie sich danach gesehnt hatte, war ihr jetzt zuwider. Da sie seine Freuden durchaus nicht ungestört genießen konnte. Sie besuchte die Oper, das Boulevard, den Garten des Palais Luxemburg, in Gesellschaft der Wirthin, doch überall fand sich bald ein ältlicher Elegant, der, sie lorgnettirend, entweder ein bedeutendes Aha! ausrief, es gingen ein Paar Militairs hinter ihr, und riefen ohne Umstände: Voilà Flore! oder sie mußte wohl gar derbe Scherze vernehmen. Das machte, daß sie gar nicht mehr ausging.

Sie verwandelte ihre Papiere in Geld, und that dies auf sichren Zins. Dame Beatrice mußte aufpacken, Herr Jolin, der die Tante späterhin heirathete, setzte sich mit in den Wagen, und so gings auf Toury bei Orleans zu, dessen Pächter, wie ein ehrlicher Mann gewaltet hatte.

Sie fand baare Summen vor, die Grundstücke waren verbessert, es mangelte nicht an Vieh, nicht an Geräth, und Toury verhieß seiner Besitzerin ein anständiges Auskommen.

Neuntes Kapitel.
Einsamkeit zu Toury.

Hier dachte sie nun ernst über ihre bunte Vergangenheit nach. Die Unruhe, das Schwanken zwischen Furcht und Hoffnung, waren von ihr gewichen, zum Erstenmale kam das Gefühl eines gleichstimmigen, zwischen den Extremen unbemerkt hinlaufenden Daseins über sie. Die ländlichen Beschäftigungen in ihrer harmlosen Einfachheit, gewann sie lieb, mischte sich, wie eine Penelope, bald unter die Winzerinnen, bald unter die Frauen an der Spindel.

Wohl von mehr als einer Seite konnte man sie mit der fabelhaften Königin von Ithaka (die übrigens kaum so reich war, als Flore jetzt, um wie viel weniger, als einst Flore in Darkulla) gleichen. Denn die junge Wittwe, (alles sagte ihren Mann todt,) mit artigem Vermögen, und einem artigen beau reste gefiel manchen ehelustigen Männern der Gegend. Zu Wagen, zu Roß und zu Fuße wurden ihr Aufwartungen gemacht, deren Absicht klar genug einleuchtete, auch trafen ganz runde Anwerbungschreiben ein.

Doch sie hoffte auf Rings Zurückkunft. Warum sollte er nicht leben? fragte sie immer. Lebendig ward er gefangen, das sagen meine Nachrichten. Mordet der Türk nicht im Wüthen der Schlacht, so läßt er hernach den Gefangenen wohl unverletzt, da er ihn als Sklave verkaufen, oder selbst nützen kann. Lebt Ring, so wird er, es daure so lange es will, schon Mittel finden, sein Loos, seinen Aufenthalt, hieher kund zu thun, und da kauft man ihn mit einer Summe los.

Darum wurden die Freier artig, doch gemessen abgewiesen. Und da zu viel Justiz im Lande war, als daß sie sich, wie jene übermüthigen, die Herrn von Göthe so gefallen[7], hätten einlegen, und von der Schönen Haabe zehren können, so blieb ihnen nichts, als sich artig zu entfernen; was noch dazu in aller Stille geschah, weil Niemand gern den empfangenen Korb wollte ruchtbar werden lassen.

Doch nicht alle Freier beruhigten sich mit einem Korb; das, was sie entbehren sollten, gewann nur einen desto anziehenderen Reiz für sie, und die Plane der Intrigue wurden zu Hülfe gerufen.

So gings auch hier mit einem Herrn Noiseul, der sich in Madame Ring verliebt hatte, und nicht an der Festung Uebergabe verzweifeln wollte, war gleich das erste Aufforderungsschreiben rund abgelehnt worden. Wir werden im folgenden Kapitel sehn, was Herr Noiseul that.

Sonst sind der Regel nach, die Weiber in diesen Intriguen gewandter, und wie mancher Ehemann wird nach Hymens Tempel an den Banden der Schlauheit geleitet.

Den Leser noch mit einer Episode zu bewirthen, mag hier eine Geschichte der Art Platz nehmen, die dazu das Verdienst der pünktlichen Wahrheit hat.

In B*** lebte eine adliche Wittwe, noch nicht über die Jugendfrische hinaus, nicht ohne einnehmende Reitze, nicht ohne Vermögen. Ein Offizier, noch jünger als sie, fand sie liebenswürdig, und da Offenheit seine Sache war, blieben seine Gefühle ihr gar nicht verborgen. Sie fand den Stand der Wittwe ein wenig öde, und einen Lebensgesellschafter, wie den jungen Offizier, um so erfreulicher, als ihre erste Ehe eine Art Zwangverbindung gewesen war. Der junge Offizier besaß eben keine Mittel, doch ihre Einkünfte und sein Gehalt zusammengelegt, konnten eine Haushaltung ganz gut bestreiten; zudem war ja darauf zu zählen, daß die Zeit seine weitere Beförderung, und mit ihr, einen ansehnlicheren Gehalt, herbeiführen würde. Sie sagte also dem Wüstling, der dreister Natur, ihr bald im Hause aufwartete, eben keine Härten, und behielt ihn, da seine Besuche gewöhnlich in die Nachmittagstunden fielen, gemeinhin zum Abendessen.

Ein solch Souper auf der Serviette hatte für den Offizier viel Anziehendes. Die Einladung hieß immer: ohne alle Umstände, oder à la fortune du pot, und es fanden sich denn in der That nur zwei Schüsselchen, wohl gar nur eine, aber erlesen, denn Frau von *** besaß darin recht feinen Geschmack. Ein Kapaun mit Austern, ein Fasan, eine Gans mit Kastanien gestopft, eine sogenannte Matelotte von Karpfen und Aal, eine Rebhuhnpastete — ein niedlich Desert darauf, und ein trefflich Glas Chateau Margot, von dem der selige Herr einen guten Vorrath im Keller angehäuft hatte. Und nun noch die angenehme, witzige, piquante Unterhaltung der lieben Frau, ihr Klavier — wars Wunder, daß Herr von *** die gewohnten Wirthshäuser, ja Schauspiel und Konzert mied, um in jenem stillen Kreise, Wonneabende zu feiern? Und er wieder, der Gefällige, Zärtliche in jeder Art; was ließ sich erwarten, als daß sie alle ihre Gesellschaftszirkel aufgeben würde, um daheim sich weit besser zu unterhalten.

So schwand ein froher Monat nach dem andern, und die Leutchen vergaßen über ihr Glück, die näheren Erläuterungen sowohl, wie das nicht mehr ganz stumme Urtheil der Welt.

Er besaß einen Freund, welcher von dem eben erwähnten Urtheile Einiges vernahm. Dieser warnte: Du bist zu jung, zu unbeständig, zu flattersinnig, als daß eine Heirath dir schon zu rathen wäre. Drängt die Empfindung nicht ganz unwiderstehlich, oder ist das äußere Glück nicht besonders ausgezeichnet, so bleibt es im Soldatenstande das klügste, ledig zu bleiben. Dann nur zieht man mit ungetrübtem Sinn, und leichtem Muth in den Krieg. Die beiden genannten Fälle sind hier wohl nicht vorhanden, also lasse bei Zeit ab. Denke auch, was die Pflicht der Redlichkeit dir gebietet, an die Ruhe, die Ehre der Dame. Es wäre unverzeihlich, ihr Gemüth mit Hoffnungen zu nähren, die du nicht zu erfüllen denkst; es wäre noch unverzeihlicher, ihr durch einen Umgang, der zu zweideutigen Anmerkungen Gelegenheit giebt, Leumund zu bewirken, ihr vielleicht eine anderweitige angemessene Verbindung, zu untergraben. Vielleicht gingst du schon zu weit darin, darum höre was der Freund erinnert. Er prüft mit kaltem Blute. Oder aber, ist es dein voller Wille zu heirathen, fühlst du einen mächtigen Zug, dem du gern der Jugend Freiheit hinopferst — dann —

Nein, nein, mein Guter, erwiederte jener mit geängsteter Stimme, ich fühle, daß der Ehestand mich unendlich einengen würde, ich nicht stark genug wäre, im ganzen Umfang zu thun, zu meiden, was er gebietet — und — und —

„Demungeachtet bist du täglich bei Frau von ***."

Ich empfinde die Gerechtigkeit deiner Vorwürfe. Ich darf aber schwören, daß ich ihr meine Hand nicht zusagte, es war sogar, unmittelbar, noch davon nicht die Rede — da bin ich also nicht treulos, wenn ich zurücktrete; die Bemerkungen des Publikums müssen aufhören, wenn ich alle Besuche abschneide, und — da, meine Hand — es soll von Heute an geschehn!

Er hielt Wort.

Wer war aber bestürzter, wie Frau von *** als der Geliebte um die gewöhnliche Zeit nicht erschien, ja auch, was sonst bei einem eingetretenen Hindernisse pünktlich geschah, seinen Besuch nicht einmal absagen ließ!

Sie schickte nach seiner Wohnung. Er war nicht zu Hause.

Es war ein so leckrer Heringsalat mit Kalbsbraten, Neunaugen, Braunschweiger Wurst, Oliven, rothen Rüben, Möstrich, Kapern, Zwiebeln, Aepfeln, Kartoffeln, Zitronsäure, und dem fettesten Marseiller Oel bereitet. Er nannte diese Mischung sein Lieblingsessen, und wäre sonst um einen solchen Heringsalat von einer Fürstentafel weggeblieben; doch heute — wer begreift, wer erklärt das? — heute kömmt er nicht.

Frau von *** wartet zwei, drei traurige Tage, sie wartet umsonst.

Eine Kartenlegerin muß kommen. Eine Kartenlegerin! rufen die Leser in kleinen Städten verwundert. Aber die Geschichte spielte auch in keiner kleinen, sondern in einer großen Stadt. Da hat sich die Tradition nicht nur durch das Zeitalter der Freigeisterei gerettet, sondern Poesie trat in den letzten Tagen mit Mystik und Aberglauben, auch in einen sinnigen bedeutungschweren Bund. Wie lange wird es währen, und wir sehen wieder Astrologie. Wo giebt es erhabenere Kontemplationen als bei ihr? Wie tragen die Verse empor.

„Das, was geheimnißvoll bedeutend webt
Und bildet in den Tiefen der Natur —
Die Geisterleiter, die aus dieser Welt des Staubes,
Bis in die Sternenwelt, mit tausend Sprossen
Hinauf sich baut, an der die himmlischen
Gewalten wirkend auf und nieder wandeln
— Die Kreise in den Kreisen, die sich eng
Und enger ziehn, um die Centralische Sonne — — —
Die himmlischen Gestirne machen nicht
Bloß Tag und Nacht, Frühling und Sommer. Nicht
Dem Sämann bloß bezeichnen sie die Zeiten
Der Aussaat und der Erndte. Auch des Menschen Thun
Ist eine Aussaat von Verhängnissen
Gestreuet in der Zukunft dunkles Land
Den Schicksalsmächten hoffend übergeben.“

Und der Kobold der Wenden, von dem immer noch eine geheime Sage, im Nord von Deutschland, in der Lausitz, in Böhmen umtönt — ob er gleich seit Karl dem Großen aus der Phantasie getilgt sein soll — rufe nur ein mystischer Dichter, in einem hohen Trauerspiele, neue Weihe über ihn, und es wird bald Ton werden, an ihn zu glauben, ihn bei nächtlicher Weile gesehn zu haben u. s. w.

Genug, die Kartenlegerin mußte kommen. Natürlich wurde ihr alles vertraut, sie hatte aber die Karte vergessen, konnte nicht zur Stelle weissagen. Auf Morgen gelobte sie wiederzukommen und die treffende Auskunft zu geben.

Die Zwischenzeit wurde angewandt, sich nach Herrn von *** und seinem dermaligen Thun zu erkundigen. Die Prophetin brachte in Erfahrung, daß er viel in des Freundes Gesellschaft lebe, es schlich sogar einer ihrer Späher den Beiden am Abend nach, und behorchte ihr Gespräch. Sie war mehr als zulänglich unterrichtet.

Da sie sich am anderen Tage bei Frau von *** einstellte, wurde das magische Kartenspiel über den Theetisch gebreitet. Der Coeur König lag nicht weit von Coeur Dame, er blickte sehnsüchtig zu ihr hin, allein der Pik

Valet stand zwischen beiden. Aha Madam, das ist der falsche Feind, dieser bringt das Unheil, dieser macht abwendig.

O das ist der verwünschte N. N., rief die Dame, schon hab ich das geargwohnt, der Mensch hat auch die maliziöseste verworfenste Physiognomie, die es nur auf dem Erdboden giebt. Die Kartenlegerin empfing ein Goldstück, und entfernte sich mit vielen Höflichkeiten.

Nun wußte die gute Frau etwas, wußte sogar Wahrheit, doch wohin führte sie das? An Planen war sie eben nicht reich. Ihr fiel bei, daß die Person, der die Wahrheit sich entschleierte, auch wohl die Wege zum menschlichen Herzen kennen mögte, und die Kartenlegerin wurde abermals berufen. Daß sie freudig erschien, kann man denken, denn nicht alle Tage fanden sich Kundschaften, wo mit Goldstücken honorirt wurde.

Eine große Selbstvergessenheit von der Dame allerdings, dies Vertrauen, ja in seiner ganzen Ausdehnung, nicht einmal mit ihrer Leidenschaft zu entschuldigen.

Bald darnach empfängt der Offizier ein Billet von der Dame, worin sie mit einem gewissen schneidenden Schmerz meldet, — sie befinde sich in andern Umständen.

Mit Entsetzen läuft dieser zu dem Freunde, ihm das Geheimniß mitzutheilen. Ah — ruft der Freund — standest du so mit der Frau von ***

„Nein — Ja — aber —"

Jetzt kann ich weiter nicht rathen. Ich verweise dich an dein Gefühl. —

Unruhe, Gewissen machten, daß Herr von *** nun schnell zur alten Geliebten eilte. Sie bedurfte Trost, fragte: sind sie ein Mann von Ehre? Und sie zweifeln? hieß die Antwort, in welcher ihr Trost lag.

Das vorige Leben. Nur Erinnerungen, klare, von ihrer Seite, bald Anstalten wegen der Heirath zu treffen.

Er ging zu seinem General. Dieser schüttelte den Kopf. Ei, ei, in ihren Jahren schon? Das ist zu früh. Es ist eine Aufwallung, kein reif überdachter Entschluß. Besinnen sie sich ein halbes Jahr, und kommen dann wieder. Ich rede mit Niemand davon.

Der junge Mensch berichtete dies der Dame, die auch eben dem General nicht gewogen ward. Doch mußte man sich fügen.

Jener fragte: wann sie meinte, daß ihre Entbindung nahen würde? Etwa nach sechs Monaten, versetzte sie. — „Heimlichkeit ist dann nothwendig!"

Die Zeit verstrich, und der Offizier wunderte sich bisweilen, nicht zu bemerken, was ihm angezeigt worden war, er wähnte noch weiter hinaus, wurde demungeachtet eines Morgens ganz unerwartet mit einem Briefchen überrascht, worin Frau von *** meldete: Ein klein lieblich Wesen erwarte seine Küsse.

Er eilt hin. „Wie, in voriger Nacht?“ — Ja! — „Wer dachte daran?“ — Es übereilte mich.

Die schöne Frau lag im geschmackvollen Nachtanzug da — wenig mitgenommen — und reichte ihm einen jungen Sohn, dem er allerdings liebkoste.

Frau von *** sagte mit schwacher Stimme: Er soll in der Stille aufs Land. Und sie mein Herr, werden nun doch Ernst machen, die von dem grämlichen General bestimmte Zeit, ist um, in dieser Angelegenheit haben sie zu entscheiden. Uebel genug, daß ich sie mahnen, an ihr Kind mahnen muß.

Nein, nein, das darfst du nicht, entgegnete er lebhaft. Heute setze ich alles ins Werk.

Zufällig befand sich der General auf der Jagd, wurde nach einigen Tagen erst zurück erwartet. Unterdessen erfuhr der Freund, dem nichts verschwiegen blieb, die Lage der Dinge und diesem kam so manches darin bedenklich vor.

Er hatte einen Diener, der zum Ausspähen von Heimlichkeiten trefflich zu brauchen war. Dieser erhielt den Auftrag, genau zu beobachten, was in der Wohnung der Frau von *** vorginge. Er fing das richtig an, und hinterbrachte dem Herrn: ein altes Weib, das sich von Kartenlegen nähre, käme des Abends, und hielt sich lange dort auf. Gut, sprach der Herr, beobachte mir auch einen Tag lang alle Gänge des Weibes. Der Diener stellte sich vor ihre erforschte Wohnung, und folgte von fern, wie sie aus dem Hause trat. Unter andern ging sie nach dem großen Hospitale, wo auch arme Mädchen entbunden werden. Nun kostete es ein Trinkgeld, dort von den Krankenwärtern zu erfahren, zu wem die Alte käme? Man nannte ein vor einigen Tagen entbundenes Mädchen.

Auf diese Nachricht, ließ der Freund es sich nun nicht verdrießen, selbst nach dem Hospitale, zu dem Bette der Wöchnerin zu gehn.

Wo ist ihr Kind?

Die Person stockte.

Ohne Umstände, sage sie mirs, hier ist ein Thaler, es erfährt Niemand von mir.

Das arme Geschöpf wollte erst Ausflüchte suchen, da diese aber nicht galten, so vertraute sie: Ich bekomme zwanzig Thaler, und muß mir dafür gefallen lassen, daß eine alte Frau täglich mein Kind auf einige Stunden abholt. Wohin, weiß ich nicht, doch ist es gewiß in guten Händen, wird mir immer richtig zurückgebracht, und von Morgen an, soll es auch ein Ende damit haben.

Der Freund hatte genug, und begab sich zu Herrn von ***. Wie gehts mit deiner Angelegenheit?

„Schlimm und gut, wie du willst. Ich besitze einen allerliebsten Jungen. Morgen kömmt er aufs Land. Wie der General zurück ist, geht es vorwärts mit meiner Heirath, wie kann ich nun anders?"

Ich wage eine Prophezeihung. Bald nach der Heirath wird das Kind auf dem Lande gestorben sein. Du siehst es nicht wieder.

„Wie kömmst du darauf?"

Beschwören würde ich das, so gewiß bin ich meiner Sache.

„Das klingt ja sehr räthselhaft."

Du siehst das Kind nicht wieder, doch härme dich nur nicht, es war nicht das deinige.

„Wie!"

Ein armer Bastard aus dem Hospital. Gemiethet, dich zu fesseln. Freundes Pflicht mußte dir das bekannt machen. —

Es versteht sich, daß nun aus der Heirath nichts wurde. Und zu beider Theile Glück, sie paßten nicht für Einander.

---

[7] Siehe: Leiden des jungen Werthers.

Zehntes Kapitel.
Herrn Noiseuls Intrigue.

Herr Noiseul hatte Ring in Paris gekannt, und einige Geschäfte mit ihm gepflogen. Das wußte Flore aber nicht. Er meinte: Nie wird Ring heimkehren, vermuthlich starb er aus Mangel und Noth in der Gefangenschaft, sonst wäre wohl ein Brief von ihm da.

Er machte ein Frauenzimmer in Paris ausfindig, eine Griechin aus Konstantinopel gebürtig, der türkischen Sprache vollkommen gewachsen. Sie war mit dem Bedienten eines französischen Gesandten bei der Pforte, nach Frankreich gekommen, und lebte jetzt in Mangel. Er beredete sie leicht, eine Rolle in seiner Komödie zu übernehmen, und listigen Gemüthes war sie denn auch vollkommen dazu geeignet.

Diese Griechin kam eines Tages in morgenländischen Kleidern und mit einigem Reisegepäck zu Toury an, und ließ sich bei Floren melden. Diese empfing sie desto verwunderter, als die Fremde vor lauter Thränen nicht zur Anrede kommen konnte. Endlich wurde sie Meisterin ihrer Worte, und verkündigte Floren, sie käme aus Bagdad, wo Ring in der Sklaverei verstorben wäre.

Flore erschrack aufs heftigste, sank zurück in ihren Stuhl, und konnte nur nach einer Minute kalter Erstarrung, in Thränen ausbrechen. Dann rief sie: Auf so eine Nachricht mußte ich freilich gefaßt sein, doch aber übermannt sie mich. Nenne mir die näheren Umstände seines Todes, Unbekannte! Wie kömmst du so weit hieher? Laß mich alles hören!

Nun fuhr die Griechin fort: Ich war Rings Weib. Er bedurfte einer Gehülfin in der Sklaverei, erst auf dem Todtenbette vertraute er mir, wie er schon in Frankreich sich verheirathet habe, doch meine Noth bedenkend, sagte er: Gehe nach Paris, vielleicht findest du meine Flore dort; sie wird einsehn, daß ich nicht Unrecht hatte, auf immer von ihr getrennt, mich wieder zu verbinden, und so gut meine Flore ist, wirst du auch Unterhalt bei ihr finden. — Von Paris wieß man mich hieher.

Flore, die erst ungemessen geweint hatte, trocknete während dieser Erzählung, eine Thräne nach der andern, und bald bedurfte sie keines Tuches mehr. Denn die beleidigte Weiblichkeit gerieth mit dem Gram in Wechselwirkung.

Die Griechin vollendete ihr Mährchen durch Aufzählung vieler Nebenumstände, die Ring ganz richtig bezeichneten, ja, sie hatte ein Briefchen, mit Zittern auf dem Krankenlager hingeschrieben, — es schien Rings Hand.

Flore blickte nur oben drüberhin, gab wenig mehr auf die Rede, und dachte immer vor sich: „Und ich, ich, auch so weit entfernt, ohne Hoffnung ihn je wieder zu sehn, ich heirathete doch nicht." Zwar sprach eine Stimme aus dem Innern dagegen: „Es hätte doch leicht dahin kommen können", sie wurde überhört.

Bald ging Flore mit hastigen Schritten im Zimmer umher, bald warf sie sich weinend auf den Divan, bald traf ein Blick flüchtiger Verachtung die Fremde.

Endlich übermannte es sie, eine Krankheit mehrerer Tage war die Folge, während welcher Zeit Dame Beatrice die Griechin in einem Hinterzimmer verpflegte, und sie nicht vor Floren ließ.

Herr Noiseul, in der Nachbarschaft wohnend, hatte denn von der Krankheit gehört, kam, nahm Theil, ließ sich fast stündlich erkundigen.

Als Flore wieder hergestellt war, erklärte sie sich bereit, der Griechin ein klein Jahrgeld auszuwerfen, doch sollte sie zu Paris ihre Wohnung nehmen.

Eine Zeitlang erschien Herr Noiseul wieder nicht. Beide Nachrichten sollten erst tief genug eingreifen, und er berechnete menschenkundig genug, daß die, von einer anderweitigen Heirath Rings, seinen Vortheil noch mehr fördern müsse, wie jene von seinem Tode.

Oft dachte er zwar: Wie aber, wenn der Mann noch lebte? Doch war er so leichtsinnig, als unternehmend, und endete: Kömmt Zeit, kömmt Rath!

Nach sechs bis acht Wochen erneute er seine Besuche zu Toury, wurde weniger kühl empfangen, machte der Tante Geschenke, und erfuhr schon von dieser im Geheim: Madame Ring hätte gesagt: Herr Noiseul sei ein ganz feiner Mann.

Letztes Kapitel.
Schluß.

An einem trüben Herbstnachmittag saß man zu Toury am Kaminfeuer. Es stürmte draußen, die falben Blätter der Linden vor dem Hause fielen ab, der Regen träufte an den Fenstern nieder.

Dame Beatrice, indem sie ihren Thee schlürfte, hub an: der Winter naht, wohl dem, der nicht einsam am traulichen Caminfeuer sitzt. — Im Sommer fühlt sich das Bedürfniß der Geselligkeit weniger, als an den langen Winterabenden —

Sie wollte nun, nach und nach, auf die Empfehlung der Ehe kommen, denn ihr Plan war entworfen.

Flore sahe stumm über den Theebecher hin.

Da bellten draußen die Hunde, und ein Mann in fremder Kleidung kam über den Hof. Dame Beatrice eilte ans Fenster, Flore blieb an ihrem Platz, Herr Jolin ging hinaus, Erkundigung einzuziehn.

Bald kam er zurück. „Ein Mann im Turban und türkischen Pelz, mit einem langen Bart, verlangt Madame Ring zu sprechen."

Was ist das wieder? rief Flore verdrießlich, er komme.

Furchtbar anzuschauen, trat der Ankömmling ins Zimmer. In gebrochenem Französischen sagte er: Ich komme aus dem fremden Morgenlande, und habe Botschaft von dem Christen Ring an sie.

Ring ist todt! schrie Flore.

Nein, nein, das ist er nicht, war des Türken Antwort.

So bin ich betrogen worden. Die Griechin, die er heirathete, meldete es mir!

Wie würde er heirathen! Lüge! Er lebt, doch in harter Gefangenschaft.

Aber mein Himmel! warum werd ich denn so schrecklich, so schändlich hintergangen? Gottes Seegen über dich, Muselmann, wenn du wahr redest! Aber bist du nicht auch ein Betrüger? Rede mir etwas in türkischer Sprache, ich verstehe sie ein wenig.

Es geschah.

Du bist beglaubigt. Wo lebt Ring?

„In Smyrna!"

Erst hieß es in Bagdad. Wie ist er loszukaufen? Wohin muß das Geld? Welche Summe ist erforderlich?

„Sein Herr fordert viel. Hunderttausend Franken.“

Gern, gern! Was ich besitze, kömmt von ihm, ist sein! O, wenn ich für diesen Preis ihn wiedersähe!

Hunderttausend Franken! seufzte die Tante.

Gewaltig viel, setzte Jolin hinzu.

Flore merkte nicht darauf. Ich eile nach Paris, rief sie, zum Gesandten der Pforte, auf der Stelle — aber kannst du nichts Schriftliches vorzeigen, Muselmann?

O ja, entgegnete dieser. Er wollte ein Papier herausnehmen, schlug den Pelz auseinander. Bei dieser Gelegenheit wurde sichtbar, daß ihm ein Arm fehlte. Flore sank bei dem Anblick auf den Divan.

„Dir fehlt ein Arm? —“

So bin ich erkannt!

Weg flogen Turban und falscher Bart. „Und du wolltest Hunderttausend Franken erlegen? Hier hast du mich umsonst.“

Man kann hier unmöglich wieder erzählen, was in dem Buche[8], wozu das gegenwärtige ein Seitenstück ist, bereits gedruckt steht. Dort findet man, wie der einarmige Ring, nachdem er bei St. Jean d'Acre gefangen worden, eine gute Zeit als Sklave zugebracht, aber des körperlichen Mangels wegen, eben nicht geachtet ward, wie er frei wurde, nach Constantinopel, nach Polen kam, und endlich seine Reise nach Frankreich antreten konnte.

Nun hatte ihn Flore, er Floren wieder! Sie waren am Ende aller Abentheurerei. Wohlstand und Ruhe winkten ihnen eine freundliche Zukunft entgegen.

Dame Beatrice gestand ihre Vermuthung: Herr Noiseul habe jenen Zuspruch der Griechin veranlaßt. Sie weinte heftig darüber.

Ring, höchst empört, wollte Herrn Noiseul auf Pistolen vorladen, das Frauenzimmer sollte gerichtlich verfolgt werden.

Allein in all der Wonne der neuen Vereinigung besann man sich eines Andern, beschloß nun der Ruhe und Liebe zu leben, und Herr Noiseul empfing blos eine höfliche Anzeige der Heimkehr. Weisung genug für ihn, Toury nicht wieder zu betreten.

Es ist nichts mehr zu sagen übrig.

Ende.

---

[8] Ignaz von Jalonsky, oder die Liebenden in der Tiefe der Weichsel. Eine wahre Geschichte aus den Zeiten der Polnischen, Französischen und Negerrevolution in St. Domingo, erzählt von Julius von Voß. Berlin bei J. W. Schmidt. 8. 2 Theile. 1806.

Letzter Potpourri.

Die
Tapetenwand,
ein superfeines Lustspiel
nach
Duchrest Genlis.

Personen.

Die Marquise.
Die Gräfin.
Der Chevalier.
Sophie, der Gräfin Nichte.
Düpré, ihr Kammerdiener.

Szene: Paris. Das Theater ein kleiner Saal.

Erste Szene.

Marquise. Dupré.

Dupré. Wärs gefällig hier zu verziehn —

Marquise. Wie, Dupré, gehört dies Zimmer nicht der Gräfin?

Dupré. Ihrer Nichte, und Madame bittet —

Marquise. Nach sechs Monaten erwarte ich kaum den Augenblick sie wiederzusehn. Sie theilt meine Ungeduld eben nicht.

Dupré. Sie verkennen die Gräfin. O sie hat Ihnen so viel zu sagen. Doch heute Abend giebt sie Gesellschaft, vierzig Fremde umringen sie, wie es nur möglich ist abzukommen, erscheint sie hier sogleich — einstweilen hab ich die Vollmacht, sie in die Intrigue zu weihen, die eben vorbereitet wird — wenn Madame es nämlich wünschen.

Marquise. Welche Intrigue?

Dupré. Sie ist neu, zartgesponnen, einzig!

Marquise. Ei ei!

Dupré. So viel Sinn wie Laune darin.

Marquise. Zur Sache.

Dupré. Denken sie an keine Alltäglichkeiten. Spannen sie immer die Erwartung.

Marquise. (setzt sich.) Ich nehme Platz. Dupré, wie ich mich entsinne, ist nicht ohne Verstand, nicht ohne guten Vortrag, aber ohne lakonische Kürze.

Dupré. Wie sie befehlen. Ich fange mit einem Gemälde der Gräfin an.

Marquise. Funfzehn Jahr bin ich ihre Freundin.

Dupré. Ah — ich siebzehn Jahr ihr Kammerdiener, ich wage zu behaupten — Siegelbewahrer ihrer Geheimnisse — das dringt weiter, wie die Freundschaft. Auch ist mir eine treue Zeichnung gestattet, denn nur holde Züge vermag ich darzustellen. Sie ist so gut, es wird so leicht ihr zu gehorchen — o mit diesem edelmüthigen Sinn, dieser ächten Würde, der noch kein Leumund zu nahen wagte — diesen Talenten, dieser Schönheit — es stände nur bei ihr, die vier oder fünfunddreißig Jahre zu verläugnen, denn wer sie sieht, glaubte wohl daran —

Marquise. Vier oder fünfunddreißig — wirklich schon?

Dupré. Ja ja! — da waren sie bereits nicht genau unterrichtet. Einen Fehler aber, einen hat die Gräfin — den Frohsinn!

Marquise. Grade dadurch erscheint sie so liebenswürdig, ihre Unterhaltung empfängt so viel Würze —

Dupré. Zu viel Madame, zu viel! Mit Kummer habe ich es oft gesagt. Sie giebt dem Frohsinn, dem gesellschaftlichen Vergnügen, zu freien Spielraum, darum wird so manche kleine Unbesonnenheit ihr Vorwurf. Der verstorbne Graf war unerträglich. Sie hinterging ihn nicht nein, aber sie hatte ihn zum Besten, immer Mißverständnisse, Entzweiung. Nun immer noch dieselbe. Kömmt es darauf an, jemand in Verlegenheit zu bringen — o wenn sie nur lachen kann; sie spielt mit fremder Ruhe, ihr Witz verwundet; ein Leichtsinn dazu, als zählte sie funfzehn Jahre. Es ist furchtbar!

Marquise. Furchtbar, der richtige Ausdruck — doch zur Sache —

Dupré. Eine kleine Geduld, ich muß noch zwei andere Gemälde —

Marquise. Aber —

Dupré. Von Personen, welche sie nie sahen. Der Chevalier von Blancé. —

Marquise. Wohl kenn ich ihn.

Dupré. Empfing ihn die Gräfin —

Marquise. Zwei oder drei Monat vor meiner Abreise.

Dupré. Achtundzwanzig Jahr, den Ruf eines Wildfangs. Madame wollte erst keine jungen Leute bei sich sehn, doch sie traf sich irgendwo mit ihm, fand ihn drollig, lachte, er hatte Eingang. Da spielt er nun Sprüchworte, macht den Erzähler, den Dilettanten der Musik, den — Verliebten. Madame lacht, sie lacht, aber ich wiederhole ihr mein: zu viel Frohsinn! — Doch hat sie eine Schwester in der Provinz.

Marquise. Und diese eine verheirathete Tochter —

Dupré. Sophie — nach einem Jahre wurde sie Wittwe, und verlor bald darauf auch ihre Mutter —

Marquise. Das alles weiß ich, die junge Person ist ohne Vermögen.

Dupré. Die Gräfin denkt sie an Kindesstatt zu nehmen — nun, es ist ihre Nichte, seit vier Monaten bewohnt sie dies Zimmer.

Marquise. Sie ist schön?

Dupré. Ein Engel! Eine Form, eine Blüthe, eine Harmonie der Bewegung, Madame — und siebzehn Jahr! Wie sie nun ankam, gings an ein Entwickeln, Bilden, Verfeinern; Ballettänzer, Opernsänger als Lehrer; dann Toiletten, Schmuck, Federn; kurz der Gräfin Puppe. Die Kleine schreitet zum Verwundern fort, so hold, so liebenswürdig — Frohsinn wird man eben an ihr nicht inne, aber Gefühl, Gefühl! — Madame wollte sie wieder vermählen, ausstatten —

Marquise. Daran erkenn ich ihre Güte.

Dupré. Aber das kleine Herz traf eine Wahl, ganz für sich, ohne mit Jemand zu berathen. Wir hatten ihr einen Mann gesucht — vertraulich, nicht flatterhaft, an Jahren reif — nein, nein, nein, nein! sie mögte. —

Marquise. Den Chevalier?

Dupré. Ja wohl!

Marquise. Und er —

Dupré. Ich gebe mein Wort, bis zum Wahnsinn! Aber diesem Ritter gnügt nicht ein Roman, der Tempel seiner Phantasie ist weit genug, um die Altäre von mehr als einer Geliebten darin zu erbauen. Immer die zärtliche, bald schmachtende, bald ungestüme, Aufmerksamkeit für Madame. Die Leidenschaft für die Nichte, hebt den Geschmack für die Tante nicht auf.

Marquise. Das ist ja ganz — und was hofft er?

Dupré. Wohnt in solchen Köpfen Urtheil? Madame unterhält, ergötzt, entzückt ihn, Sophie rührt ihn sanft, still, tief, innig; abwechselnd kostet er die Wonne der verschiedenen Eindrücke. Uebrigens bringt er sich in keinen zu bescheidenen Anschlag. Er glaubt an eine heftige Empfindung bei Madame. Einmal schmeichelt sie, dann gebührt ihr Schonung. Die Gräfin darf das Gefühl für Sophien nicht entdecken. Das Geheimniß wird ihr sorgsam verschleiert; die Zeit, hofft er, wird den Augenblick herbeiführen, wo man es ohne Gefahr entdecken kann. Bis dahin liebt er, wird geliebt, freut sich der Wonne zu gefallen, der erobernden Triumphe, kützelt sein Selbstgefühl durch das Bewußtsein einer feinen Schlauheit.

Marquise. Ahnt die Gräfin? —

Dupré. Sie weiß, von mir. Hier ist die Geschichte: Der Chevalier ward gegen mich artig, verbindlich — Mein lieber, mein guter Dupré — Bisweilen ein klein Geschenk. Ah, ein Plan! dacht ich. Madame lachte gar sehr, glaubte Bezug auf sich, gebot, ich sollte dem Ritter mein Ohr leihen. Ich bereite ihm Gelegenheit — aufmunternde Winke — er vertraut mir — vertraut mir — die Liebe zu Sophien.

Marquise. Und wozu?

Dupré. Sie erriethen es kaum. Sehn sie diese falsche Thür?

Marquise. Nun?

Dupré. Diese Tapetenwand trennt den Saal von einer Kammer, die an mein Zimmer stößt. Der Saal gehört Sophien. Sie wollte den Chevalier nicht bei sich sehn, man verbarg der Tante — dann der Ton — endlich ward man Eins, nach dem Souper sich durch die Tapeten zu unterhalten, Sophie im Saal, der Liebhaber in jener Kammer, die übrigens keine Verbindung mit diesem Saale hat — unverletzt ist die Tapete — eine Hoftreppe führt dort hinein.

Marquise. Hm —

Dupré. Der Chevalier bot mir dreißig Louisd'or, und beschwor mich, ihm das Kabinet von Zeit zu Zeit einzuräumen. Ich nahm vierundzwanzig Stunden Bedenkzeit, und meldete Alles Madame.

Marquise. Sie erschrack!

Dupré. Heftig, heftig! Diesmal war ihr Frohsinn nicht anzuklagen. Sie lachte einen Augenblick darnach — aufrichtig, es war Grimasse. O es drang ein, tief ein. Bei dem allen befahl sie mir, die Goldstücke zu nehmen, mein Kabinet zu räumen und ja über ihr Mitwissen zu schweigen. Ich gehorchte. Unsre Verliebten sprachen sich auf diese Weise nun acht oder zehnmal in sechs Wochen. Und Madame — hochherzig — bekämpfte, beherrschte sich muthig wenn sie wollen — beschloß ihre Nichte dem Chevalier zu geben; nur will sie das Paar zuvor zwei oder drei Stunden durch Unruhe peinigen, Rache üben, an des Chevaliers Larve, Sophiens Verstellung.

Marquise. Und wie?

Dupré. Sophie, ohnehin der Tante flüchtig ähnlich, besitzt ein Sprachorgan, so übereinstimmend mit dem der Gräfin, daß es fast unmöglich wird, durch den gleichen Ton der Rede nicht hintergangen zu werden. Wir Hausgenossen erfahren das alle Tage.

Marquise. Schon errathe ich. Die Gräfin denkt Sophiens Platz einzunehmen —

Dupré. Unsre Intrigue! Die Ausführung naht schon. Der Chevalier kömmt diesen Abend ins Kabinet, Madame unterhält sich in Sophiens Namen.

Marquise. Lustig, neu — aber ich besorge manches. Der Chevalier, indem er Sophien vermuthet, kann über die Gräfin in den Tag hineinschwatzen.

Dupré. Wohl möglich, doch Madame lacht mit so viel Geist, verzeiht mit so viel Schonung, und die Empfindlichkeit, nur eine Minute in ihrem Gemüthe, flieht. Jetzt heiter, erlustigt sie das alles, statt sie zu entrüsten; auf vollkommne Nachsicht wenigstens, schwöre ich. Doch man kömmt, sie wird es sein —

Marquise. Ihre Stimme —

Dupré. Ob es auch wohl Sophie ist? — Nein Madame! — Hier!

Zweite Szene.

Gräfin. Vorige.

Gräfin. Wo? — Ah! (umarmt die Marquise.) wie glücklich bin ich!

Marquise. Wissen sie, daß ich eine Stunde warte?

Gräfin. Mein Gott, ich stand auf Dornen. Die vielen Menschen — es endete gar nicht. — Denken sie, wir verlassen die Tafel — Daß ich sie doch näher sehe — Ihr Gesicht ist wirklich sehr interessant — ich bin hager geworden, nicht wahr? — Dupré! Gestatten sies, Liebe, daß ich meine Befehle gebe? — Dupré, sie wissen ihre Rolle —

Dupré. Der Chevalier tritt, wie gewöhnlich, in mein Cabinet, ich melde ihm, die gnädige Frau Nichte wird im Saal —

Gräfin. Vergessen sie das Geräusch nicht, daß wir sie hören. (zur Marquise.) Sie lachen, sind unterrichtet —

Marquise. Doch ihre Stimme! Der Liebhaber Ohr ist scharf.

Gräfin. Sie glauben nicht, welche Aehnlichkeit — auch werde ich den kindlichen Ton wohl nachahmen. Zudem sind noch Bretter hinter den Tapeten. Man muß etwas rufen. Das verstellt — nicht wahr, ein drolliger Schwank? Dupré, wie viel an der Uhr?

Dupré. Ein Viertel auf Zwölf. Um Mitternacht trifft der Chevalier ein.

Gräfin. Gut, verlassen sie uns! Welch Zeichen denken sie zu geben, wenn er kömmt?

Dupré. Ich huste.

Gräfin. O das hört man nicht. Sagten sie nicht selbst, ein Gespräch im natürlichen Ton, wäre an der Gegenseite nicht zu verstehn?

Dupré. Man vernimmt nur ein leises Murmeln, die Worte unterscheiden sich nicht. Aber ich huste gewiß kräftig —

Gräfin. Nein, nein! Stellen sie einen schweren, dichtgepolsterten, großen Armstuhl hinter die Thür, den sie beim Oeffnen umwerfen.

Dupré. Madame, ich habe in dem Kabinet nur einen kleinen geflochtenen Rohrsessel, ohne Lehne, er wird nicht viel schwerer wie eine Feder fallen, es reicht nicht an den Husten —

Marquise. Dies Husten liegt ihm sehr am Herzen.

Gräfin. Gemeinhin fällt er um diese Stunde in Unbeholfenheit.

Dupré. Freilich naht mir der Schlummer ein wenig, und unterdrückt die Geisteskraft. Aber wenn Madame, wie ich, um sechs Uhr aufständen —

Gräfin. Eilen sie sich aufzumuntern — einen Polsterstuhl aus meinem Zimmer gebracht — Eilen sie!

Dupré. (ab.)

Dritte Szene.

Gräfin. Marquise.

Marquise. Aber was machten sie mit Sophien?

Gräfin. Stürme, Stürme regt ich auf in ihrem Busen. Nach der Tafel zählt sie auf ihr Stelldichein, doch wink ich nun, ziehe sie in mein Kabinet, sage: Sophie, sie vertreten mich diesen Abend, nehmen mein Spiel, eine dringende Angelegenheit kann mich wohl bis zwei Uhr am Morgen entfernt halten. —

Marquise. Die arme Kleine! O die arme Kleine!

Gräfin. Von der Umwandlung ihrer Züge entwerfen sie umsonst ein Bild. Roth, bleich, Zittern, Wanken, unerhört! Ich schien gar nicht zu beobachten, nahm wieder das Wort: Vor zwei oder drei Stunden, empfing ich ein Billet, das mich bestimmte, in eine heimliche Unterredung zu willigen. Meine Zimmer sind angefüllt, ich fürchte die Neugier, und will die andere Person in ihren kleinen Saal bestellen. Hier fiel die unglückliche Sophie in eine tödtliche Erstarrung, kaum athmete sie noch — ich, bescheidne Verlegenheit heuchelnd, fahre fort: Hören sie alles Sophie! Der, den ich erwarte, ist der Chevalier von Blancé. — Bei diesem Namen glaubte ich, sie würde ohnmächtig niederfallen, doch überwand sie den Schrecken, die Bewegung. Sie sitzt beim Wist —

Marquise. Harte Tirannin! — Arme Sophie!

Gräfin. Bedauern sie sie nur. Unten warten zwei Notare, die ihren Heirathsvertrag aufsetzen, ich lasse ihr verschreiben, was sie meinem Wunsche begegnend, empfangen hätte. Ich behalte die Beiden, sie mögen hier wohnen, meine Kinder sein: schelten sie doch die harte Tirannin!

Marquise. Nein, nein, sie sind gütig, duldend, hochherzig, die nahe rasche Entwicklung tilgt mein Mitleid, und wahr bleibt es, Sophie hätte ihnen entdecken sollen —

Gräfin. Ja wohl, doch ich entschuldige sie. Der Chevalier band ihr auf, ich fühle Liebe für ihn, nur die Zeit würde mich heilen, mir Kraft zum Aufopfern geben. Sophie fühlend, romanhaft, glaubte. Der Geliebte leitete sie, demungeachtet verbirgt ihre Unbefangenheit sich so wenig gewandt, daß es nur meinen Willen gegolten hätte, und das Geheimniß war mein. Der Vorwurf meiner Rache ist er, mit seiner Falschheit, dem sträflichen unbedachtsamen, platten Leichtsinn. Ihm gilt es!

Marquise. Meinen sie aber, er könne mit dieser Denkart ihre Nichte beglücken?

Gräfin. Sie ist Wittwe, Herrin über sich, wählte allein; übrigens hat er freilich tausend Gebrechen, doch zum Erstenmale liebt er wahr, er betet Sophien ja an. Und er ist doch auch wacker, von achtbaren Eigenschaften, Name, Vermögen — billigt die gesunde Vernunft Sophiens Wahl nicht unbedingt, was kann sie viel einwenden?

Marquise. Welche Pein sie ihm bereiten; doch die Erscheinung der Notare gleicht alles aus.

Gräfin. So? Ah sie kennen ihn wenig. Das Lustige ist, er kömmt nicht mehr davon, muß den Heirathsvertrag zeichnen, diesen Abend, muß entzückt sein, vom Himmel, vom Göttlichen reden — und er fühlt dennoch nicht die mindeste Neigung zu einer so frühen Ehe.

Marquise. Ah —

Gräfin. Ein Herz ohne Tadel, doch ein Sinn für Freiheit — sie kennen das alles noch nicht. Wie er es jetzt treibt, trieb er es gern noch lange. Ihn entzückt das Umhergaukeln, wohl denkt er Sophien einmal zu heirathen, aber das drängt, das preßt ihn noch wenig. Erst noch Roman auf Roman. Bisher kannte er nur die Genugthuung, zu gefallen; die höhere, geliebt zu sein, beugte die üppige Eitelkeit noch keineswegs nieder, alle Frauen die ihm liebenswerth erscheinen, zu unterwerfen. Und das gelingt ihm besonders durch eine ungemeine Geschmeidigkeit der Phantasie, die ihn alle Eindrücke auf das lebendigste in sich aufnehmen läßt. Andere Männer ergreifen den Schein, er darf nicht heucheln, sein leichter Flug der Begeisterung giebt die Wahrheit selbst; er glaubt selbst an seine Eide; so betrügt er ohne zu hintergehn, ist ohne Treulosigkeit wankelmüthig.

Marquise. Sophie, ich beklage dich!

Gräfin. Immer wird er zu Sophien wiederkehren. Dies ist alles, was sie über ihre Nebenbuhlerinnen erhebt. Aber ist es wenig? Die Männer — wer von ihnen schlüge keine Nebenwege ein?

Marquise. Der Vicomte von Verteuil. Ihn nehmen sie aus. Innig glühte er für sie.

Gräfin. Hätte ich die Flamme genährt, lange wäre sie erloschen.

Marquise. O er fühlt noch —

Gräfin. Freundschaft!

Marquise. Sehn sie ihn?

Gräfin. Hin und wieder, und ich treibe dann den Scherz, Blancés Eifersucht zu wecken.

Marquise. Dieser zeigt ihnen also immer Liebe?

Gräfin. Meidet Sophie das Zimmer, allerdings! Glauben sie, seitdem mir sein Geheimniß offenbar wurde, treib ich viel Scherz —

Marquise. Aber zuvor meine Freundin — viel Ernst?

Gräfin. Sie glaubten —

Marquise. (lachend.) Nun —

Gräfin. Solche Schwäche von mir?

Marquise. Offen! Aus der Menge, die ihnen zu gefallen strebte — hatte der Chevalier vielleicht die gültigsten Ansprüche.

Gräfin. O mein Gott! Er hat Verstand, Grazie! — Zehn Jahre früher, dürft ich vielleicht — nein, nein, nein, den Staarkopf hätte ich geflohn — kalte Verständigkeit will ich, strengen Sinn —

Marquise. Die hat der Vicomte, dazu manche Anmuth.

Gräfin. Der Gestalt — ja er — las, fühlt richtig, doch werden sie eingestehn.

Marquise. Gestehen sie auch, daß die Starrköpfe oft desto anziehender sind.

Gräfin. Pst — mir deuchtet —

Marquise. Ja ja — man steigt die Treppe herauf.

Gräfin. Die Thür … Ah der Stuhl fällt. Das ist er, kein Zweifel. Gehn sie theure Freundin!

Marquise. O noch einen Augenblick lassen sie mich hier.

Gräfin. Still, still! — lassen sie uns hören. — Man redet. Duprés Stimme. (Sie horcht) Immer Dupré. (sehr laut) Sie sind doch allein? — (zur Marquise) Ja er ist allein. Nur eine Probe mit dem Lehnstuhl. (Sie horcht) Ja — aber verstehn sie mich auch? (zur Marquise) Noch lauter. — Guter Gott, wie stark muß man rufen —

Marquise. Diese Art der Unterhaltung strengt an.

Gräfin. Nun werd ich inne, warum Sophie seit sechs Wochen heiser ist.

Vierte Szene.

Dupré. Vorige.

Dupré. Nun Madame, sie hörten den Fall?

Gräfin. Deutlich, und vernahmen sie genau, was ich sprach?

Dupré. O nein, reden sie ja lauter, den Mund an die Tapete. — Apropos! Ich sahe, Madame, ihre Nichte, da ich den Stuhl holte —

Gräfin. So, und ihre Miene?

Dupré. Die Trauer, die Melancholie! Sie wollte allerhand fragen, ich blieb stumm wie ein Fels. Sie hatte einen Augenblick die Gesellschaft verlassen, ich weiß nicht unter welchem Vorwand, da sie meine Stimme hörte. Nun rief man sie wieder zum Spiel. Seufzend gehorchte sie. —

Gräfin. Der Chevalier wird nicht länger säumen, gehen sie Dupré.

Dupré. Er sollte bald da sein, es wird spät — (geht und kömmt wieder.) Ei — vergaß ich nicht das Allerwesentlichste?

Gräfin. Nun?

Dupré. Es kann alles fehlschlagen.

Gräfin. Was fehlt denn, was?

Dupré. Ja wenn ich das wüßte?

Gräfin. Sie wissen es nicht?

Dupré. Schlimm eben. — Jeden Abend der Unterredung giebt mir, Madame, ihre Nichte etwas, das ich zum Chevalier trage —

Gräfin. Was denn etwa?

Dupré. Wie ich dem Chevalier die Thüre öffne, empfängt er es. Er kennt die Bedeutung, ich nicht.

Marquise. Ha ha ha!

Gräfin. Er schläft, schwatzt im Traum.

Dupré. Ein klein Geschenk, muß ich überreichen.

Gräfin. Worin aber besteht es gewöhnlich?

Dupré. Wahrhaftig Madam, ich entsinne mich nicht sogleich. Bald dies, bald jenes … ein Nichts, eine Kleinigkeit —

Gräfin. Gestern?

Dupré. Gestern? Erlauben sie — könnt ich mich doch nur erinnern, aber es war nicht der Rede werth, das weiß ich wohl noch. Gestern —

Gräfin. Welche Geduld muß ich verschwenden!

Dupré. Ah, mir fällt ein, was ich das Vorletztemal überbrachte; eine Rose, ich verwundete mich noch am Stiel.

Gräfin. Eine Rose?

Dupré. Eine Rose. Ah, mein Gedächtniß wird treu! Am Freitag ein Veilchen, am Sonnabend einen Strauß von kleinen Lilien —

Gräfin. Immer also Blumen?

Dupré. Ich glaube ja — Blumen.

Gräfin. (zur Marquise:) Was mag das bedeuten?

Marquise. Abgeredete Zeichenschrift.

Gräfin. Gewiß Sophiens romantischer Einfall. Das macht mich verlegen. — Dupré, früge der Chevalier danach —

Dupré. Unfehlbar.

Gräfin. Sagen sie, Sophie hätte ihnen nichts gegeben.

Dupré. Dann schmollt er.

Gräfin. Meine Sache. Wir wollen schon sehn —

Dupré. (Nach der Uhr sehend) Mitternacht! Er eilt grade nicht. Vielleicht schlummerte er ein. Ich thät es an seiner Stelle gewiß —

Gräfin. Fort, fort zur Thür!

Dupré. (ab.)

Fünfte Szene.

Gräfin. Marquise.

Marquise. Sophie ist so romanhaft?

Gräfin. Bis zur Uebertreibung. Und der Chevalier fertig, jeden Ton, jede Form zu umarmen, weiht sich dem ihrigen mit einem Anstand, einer Kunst — Ohne daß es ihnen kund ward, behorchte ich einige ihrer Unterhaltungen, und auf meine Ehre, der Chevalier übertraf sich selbst, an zarten sublimen Wendungen, Flug der Phantasie —

Marquise. St — was gilts, da —

Gräfin. Er — er!

Marquise. Pocht ihr Herz nicht ein wenig? Fürchten sie nicht, erkannt zu werden?

Gräfin. Nichts weniger. Aber Freundin, sie weilen nicht mehr.

Marquise. Nur bis zu Anfang der Szene. — Das währt lange.

Gräfin. Seine Stimme. — Er klopft — ruft Dupré.

Marquise. Der ohne Zweifel einschlief.

Gräfin. Apropos! Wenn sie mich verlassen, treten sie in die Gesellschaft, nehmen Sophien bei Seite, und berichten ihr mein Vorhaben mit Blancé.

Marquise. Auch den Ausgang?

Gräfin. Ja wohl, und sie erscheinen Beide, wenn Dupré sie ruft.

Marquise. Nun treten sie hin — der Stuhl liegt am Boden.

Gräfin. Nun, nun — machen sie mich nicht lachen — ich sterbe vor Vergnügen — diesmal ist es Blancé — Ja, ich bin schon da ... Wie?[9] ... Bald eine Stunde. ... Eine Stunde? Das Bouquet, welches sie mir diesen Morgen sandten? ... O ja! ... (gegen die Marquise) Ah, Dupré hatte es ihm zurückbringen sollen.

Marquise. Hören sie!

Gräfin. (sehr laut:) Ich verstand nicht. ... Weil ich es gern länger tragen wollte. — (sehr laut) Wie? ... Ich verstehe nicht ... Meine Hand?

Marquise. Was sagt er?

Gräfin. (gegen die Marquise) Meine Hand will er durch die Tapete küssen.

Marquise. Das ist neu.

Gräfin. Welch ein Einfall! ... Ich willigte ein? ... (gegen die Marquise) In der That, diese Gunst darf man ohne viel Bedenken gestatten.

Marquise. Wie huldigen Liebende der Thorheit!

Gräfin. (gegen die Marquise) Das ist doch wahrhaft sonderbar. (gegen die Wand) Wie zeige ich ihnen aber die Stelle an?

Marquise. Sagt er nicht: wie gestern?

Gräfin. Ja!

Marquise. So empfangen sie doch Unterricht.

Gräfin. Durch Schlagen. (gegen die Wand) Schlagen? … den Handschuh ablegen? … Legt ich ihn denn gestern ab? … (gegen die Marquise) Er sagt, endlich hätte ich mich entschieden.

Marquise. Ha ha ha ha.

Gräfin. Man muß noch einige Schwierigkeit machen. (gegen die Wand) Weil … Weil sie zu viel fordern. … (gegen die Marquise) Recht hübsch, was er da sagt. (gegen die Wand) Nun — nun — keinen Zorn! … Gewiß! … Zweifeln sie nicht länger! … Er ist abgelegt.

Marquise. Aber so ziehn sie ihn doch aus.

Gräfin. (gegen die Marquise) Ja ja, ganz aufrichtig. (gegen die Wand) Es geschah — hören sie — hier die Hand, hier hier … (gegen die Marquise) Mit welcher Extase er den Fleck drüben küßte. Bei dem allen glaub ich, Sophie hätte die Lippe auf der Hand gefühlt. Es giebt nur ein Lebensalter von so scharfer Empfindung.

Marquise. Ha ha ha ha!

Gräfin. Ich sagte nichts … Erröthet? ich bin erröthet? … (gegen die Marquise) Wie er an Kindlichkeit und Unschuld bei Sophien glaubt! Wie artig, diese Meinung zu äußern! Aber ist das nicht allerliebst? (gegen die Wand) Wahrhaftig, Chevalier, ich glaube, daß sie mich sehn.

Marquise. Sache des Herzens, nicht des Kopfes.

Gräfin. Ausdruck der Empfindung, und Ausdruck der Galanterie. O welch ein Unterschied! … Er hat eine andere Stimme bemerkt … (gegen die Wand) Ja, meine Kammerfrau. … Gewiß! … Sie kam, mir anzuzeigen, daß die Tante noch nicht schlafen gegangen sei. (gegen die Marquise) Gehn sie, meine Gute!

Marquise. Ich will der armen Sophie das Leben zurückgeben. Ungern meid ich dies Zimmer. Die Intrigue ist so unterhaltend. (geht ab.)

---

[9] Die Punkte zeigen ihr Schweigen an, während dessen sie horcht, was der Chevalier an der Gegenseite der Tapetenwand ihr sagt.

Sechste Szene.

Gräfin. Dupré.

Gräfin. (allein.) Ja, sie ist hinaus. … Ich bin ganz allein. (vor sich) Was will doch Dupré? (gegen die Wand.) Es ist Dupré, der mir was zu sagen hat.

Dupré. (heimlich zur Gräfin, die sich von der Wand entfernt) Da hatt' ich einen artigen Schrecken. Die Frau Nichte dachte sie zu überfallen.

Gräfin. Wie?

Dupré. Unter dem Vorwand, hier einen Mantel zu holen. … Hören sie! Er ruft sich den Katarrh. Antworten sie!

Gräfin. (laut gegen die Wand) Einen Augenblick Geduld! Ich höre nur Dupré an. Gleich! (zu Dupré) Nun?

Dupré. Jähling kam sie, bleich, verstört, ich hielt sie an, sie wollte hinein, wußte nicht was sie that, die Frau Marquise erschien, nahm sie unter den Arm, und verschwand mit ihr.

Gräfin. Die Marquise bringt freudige Ruhe über sie. Still, was fällt mir ein, der Chevalier mag eine Erzählung hören. (zur Wand) Helfen sie mir!

Dupré. Mit Vergnügen!

Gräfin. Chevalier … ich bebe …

Dupré. Gewiß, Herr Chevalier, wie ein Rohrhalm im Orkan!

Gräfin. Erschrecken sie aber nicht!

Dupré. O, er ist schon außer sich.

Gräfin. Die Tante wollte uns überfallen. Ohne Dupré —

Dupré. Ja, ich erwies ihnen einen großen Dienst. … O sie sind sehr gütig!

Gräfin. Wie würde sie mich apostrophirt haben! … Dupré hat sie überzeugt, ich schlief lange.

Dupré. Und sie glaubte mit einer edlen Einfalt! … O, man hintergeht sie leicht, glauben sie mir … (zur Gräfin) Wie er lacht!

Gräfin. (an der Wand) Ha ha ha ha!

Dupré. (lacht laut auf an der Wand) Ha ha ha ha! Wenn sie ahnte, welch ein Streich ihr gespielt ward.

Gräfin. Ha ha ha ha! … Gewiß! … Sie haben Recht … Einen Alltagskopf foppen, lohnt nicht, … aber eine so listige verschmitzte superfeine Frau … Ha ha ha ha! (zu Dupré) Hörst du sein Gelächter?

Dupré. Ha ha ha ha! Darüber weicht aller Schlummer vor mir. (gegen die Wand) Ja ja, die Thüren sind alle zu. Es ist nichts weiter von ihr zu fürchten.

Gräfin. (gegen die Wand) Nein ich versichre es, sorgen sie nicht. — Fort Dupré, die Rolle wurde gut gegeben.

Dupré. O Madame, lange nicht so vollkommen wie die ihrige. (geht ab)

Siebente Szene.

Gräfin allein.

Ja! … Er ist fort. … Ein unglücklicher Abend. Immer Störung! … He? Ich verstand nicht. … Ein wenig lauter! … Ihr Billet von heute? … Ich fand es — artig, recht artig. … Unglücklich? … ob ich errathe, warum sie unglücklich sind? (vor sich) Das ist so leicht eben nicht. (gegen die Wand) O Chevalier! … (vor sich) Weil ich ihm abschlug, abschlug? Was denn? (gegen die Wand) Ob ich Grausame heute Erbarmen zeigen will? … (vor sich) Er würde keinen Gott beneiden? Ich muß wohl fortfahren, zu versagen. (gegen die Wand) Aber wie dürfen sie hoffen … Berühren sie diese Saite nicht mehr, Blancé! Ich bitte! … (vor sich) Ah ein Crochet von meinen, nein, von ihren Haaren. Und ich fiel nicht gleich darauf? Es lag ja am Tage. Ha ha ha! (gegen die Wand) Was? … Ich lache, daß sie einen so großen Werth daran binden. … Nun, wir werden sehn. … Nein, ich sage nichts zu. … Ueberrasche lieber. … Wie? … (vor sich) Jetzt will er meinen Anzug wissen. (gegen die Wand) Ein Musselinkleid von weisser Farbe. … Ein weisser Hut. … Der Gürtel hellblau. (vor sich) Drollige Neugier! (gegen die Wand) Die Schuh? … Nun blau und schwarz. (vor sich) Er will doch alles erfahren. (gegen die Wand) Und dies ihr Kleid? … Auch blau? (vor sich) Da haben wir die Sympathie! (gegen die Wand) O ja, ich bin frohgelaunt. … (vor sich) O das ist drollig, ich komme ihm heute pikanter vor wie gewöhnlich. Kann sein! (gegen die Wand) Vorwürfe? … Sie sind reitzbar … Ich versichere, daß sie mich nicht ganz kennen. … So bin ich nicht vollkommen von Coquetterie frei. … Nein! … Nein! … Sie ist aber weniger Zug des Gemüthes, wie Eigensinn. … Bei ihnen, mein Herr, im Gegentheil, ist sie lauter Gemüth! … Sie streiten? … Der Roman mit der Tante? … Ihre Empfindung für sie? … (vor sich) Welch ein platter Wahn! … (gegen die Wand) Ich glaube nicht daran. Nein! Eher mögt ich annehmen, daß sie den Vicomte liebt. … Sie nur, Sie? (vor sich) Ist da nicht eine Eigensucht! (gegen die Wand) Aber sie lieben meine Tante, liebten sie wenigstens? … Nicht? (vor sich) Schmeichelhaft! (gegen die Wand) Aber denken sie nur an den Sommer in Bercy. Wo sie die Nächte hindurch vor ihrer Terrasse weilten, die tönende Guitarre in der Hand. Jenen Abend, wo sie eine so poetische Erklärung begannen, die sie mit lauten Epigrammen unterbrach? … Wer mir das sagte? sie allein. … O das ist nicht wahr. Ich glaube der Tante mehr. … Warum? Weil sie mir theuer ist. … (vor sich) Ah, Sophie gedachte meiner immer vortheilhaft. Braves Mädchen! (gegen die Wand) Aber sie lieben doch unstreitig den Ton ihrer Stimme? … Warum? der Aehnlichkeit halber? … Sie meinen, das wolle nicht viel sagen, könne sie nimmer täuschen? (vor sich) Wir haben die Probe. (gegen die Wand) Sie finden also ganz und gar die bezaubernde Liebenswürdigkeit nicht, die der Vicomte ihr andichtet? (vor sich) Schmeichelhaft! (horcht gegen die Wand) Nun zeichnet er mein Porträt! ... Himmel! nach allem was er mir sagte, beschwur! ... O Männer, Männer! So sind sie aber alle. Das ist bestrafter Vorwitz. (gegen die Wand zornig) Was? Unbeständig, voll Leichtsinn, ohne Tiefe der Empfindung? Und dennoch wähnen sie von ihr zum Sterben geliebt zu sein? So flach zeichnen sie ihr Gemüth, und behaupten eine Kraft der Leidenschaft — ei, so widersprechen sie sich doch nicht! ... Wie? Wer ist bei ihnen? Dupré? Was will er? Immerhin Heimlichkeiten, ich erfahre sie dennoch. ... Reden sie zu mir Dupré! ... Nicht beide auf Einmal! Er will sie erinnern, daß die Stunde zu Ende ging? Gut, die Unterredung soll gleich abgebrochen sein. Nur weg! ... O wie sie den Armen anließen? Gleich Aufwallung. ... Ich verlasse sie nun, habe noch Briefe zu schreiben. ... Nein nein, sie sind heute unerträglich. ... Wie, ich wäre gestern weit liebenswürdiger gewesen? Ich wette nein! ... Sanftmüthiger? Wäre möglich! ... Den Maskenball am Sonntage hätte ich ihnen aufgeopfert? Sie flehten, und dennoch waren sie gegen ihr heiliges Versprechen dort. ... Nur einen Augenblick? Das heißt, zwei oder drei Stunden. ... Sie gaben einer grauen Nonne den Arm. Und küßten ihre Hand oft, ohne Handschuh, ohne Tapeten. (vor sich) Ah das verwirrt ihn. (gegen die Wand) Mit eignen Augen sah ich es ja, denn ich hielt mein Versprechen nach ihrem Muster. Ich folgte tief verlarvt, sie zu enthüllen. Sie sind durchschaut. ... (vor sich) Doch ein Triumph! Ich quäle ihn unerhört. (gegen die Wand) Nicht wahr, sie kannten mich noch nicht? ... Sie meinen, in sechs Monaten erforsche sich das weibliche Herz? O wie unerfahren! ... Nun nun, lachen wir darüber, klüger wie Harm. ... Gegenseitige Duldung! ... Sie finden das nicht romantisch? ... Aber doch weise! ... Nachsicht von beiden Theilen! ... (vor sich) Ah, nun fällt er in den tragischen Ton! (gegen die Wand) Wenn dies System ihnen nicht gefällt, so — so — Hören sie: die Leidenschaft meiner Tante ist doch ein unübersteiglich Hinderniß. Sie ist meine Wohlthäterin. Darf ich ihre Ruhe untergraben? ... (vor sich) Welche Bewegung! (gegen die Wand) Das Glück will einmal unsrer Liebe nicht winken. Also standhafte Philosophie. Sprache der Lebensklugheit. Ich besitze kein Vermögen, sie eben nicht viel. ... Hören sie mich doch ruhig an! Sie erklärte mir diesen Abend, ich müsse dem Baron meine Hand geben, oder lebenslang auf ihr Wohlwollen verzichten. Ich sagte aber nichts zu — aber — aber. ... (vor sich) Nein diese Wuth! (gegen die Wand) Ob ich den Baron liebe? Nein, doch Achtung, viele Achtung — ... Sie drohen? O deshalb wanke ich nicht. ... Eine runde nette Erklärung? Wohlan: Ich fühle mich zu ihnen hingezogen, aber Chevalier, ihr Ungestüm, ihr herrischer eifersüchtiger Sinn — ich legte alles auf die Waage — ein Tag wandelt vieles um — Mein Herr, ich kann ihnen meine Pflichten nicht opfern, ihre Drohungen, ihr wilder Eifer, mahnen mich nur lauter an Trennung. Sie wissen Alles! ... (vor sich) Nun ist er starr und stumm! — Bei alledem ein liebenswürdiger zorniger Unmuth! Eine edle Verzweiflung! (gegen die

Wand) Leben sie wohl! … auf ewig — ewig! (entfernt sich von der Wand, springt aber wieder zurück) Wie, das Klirren eines Degens? Chevalier! (lauter) Chevalier! Chevalier! Sie werden doch nicht! Gott ich mögte zu Boden sinken!

Achte Szene.

Dupré. Gräfin.

Dupré. Welch Geschrei! Giebts hier Unheil?

Gräfin. Ah — kaum athme ich noch! (gegen die Wand) Es ist Dupré. … Welch Entsetzen! … Ruhe, Ruhe, ich beschwöre sie darum! (zu Dupré) Das drang tief ein —

Dupré. Wie — durch die Wand? Hören sie. …

Gräfin. Was sagt er da?

Dupré. Er fürchtet, sie werden in Ohnmacht sinken.

Gräfin. Ah! Das weckt mir einen ähnlichen Gedanken. Er entsetzte mich, ich entsetze ihn wieder. Mache ihm bange, recht bange. Sprich!

Dupré. (gegen die Wand) Mein Herr, mein Herr — Madame taumelt — das geht übel — übel — (zur Gräfin) Ach! — hören sie die Angst!

Gräfin. (entfernt ihren Stuhl von der Wand) Sage ihm, ich sei ohne Besinnung.

Dupré. Ach mein Herr! Madame ist bleich, wie eine Lilie. — Die Augen sind starr — der Anblick durchbohrte ihr Herz.

Gräfin. Trefflich! Nur weiter! Ich glaube er weint.

Dupré. Er weint, schluchzt, rauft das Haar. Hören sie es denn nicht? (gegen die Wand) Das nenne ich Krämpfe, Convulsionen! Ich brachte sie auf den Divan, und empfing furchtbare Stöße ihrer Hand. — Die Wangen sind hellgrün und dunkelgelb, die Lippen Indigoblau. … Ja ja, ich habe Eau de cologne hier —

Gräfin. Sag ihm, daß die Krämpfe zunehmen.

Dupré. O — o — o! (schlägt an die Wand) Hören sie es wohl, Herr Chevalier, sie macht den Lärmen — mit Hand, Fuß, und Stirn, ich halte sie nicht allein. — Mein Gott welcher Zustand. … Ja den Kopf halt ich zwischen den Händen, sie stieß sich nur einmal wider die Stirn, es bedeutet wenig. (zur Gräfin) Aber nun Madame, enden sie!

Gräfin. So laß mich zu mir kommen, aber nach und nach. (sie rückt den Stuhl wieder zur Wand hin.)

Dupré. Ah dem Himmel sei Dank, da fand ich doch ein wirksam Mittel. Ich wollte ihr ein wenig Wasser ins Gesicht sprengen, sie schlug mit dem Arm an die Carafine, und so strömte die ganze Flut über sie. — Aber es thut Effekt. — Sie träuft wie eine Nymphe im Bade. — Wäre nur das Wasser nicht so eiskalt. Doch mit einem Schnupfen kömmt sie davon. — Ja es hilft wunderbar. — Sie öffnet die Augen … (die Gräfin und Dupré klopfen wider die Wand) das ist sie immer noch. … Die Krisis des Uebels. Sie stampft — windet sich — die Nerven sind fürchterlich angegriffen. … Ah — nun kömmt Ruhe über sie — Erholung — die Mißfarbe schwindet — das Kolorit ist wieder da. … Die Lippen noch ein klein wenig blau, sonst alles wieder in voller Ordnung.

Gräfin. Sage, ich nenne seinen Namen.

Dupré. Mein Herr, sie stammelt etwas, kaum hörbar zwischen den Lippen. Ah — Blan — Blan — ihren Namen, mein Herr! … O glauben sie, daß ich wie ein Kind weine — (weint) Ihre Augen sind noch immer so stier — da quellen, glänzen, brechen Thränen hervor. … Antworten sie ihm doch.

Gräfin. (gegen die Wand mit weinendem Ausdruck.) Ich wollte sie bergen — meine Fühlbarkeit — vielmehr meine Schwäche —

Dupré. Wie zärtlich er nun ist.

Gräfin. Geh, ich mögte nur lachen!

Dupré. (ab.)

Neunte Szene.

Gräfin.

(allein) Oder weinen! (gegen die Wand) Hören sie mich? … Die Verstellung gelingt mir nicht. … Ich wollte sie strafen. Erinnern sie sich, was sie mir sagten. … Ja ja, wenn die Tante will. … Sie muß zugezogen werden. … Vereinen wir unser Flehn, wir werden sie rühren. … Gewiß. … Sie verkennen die Großmuth der Tante. … Nun, hören sie einen Vorschlag an, der sie ein wenig befremden wird. Ich berge ihnen noch eine wichtige Entdeckung, muß ihnen ein Papier vorzeigen — genug, niemanden anders kann ich mich vertrauen, bin also bereit, sie hier zu empfangen. … Ja, ohne Tapetenwand, in dieser Stunde. … (vor sich) Bei allem Sturm der Liebe, zaudert er hier doch. Viel Zartsinn. Viel innige Achtung für Sophiens Ruf. Ja, er verdient Gegenliebe! … (gegen die Wand) Gehörte ihnen Sophiens Herz noch nicht, diese Gesinnungen würden es ihnen unterwerfen. Kommen sie ohne Furcht, ich muß sie sehn. … (vor sich) Er sinkt aufs Knie. — wie er zu bewegen versteht. (gegen die Wand) Vielleicht wird ihnen hier Verzeihung — oder sie fühlen sich desto schuldiger. Stehn sie doch auf! Ich rufe Dupré, daß er sie abholet. — Dupré!

Zehnte Szene.

Gräfin. Dupré.

Gräfin. Bald löst sich der Knoten. Holen sie den Chevalier!

Dupré. Hieher?

Gräfin. Ja. Geschwind!

Dupré. In dieser Stunde? — Madame, Madame! Zu viel Frohsinn!

Gräfin. Er glaube immer noch, Sophie erwarte ihn. Was ist die Uhr?

Dupré. Zwanzig Minuten auf Zwei!

Gräfin. In einer guten Stunde wird die Marquise mit Sophien gerufen.

Dupré. Das heißt, wenn Madame eine Stunde mit dem Chevalier schwatzten.

Gräfin. Ja!

Dupré. Eine gute Stunde! — Aber wenn er sie sieht, wirds mit dem Schmälen zu Ende sein.

Gräfin. Fort, fort!

Dupré. Eine gute Stunde ist zu viel —

Gräfin. Aber Dupré —

Dupré. Madame — ich kenne das — Sie sind in Wallung — haben wieder zu viel Frohsinn — Madame! auf ihrer Hut! (ab.)

Elfte Szene.

Gräfin (allein).

Auf ihrer Hut! So übel nicht! Daß mich der Chevalier empfindlich traf, darf ich es mir verhehlen? — Hm — was könnte interessanter sein, als wenn er, bei all der endlosen Leidenschaft für Sophien, in der Stunde, wo ich ihre Hand in die seinige legen werde — wenn er noch da — da — da gestraft, ich gerächt würde. — Sie wäre möglich diese Rache, bei ihm — o bei allen Männern. Darf man auf Einen bauen? — Ich Glückliche, daß ich die wiedererlangte Freiheit bewahrte! Ich Glückliche, daß er nicht so mich liebte, wie Sophien! — Ah — Da wird er sein. — Thörigt genug, aber ich bin voll peinlicher Unruhe. (setzt sich) Wie wird er staunen! —

Zwölfte Szene.

Gräfin. Der Chevalier.

Chevalier. (im Hintergrunde) Wie bin ich erschöpft! — Da ist sie — O Sophie!

Gräfin. (erhebt sich und wendet sich) Mein Herr?

Chevalier. (bei Seite) Himmel! Die Gräfin!

Gräfin. So angewurzelt — versteinert? Doch was fürchten sie; sagt ich ihnen nicht Verzeihung zu? Verzeihung in diesem Saal?

Chevalier. Was hör' ich! Wie, Madame —

Gräfin. Suchen sie Sophien etwa? Sie mied, seit der Abendtafel, nicht mein Zimmer.

Chevalier. Träum ich aber? — Madame — sie — sie hätten durch die Tapetenwand —

Gräfin. Mich mit ihnen unterhalten. Ich meine, die Stimme könnte Sie nicht hintergehn. Sophiens Sprachorgan ist viel melodischer und harmonischer. Nannten sie es nicht so?

Chevalier. Madame — sie — sie! Wenn ich also Sophien anklagte, umgab mich Täuschung, warfen Irrthümer mich hin; Sophie ist unschuldig, nichts konnte sie umwandeln.

Gräfin. In der That, diese Aufwallung gewann mich. Nur aus der tiefsten, wahrhaft gerührten Seele kann sie hervorgehn. Ein anderer zeigte Bestürzung, Schaam, Verlegenheit, sie phantasiren nur mit Sophiens Herz. So, so liebt man wahr!

Chevalier. Erwach ich denn gar nicht von diesem Traume? — Rufe ich mir aber zurück, was sie sagten, begreif ich nicht, daß ich einen Augenblick hintergangen werden konnte. Welche Andere konnte mich mit einer so zauberischen Gewalt der Worte, so treffendem, geistvollem Ausdruck, so viel Grazie der Urtheile hinreissen.

Gräfin. Denken sie daran, was sie vorhin von mir sagten, und fühlen sie, wie jetzt ihr Lob in mein Ohr tönt.

Chevalier. Wer eine Rivalin wie sie bekämpfen will, muß sich in die Arme der Unwahrheit werfen.

Gräfin. Und diese Leidenschaft, die sie mir andichten —

Chevalier. Glaubt ich an den frohen Wahn, ließ ich mir eine Gerechtigkeit widerfahren, die mich mit Selbstvertrauen waffnen sollte. Theilt ich ihn

Sophien mit, sollt er mir in ihren Augen mehr Werth geben. O der Mann, den sie lieben, entflammt jedes Frauenherz.

Gräfin. Sie peinigt also keine Reue, keine Verlegenheit.

Chevalier. Ich würde betroffen sein, wären sie nicht über die Gewöhnlichkeit erhaben, fühlt ich mehr Eigenliebe als Bewunderung für sie — denn die Schmach, die sie auf mich zu häufen strebten, war hart — Doch welche Fülle der Beruhigung in ihren Triumphen!

Gräfin. Artige Triumphe, sie zwei Minuten gefoppt zu haben.

Chevalier. Sie fühlten ihren Stolz nicht! Nein, die Bescheidenheit wäre zu groß.

Gräfin. Ei — Doch Apropos — Ein wenig umgewandt. Im Frack? Ohne Degen? Vortrefflich! — Schon glaubt ich an Selbstmord, wähnte in grauenvoller Ahnung die Klinge zücken zu hören.

Chevalier. Die Ohnmacht, die schauderhaften Zuckungen, die mir das Haar emporsträubten.

Gräfin. Repressalien.

Chevalier. Nein Madame, in dem Talent zu hintergehn, wie in der Gewalt, in Ketten der Liebe zu werfen, erkenn ich ihre Obermacht. — O diese Thränen, die gleich den meinigen geboten — Gräfin, wenn ich sie würdigte, nahm ich einen kühnen Flug, doch um einen ganzen Himmel höher liegt der Gipfel, auf den sie heute meine Bewunderung tragen.

Gräfin. Ein Lob ohne Poesie, eine Erkenntlichkeit ohne Ausschweifung will ich um sie verdienen. Was ich beschloß für Sophien zu thun, wenn sie den Baron heirathete, geschehe auch jetzt. Sie verdienen sie, so nehmen sie denn Sophiens Hand!

Chevalier. (gerührt) Ah Madame! Blickten sie in mein Herz — Neben so holder Schönheit, ein so reiner wahrer Edelsinn, so emporhebende Reize, so niederwerfende beschämende Großmuth — ich trag es nicht —

Gräfin. Das Glück meines Lebens bedingt ihre Freundschaft!

Chevalier. Nur meine Freundschaft? Arme Forderung! Nicht mein Leben? Nicht —

Gräfin. Ich verlange, was sie gewähren können —

Chevalier. Hätten sie — o ich Unglücklicher!

Gräfin. Nehmen wir Platz. (setzen sich) Ich fahre fort, ihnen mein Herz vollkommen zu offenbaren.

Chevalier. (vor sich) Wüßt ich nur recht, was in dem meinigen vorginge.

Gräfin. Jetzt — da wir gegen einander alle Gefallsucht verbannen, können wir uns zutraulich nahen.

Chevalier. Gefallsucht! — Ja ja, das ist das rechte Wort. Verzeihen sie, Gräfin, nur diese eitel prunkende Hülle stellten sie mir dar, es gelang mir nie, sie herzlich zu sehn.

Gräfin. Aber nein! In mir wohnte die Gefallsucht nicht, sonst würde die Szene der Tapetenwand mich ja entrüstet haben, sie sehen meinen Gleichmuth.

Chevalier. Entrüstet? Warum, warum? Sie dürfen überall den Rang fordern; Schönheit, Geist —

Gräfin. Weg nun mit aller Galanterie! Bei der Geliebten ist sie ein Simbol, nichts bedeutet sie der Freundin, der Tante —

Chevalier. (ergreift ihre Hand, um sie zu küssen.) O gefährliche, gefährliche Freundin! — — (leicht) doch warum ziehn sie die Hand zurück, das Simbol ist aufgehoben. — (wieder in Feuer) Nein nie sah ich sie! Zum Erstenmale erblicke ich diese neue, neue Anmuth —

Gräfin. Keine Unterbrechung! Ich habe ihnen zu eröffnen —

Chevalier. Zu eröffnen?

Gräfin. Daß ich endlich mich überzeugte: nur eine gewisse Sentimentalität banne Lebensfreuden; daß ich dem Scherz mit der Liebe ja meiner Freiheit entsage.

Chevalier. Wie? Gewiß? Versteh ich sie —

Gräfin. Sie sehn mich zu einer andern Heirath entschlossen —

Chevalier. Gräfin!

Gräfin. Sie kennen die Leidenschaft des Vicomte —

Chevalier. Des Vicomte — Gräfin! Wo denken sie hin! Nein sie wollen mich nur quälen —

Gräfin. Da ich noch an ihre Liebe glaubte, konnten sie an den Plan einer solchen Qual glauben, nun —

Chevalier. Wie, sie liebten den Vicomte?

Gräfin. Eine Andre sagte unter den Umständen wohl — Ja, ich aber Nein! Ihm mangelt die Bildung, welche mich gewinnen könnte, doch würdige ich sein Herz, und hoffe von der Zeit Neigung.

Chevalier. Hat er ihr Wort?

Gräfin. Nicht eben entscheidend.

Chevalier. Hoffnung?

Gräfin. Ja — wer so liebt, schöpft sie leicht.

Chevalier. Seit wenn?

Gräfin. Seit ich entdeckte, von ihnen betrogen zu werden — Aber mein Gott! Was sagt ich!

Chevalier. Gräfin! — In welche — ich betrog sie nicht! Nein! Hätt ich geahnt, daß sie sogar meinen Geschmack für Sentimentalität theilen —

Gräfin. Chevalier —

Chevalier. Sie hätten mich geliebt? Kein Wahn — und so, so geliebt —

Gräfin. Weg mit der Vergangenheit!

Chevalier. Sie werden den Vicomte nie lieben, können es nicht.

Gräfin. Er hat freilich wenig Grazie des Umgangs, ihm mangelt der heitre gesellige Ton, der das Leben so mit Blumen bestreut, ihm fehlt das leicht ansprechende scharfe Gefühl, dem die gleichgestimmte Saite mit so viel Wonne entgegen tönt, und — und — doch wenn ihnen auch an dem Allen ein Reichthum wurde, lieben sie nicht eine Frau, die ihn entbehrt? — Sophie zieht durch Anmuth, einfachen Sinn, freundlichen Willen an, doch — was man piquant nennt, das ist sie nicht. — Sie sehn, daß man auch die ungleiche Natur zu lieben vermag.

Chevalier. Vermag man das wirklich? Oder ist es eine gefährliche Täuschung, die aus dunklem Hintergrunde mit Reue droht! — Gleiche Natur — o gleiche Natur, köstliche ewige Fessel des Gottes der — — sie sagten Vertrauen zu, eine Frage, eine, aber lösen sie sie wahr —

Gräfin. O — Unwahrheit gelingt mir ohne Tapetenwand nicht, (auf ihre Augen deutend) diese Verrätherinnen plaudern mich aus —

Chevalier. O dann muß ich diese redlichen Schönheiten um Antwort anflehn —

Gräfin. Nun — (beide sehn sich stillschweigend an)

Chevalier. Ach —

Gräfin. Fragen sie mit Worten!

Chevalier. Wissen sie aber, daß die Entscheidung mir ein neues Loos werfen, unwiderruflich werfen kann? —

Gräfin. O, o —!

Chevalier. Galt ich ihnen einst mehr? Betrog mein Wahn mich nicht völlig? Sie senken den Blick — schweigen — Gräfin —

Gräfin. Weg mit der Vergangenheit! (ergreift ein Portefeuille und nimmt einige Briefe heraus) Weg jede Erinnrung aus ihr. Nothwendigkeit bedingt das harte Opfer. Nehmen sie diese Briefe zurück, die mich — ach zu grausam betrogen —

Chevalier. Ich heilige jeden Eid, den sie schwuren. (wirft sich vor ihr hin) Hier ist mein Altar. Hier nur darf ich anbeten!

Gräfin. So sind die Männer, so so —

Chevalier. O Gräfin —

Dreizehnte Szene.

Marquise. Sophie. Vorige.

Sophie. (Indem sie den Chevalier aufstehen sieht) O meine gute Tante, auch mir gebührt es, mich zu ihren Füßen zu werfen.

Gräfin. Du hast den Chevalier errathen. Er dankte eben für meine Einwilligung —

Sophie. Blancé, ihr lebendiger Eifer rührt mich!

Chevalier. (bei Seite) Aber der Teufel —

Gräfin. (zu Sophien) Wie bewegt — wie hingerissen in Liebesflug — irrend in höheren Welten. Sieh ihn an!

Chevalier. Madame —

Marquise. Die Notare warten. —

Chevalier. (etwas auffahrend) Notare?

Marquise. (bei Seite) Bei aller Liebe entfärbt ihn dies Wort.

Gräfin. Das wichtige Papier ist der Heirathsvertrag, der auf ihre Unterschrift wartet —

Chevalier. Sogleich? — Was verdanke ich ihnen nicht alles.

Gräfin. Sophie, triumphiren sie über ihre Wahl! Hier ist redliche, feste, über jeden Wankelmuth erhabene Liebe. Wohl giebt es Männer, von einer so kraftlosen Eitelkeit beherrscht, daß sie gleich vergessen und hinopfern, wie nur ihrer thörigten Eigenliebe verschlagen gehuldigt wird —

Chevalier. Nein Gräfin, sie klagen zu hart an.

Sophie. Und warum vertheidigen sie ungleiche Naturen? (ihn an der Hand fassend) Dies reine Gemüth begreift das Strafbare nicht.

Chevalier. (von der Gräfin an der andern Hand ergriffen) Schonung!

Gräfin. Dem Verdienste Gerechtigkeit! (winkt der Marquise, Sophien abzuführen) Wir folgen!

Letzte Szene.

Gräfin. Chevalier.

Chevalier. Endlich! —

Gräfin. Lust und Rache sind gebüßt. Umarmen sie nun ihr Glück!

Chevalier. Mein Glück? Sie warfen es zu Boden, ich finde es nicht mehr, mich umgiebt Verwirrung, soll ich sie hassen oder anbeten? Sie bewundern, oder wie eine Eumenide fliehen? Bin ich ein Narr, ein Beklagenswerther, ein Glücklicher —

Gräfin. Ein Glücklicher! Sie lieben Sophien.

Chevalier. Ja!

Gräfin. Mich auch? Nicht wahr?

Chevalier. Ja, ja — wer mag es erklären — Gleich getheilt —

Gräfin. Getheilt, doch nicht gleich. Ihr Herz gehört Sophien, ihr Flattersinn, geleitet von glanzsüchtiger Eigenliebe, floh mir zu. Ich erwartete es, alles war Prüfung; ich erfand den Roman mit dem Vicomte —

Chevalier. Sie heirathen ihn nicht, Gräfin? Ein Fels weicht von meiner Brust —

Gräfin. Diese Freude ist ein Verbrechen an Sophien. An sie tragen sie meine Schuld ab. Entsagen sie Ansprüchen, die ihnen nur das Lob der Thoren, und den Tadel der Guten bringen. Bisher war die Jugend ihre Führerin, nun sei es —

Chevalier. Die Freundschaft!

Ende des Lustspiels.

CPSIA information can be obtained
at www.ICGtesting.com
Printed in the USA
LVHW041002020323
740706LV00008B/806

9 789356 901223